从科学实验走向科学实践

——全国青少年科学教育与科学实践文集

主　编◎刘建平

副主编◎莫春荣　刘庆兵

东北师范大学出版社

长　春

图书在版编目（CIP）数据

从科学实验走向科学实践：全国青少年科学教育与
科学实践文集 / 刘建平主编. —长春：东北师范大学
出版社，2020.11
ISBN 978-7-5681-7356-8

Ⅰ.①从… Ⅱ.①刘… Ⅲ.①科学知识—教学研究—
中小学—文集 Ⅳ.①G633.72-53

中国版本图书馆CIP数据核字（2020）第220734号

□责任编辑：邓江英 □封面设计：言之凿
□责任校对：刘彦妮 张小娅 □责任印制：许 冰

东北师范大学出版社出版发行
长春净月经济开发区金宝街 118 号（邮政编码：130117）
电话：0431-84568115
网址：http：// www.nenup.com
北京言之凿文化发展有限公司设计部制版
北京政采印刷服务有限公司印装
北京市中关村科技园区通州园金桥科技产业基地环科中路 17 号（邮编：101102）
2022年6月第1版 2022年6月第1次印刷
幅面尺寸：185mm×260mm 印张：15.75 字数：311千

定价：45.00元

编　委　会

一、路在脚下——区域科学教育实践

"其实地上本没有路，走的人多了，也便成了路。"

让全体学生保持对自然的好奇心和探究热情，亲历科学探究的过程，养成良好的探究习惯，发展科学探究能力，形成尊重事实、乐于合作的科学态度，具有高度的创新意识、保护环境意识和社会责任感，是每一位科学教育工作者的责任与目标。

道路千万条，实践第一条。来自全国四个具有科学教学特色的学校（地区）的实践研究——现象教学、STEEN（自然教育与科学教育的深度融合）、做思共生、科学实践，为我们蹚开了一条条科学教育之路，让我们且行且歌！

二、花开有声——优秀论文、经典课例集锦

小学科学课程是以培养学生的科学素养为宗旨的科学启蒙课程，倡导以探究式学习为主的多样化学习方式，引导学生亲身经历科学探究的过程，培养他们提出问题、分析问题、解决问题的能力，发展他们的创造性、批判性思维和想象力，培养他们基本的科学伦理精神和热爱科学的品质。

科学课堂如同花园，教师就是园丁，播撒种子，浇水育苗，静待花开。让我们一起倾听花开的声音……

三、名校采风——第三只眼看东莞松山湖中心小学

东莞松山湖中心小学坐落在"双子桥"畔，同松山湖一样，远离了喧嚣和躁动。

繁华易见，山湖难得。

基于塑造精神生命、开琢自然生命、扩展社会生命，进而培育"能够面对多元多变、担当民族复兴的现代公民"这一哲学思考，学校每五年都确立一个工作抓手：学校课程再造、教师生态发展、教学方式变革。我们已经建立了一个洋溢着生命活力的"融通式"全人课程体系，且正在进行基于深度学习的教学变革，点燃"我之为我"的生命亮度。

松山湖是教育生态的涵养之地，让我们"撑一支长篙，向青草更青处漫溯；满载一船星辉，在星辉斑斓里放歌"。

"问"，让学习有深度

"不耻下问"这个词可谓人尽皆知，我对它自然也不陌生，但这次在东莞松山湖中心小学现场感受到的"全国青少年科学教育论坛"演绎的设问、反问和追问，让我领悟了"不耻下问"的真谛，让我想起古希腊先贤苏格拉底在雅典市场寻找路人问"何为道德"的故事：

"我有一个问题弄不明白，向您请教。人人都说要做一个有道德的人，但道德究竟是什么？"苏格拉底拦住一个路人问道。那人回答："忠诚老实，不欺骗人，这就是公认的道德行为。"

苏格拉底问："你说道德就是不能欺骗别人，但和敌人交战的时候，我军将领却千方百计地去欺骗敌人，这能说不道德吗？""欺骗敌人是符合道德的，但欺骗自己人就不道德了。"那人说。

"和敌人作战时，我军被包围了，处境困难，为了鼓舞士气，将领就欺骗士兵说，我们的援军到了，大家奋力突围出去，结果成功了。这种欺骗能说是不道德吗？"苏格拉底问道。那人回答："那是战争中无奈才这样做的，我们日常生活中就不能这样。"

苏格拉底停顿了一下，接着问："儿子生病了，却又不肯吃药，父亲骗儿子说，这不是药，而是一种好吃的东西。请问这也不道德吗？""这种欺骗是符合道德的。"

苏格拉底又问："不骗人是道德的，骗人也可以说是道德的。那就是说道德不能用骗不骗人来说明。究竟用什么来说明呢？"那人回答道："不知道道德就不能做到道德，知道了道德就是道德。"

苏格拉底终于弄明白了何为道德，拉住那人的手说："您真是一位伟大的哲学家，您告诉了我道德就是关于道德的知识，谢谢您！"

我们一线教师都知道"不耻下问"的意思，在课堂教学中都鼓励学生质疑问难。在许多优秀教师的课堂上，学生的思维由问题而引发，不断发展与跨越，学习的灵性有如泉涌。但同样是一线教师，面对自己的继续教育和学习时，却常呈现出一个奇怪的现象：他们虽然认识到"授—受"模式在教学中不可取，但当自己参加课题研究、教研活动等学习活动时，却基本上都是"授—受"模式，多见专家、管理者或嘉宾在台上讲，却少见讲授者的问和台下一线教师的问。

所幸的是，越来越多的人认识到这一点，并着手改变。在东莞松山湖中心小学举办的第二届"全国青少年科学教育论坛"活动中，重点呈现了国内4个不同地区的小学科学研究成果，并全部收录在本书中，分别是湖北宜昌李德强名师工作室的"直面学生活动——基于科学实践的小学科学教学思考"、广东东莞松山湖中心小学的"基于深度学习的现象教学实践与研究"、江苏连云港顾长明名师工作室的"追寻做思共生的科学教学"、广州马学军团队的"STEEN——科学教材中的科学与工程实践"。这些成果都是经过实践检验的，在一定地域内被证明是行之有效的，尽管各个展示团队在会前已经得知将有主持人及现场代表发问，也做了大量准备工作，但在4位专业主持人的引导下，台下一线教师竞相提出的问题还是让展示团队丝毫不敢大意。且不说会场的问答之间到底绽放出多少智慧的交锋与火花，单是展示团队与代表营造的问答氛围，就让台下参会的一线教师大呼过瘾。后来，许多被邀请来参会的专家也频频提问，问答之间的层次不断提升。

这次活动一改以往活动的"授—受"模式，力图让台上展示的团队与台下学习的代表都能有更多的收获。

本次研讨活动的六节展示课，授课教师都没有采用"授—受"模式。他们无一例外地利用问题引导学生一步步进行深入探究，让课堂精彩纷呈。特级教师、杭州市钱江外国语实验学校刘晋斌校长说："东莞松山湖中心小学的学生很棒！很棒！在课堂中，学生的自我调控能力、学习状态，在课堂中的批判性思维表现得淋漓尽致。"特级教师、广州第七中学实验学校成艳萍副校长说："这里的孩子给我留下了深刻的印象，是学生成就了两天的精彩！松山湖中心小学的学生有着很丰富的课外知识，有着很严谨的科学思维，有着强烈的质疑批判精神，有着令人无比赞叹的课堂常规，有着逻辑有序、条理清晰的课堂发言！由于有了他们，课堂大放异彩！"

此次活动成效远超预期，无论是4个展示团队的选择，还是4位专业主持人的准备、点评专家的精妙解读、台下代表或是配课学生的精彩问答，都表现出极高的专业素养和科学素养。

刘建平校长是一位对教育有着深刻领悟与简约表达的智者，他正带领着全校师生向新课程改革的深水区迈进——进行深度学习校本化的实践与研究，着力培育深度课堂和培养学生深度学习的能力。我意识到，活动半年前，当我和他漫步在海滩边设计如何让本次活动更有价值，并最终提出"展示—质疑—互动—点评"的模式时，其实他早已胸有成竹。

我特意向读者介绍这些故事，还有另外一个意图：翻阅本书的几个专题时请您思考，假如您在现场，您会向他们提出哪些问题呢？

《科学课》执行主编　陈文斌

第一篇

路在脚下——区域科学教育实践

第二篇

花开有声——优秀论文集锦

第三篇

名校采风——第三只眼看东莞松山湖中心小学

第一篇

路在脚下

——区域科学教育实践

第一章

基于深度学习的"现象教学"

基于深度学习的"现象教学"实践与研究

广东省东莞松山湖中心小学　刘庆兵

跟随着学校发展的步伐，我们迈入了第三个5年。在第三个5年当中，我校全体教师、全体学生、所有学科共同参与了一场基于深度学习的教学变革。在这股洪流当中，科学科组开展了基于深度学习的"现象教学"。

目前整个学校有一个重要的研究方向——进行深度学习，培养学生深度学习的能力。深度学习各个方面都有了一些发展，基于深度学习，科学科组已经迈上了一个新台阶。在这个基础上，我们如何向前迈进一步？学业素质与能力评价系统（ACTS）对教学进行了分类：知识型的教学、技能型的教学、能力型的教学。通过前面10年的努力，科学科组的教师开展了分组实验、演示实验，实现了技能型教学，应该继续向能力型教学迈进，所以我们决定进行现象教学的实践与研究。

在教学实践过程中，我们发现目前的科学教学存在两大问题：①学生在科学课中对科学实验很感兴趣，却对生活中的一些科学现象（科学问题）熟视无睹，更不会主动进行探索与研究；②学生在科学课上进行实验探究热火朝天，实验结束却没有发现科学规律或得出科学结论。为了解决这两大问题，我们进行了现象教学的实践与研究。

什么是现象教学？现象教学就是围绕生活中的科学现象或科学问题展开的科学实践活动，即结合教材内容与生活实际，把学生感兴趣的现象或问题作为切入点，努力在科学教学与学生生活之间建立联系，让科学教学跨越知识逻辑，回归生活，让学生在生活中发现科学现象（问题），应用科学知识（工程技术）解释生活现象（解决生活问题）。现象教学有三个关键词：现象、科学活动和工程实践。

我们以两个课例进行说明。例如"让一杯浊水变清"，它缘于一个生活现象：边远山区的水很混浊。这节课开展的科学活动就是让学生通过探究活动找到过滤水的方法，建构可以让浊水变清的科学概念。其中的科学活动解决了形成科学概念的问题。在工程实践方面，我们引用了或者说强化了工程技术在科学课中的应用，让学生去解决生活中的问题。

总之，这节课是让学生运用科学课上所学的知识，运用工程与技术去制作净水器，解决如何让浊水变清的问题。虽然学生知道通过过滤的方法能够解决如何使浊水变清的问题，但过滤的材质有很多，方法也很多，用什么材料，先放什么，再放什么……这些都需要学生去探究，最终研制出过滤效果非常好的净水器。

再如"让小钢珠搬家"，其中涉及的生活现象就是用电磁起重机吸钢材。其实这是现象教学中激发学生兴趣的现象，科学活动则是通过探究让学生习得控制变量的科学探究方法，掌握电磁铁磁力大小和串联的电池节数以及缠绕在铁芯上的线圈匝数相关等科学概念。让学生在掌握科学概念的基础上，运用工程与技术去制作电磁铁，从而解决"小钢珠搬家"的问题。

这两个课例说明现象教学有三大块：现象的引入、探究活动、解决问题。

现象教学的研究视角有三个：其一是现象的真实性，其二是探究的有序性，其三是思维的深刻性。

第一，现象的真实性。首先我们要设计一个真实的情境或设计一个带有任务驱动的问题，然后引导学生展开研究，这与前面的科学现象是关联的，如"让苹果沉下去"这节课，原是三年级的"沉与浮"。上这节课时，我们通常的做法是带一些实验材料，让学生猜想在水中哪些材料沉、哪些材料浮，然后做实验进行验证，并做好记录，最后得出结果。但是由于学生有一定的生活经验，他们对大部分材料都非常熟悉，因此某些对沉与浮的探究则属于伪探究，比如说乒乓球是沉还是浮，完全没必要让学生去猜想。于是简玲珊老师对这节课进行了改造：首先拿来一个装有水的水槽，然后问学生："同学们，这个苹果在水中是沉还是浮呢？"有学生猜是沉，有学生猜是浮，这时候教师把苹果放入水中，学生发现苹果是浮的，教师接着问："你有没有办法让这个苹果沉下去？"这个时候整个教室非常安静，学生投入如何让苹果沉下去的思考中，教师有效地让学生展开了探究活动。

第二，探究的有序性。建立探究任务和安排探究环节。比如五年级第二册教材中"桥"这一单元第二课是"平直的梁桥"，我们对这节课进行了改造，建立了两个探究任务。第一个任务是探究提高平直梁桥桥面承载力的方法。让学生用一张A4纸做一座简单的桥。这种桥有一个缺点——承载力不够。问学生："你能不能对这张纸进行加工，提高桥面承载力？"这时学生就会思考：能不能通过改变纸的形状、增加桥面厚度来增加桥面承力？当学生完成任务、掌握方法之后，教师将折成波浪形或城垛形的桥铺在桥墩上问学生："这样的桥能不能让车顺利通行？"教师随即出示第二个任务：让学生用两张A4纸设计制作一座梁桥，但相较第一次难度有所增加，制作的小桥要达到一定宽度，而且要解决现实生活中车辆在桥梁桥面平稳通行和船只通航的问题。这节课通过两个探究任务，让学生深刻认识到梁桥的秘密就是桥面下有一座梁，梁既对桥面起到支撑作用，又能提高桥面的承载力。之后的探究环节主要是了解梁在生活中的应用。本节课通过建立探究任务和科学地安排探究环节，让学生在探究中形成科学概念、学会解决问题。

第三，思维的深刻性。主要是让学生掌握研究方法和建构科学概念，以"让影子消失"这个课例进行说明。这节课是六年级上册第四单元"光"中的一节课，原课题为"影子"，它有三个环节，分别是"影子是怎样产生的""研究影子的变化"和"影子会消失吗？"。对这节课进行改造后，课题改为"让影子消失"。首先呈现一个影子，然后抛出问题——你能不能想办法让这个影子消失？学生马上开始带着问题思考，然后通过探究活动、对比实验以及小组分享评议，学生最终建构了"影子的大小、颜色变化与光源的位置有关"的科学概念。

我们从以上三个研究视角对大量课例进行了研究与实践，通过不断的研究、总结、提炼，探索出现象教学的三种基本课型。

第一种课型是"现象引入—探究—发现规律"。它往往以项目式学习的方式进行实践与研究。如"快递薯片"。这节课原来是三年级"材料的选择"中的一节课。张国华老师对这节课进行了改造与整合，首先创设了一个情境：薯片在运输的过程中极易破碎，我们如何去解决这个现实生活中的问题？然后让学生开展实践与研究。学生通过研究就会发现：原来不同的材料有不同的特性，对物体的保护作用也不同。自始至终，学生都是带着任务——如何保护运输中的薯片不破碎来展开探究的。整个项目中，学生在材料的选择、包装盒的结构设计、成本的核算等方面进行了思考，最终完成了任务。

第二种课型是"现象引入—设计—创造作品"。如"让鸡蛋不碎"一课。它是基于生活中的一个问题——鸡蛋在运输过程中易碎而设定的课例，与"快递薯片"这一课例非常相似。陈晓敏老师首先创设了一个真实的问题情境：从超市买了鸡蛋，回到家打开一看，里面的鸡蛋碎了。教师让学生来分析原因，结果学生讲了很多原因；接着让学生研究如何解决鸡蛋包装的问题，保证鸡蛋不再破碎。在探究的过程中，学生需要注意材料的选择，当然更偏重于鸡蛋包装盒的结构，最终制作了一个鸡蛋保护盒。之后让学生展示分享。这个课例结合了STEM理念，融入了工程与技术的元素。鸡蛋盒有瓦楞结构的，有圆形结构的，为什么不用方形的？为了方便包装又该如何把这些结构有机地结合起来呢？最后，学生制作出一个个造型独特的鸡蛋包装盒。

第三种课型是"现象引入—探究—发现规律—创造作品"。这是一种综合的课型，这种课型有利于培养学生的深度学习能力。比如石建军老师执教的课例"自动补水器"，它是基于一个生活现象制作的：每到寒暑假，各班阳台上的植物都干枯了，我们能不能想个办法，让这些花在假期时也能及时地补充水分？然后让学生进行探究。这节课主要涉及的科学概念是材料的吸水性。石老师将此分解为两节课。第一节课探究材料的吸水性，课题为"谁吸水更强"，教师提供棉绳、麻绳、尼龙绳等，让学生通过探究发现一个规律：不同的材料吸水性不同，而棉绳的吸水性最强。在得出科学规律之后，接着第二节课让学生运用所发现的规律制作自动浇花器。制作自动浇花器就涉及工程与技术问题，如棉绳的吸水性很好，但到底用多粗多长的绳子才最合适呢？既然它吸水性很强，那么它一天的吸水量是多少？这又涉及了数学知识。例如，棉绳一天吸水10 mL，那一个假期吸水多少呢？我需要用多大的容器来制作浇花器才能保证植物不缺水呢？学生解决问题的过程就是充分运用科学、数学、工程、技术解决问题的过程。

科学科组对整个小学的科学教材进行了分析与梳理，探究哪些课适合运用现象教学的方式进行教学，哪些课适合运用项目式学习的方式开展探究，哪些课适合融入工程技术。我们将这些课统一归类，再对它们进行改造（表1）。例如，"纸的吸水性"，我们改造成"制作纸水杯"，制作纸水杯就涉及工程技术问题；"控制灯泡的亮与灭"，原来只是研究如何控制灯泡的亮与灭，后来改造成"给电路装开关"，从实际上解决了生活中的问题，也运用了工程与技术的知识。

表1　教材改造摘选

年　级	改造前	改造后
一年级	"纸的吸水性"	"制作纸水杯"
	"观察橘子"	"制作小橘灯"
二年级	"月亮的变化"	"了解月相小秘密"
	"枫树与竹叶"	"这是谁的叶子"
三年级	"蚕宝宝变样了"	"蚕宝宝生长记"
	"水能溶解哪些物质"	"调制一杯饱和糖溶液"
四年级	"控制灯泡的亮与灭"	"给电路装开关"
	"我们的小乐器"	"设计制作乐器"
五年级	"物质的燃烧"	"让火烧起来"
	"水去哪里了"	"怎样让衣服快速干"
六年级	"酸奶的秘密"	"制作可口的酸奶"
	"呼吸"	"你的肺活量有多大"

科学科组在张国华、刘云和简玲珊三位老师的组织下进行了技能研修，这样不仅能提高我校科学教师的科学专业技能，也能间接地提高课堂教学效果。例如，在技能研修方面遇到问题时，教师就会想，在课堂中遇到问题，该怎么辅导学生？

现象教学的实验与研究已经进行两年多了，通过两年多的实践，现象教学做得如何？效果如何？

目前，现象教学的实践与研究取得了显著的成效。首先，现象教学促进了全体科学教师教学能力的发展。2015—2017年国家义务教育质量监测抽查（四年级）发现：常用实验室的科学教师比例，全国平均数是60.9%，我校为100%；探究教学高水平教师比例，全国平均数是37%，我校为91%。我校科学教师在东莞市学科带头人、教学能手评比中，获评人数占比非常高（表2）。

表2　松山湖中心小学科学教师获评市学科带头人、教学能手情况统计

项目	学科带头人	教学能手
全市四批获评总数（人）	11	85
中心小学获评总数（人）	2	6
松山湖中心小学占比（%）	18.2	7.1

其次，"现象教学"让学生从科学实验走向科学实践，从科学探究走向建构科学概念，激发了学生的探究欲望，发展了学生的高阶思维，提升了学生的科学素养（表3）。

表3　广东省青少年科学"小院士"获评情况统计

项目	广东首届青少年"十佳小院士"	广东首届青少年"小院士"	广东第二届青少年"小院士"
广东省获评总数（人）	10	44	31
我校获评人数（人）	1	2	5
我校获评占比（%）	10	4.5	16.1

《科学》学科每学期末都会对学生进行测评，测评包括实验操作和研究方案，分别考查学生的实验技能和探究能力。在没有进行现象教学之前，这两项优秀率都不算高，进行现象教学之后，上学期学生的优秀率分别达到98%和93%。此外，我们还对学生进行了问卷调查，发现能够主动探究生活现象的学生比例也有了提升（表4）。

表4　松山湖中心小学学生科学素养测评情况统计

单位：%

时　间	实验操作测评优秀率（测量水温变化）	研究方案测评优秀率（鸡蛋撞地球）	主动探究生活现象（问题）学生人数比例
2008—2009学年	73	66	47
2017—2018学年	98	93	81.5

之前学生对生活中的现象无动于衷，不会去思考为什么，更不会去探究，但现在通过现象教学的实践，学生的视野慢慢地从实验室转向生活，由被动实验走向主动探究。学生不仅会关注生活中的现象并提出问题，还会主动运用科学知识及工程技术去解决问题。例如，当松山湖出现大量死鱼时，学生会到松山湖采集水样，研究松山湖水质与死鱼现象是否有关；当教师讲完植物杀手之后，学生对学校的薇甘菊进行了调查，最后对整个东莞市薇甘菊入侵情况进行了详细调查，提出了解决方案，并将研究报告递交给了环保局；在研究了自行车刹车系统后，学生写了一份报告，发表在少先队《辅导员》杂志上。

我相信，随着我校对现象教学的不断实践与探索，学生的科学素养及深度学习能力会得到更大的提升。

"梁桥的秘密"课堂实录

执教：广东省东莞松山湖中心小学　姚菊容
评析：何建东

一、现象引入

师：同学们，这里有一条河，我们要到达河对岸，除了坐船还有没有别的办法？

生：建一座桥。

师：对，可以在河的两岸建造桥墩，并铺设桥面，就像老师的这个模型一样：一座简单的桥（边说边搭，然后板书：桥）。但是这种简单的桥有个缺点（放重物，桥面塌），你们发现了吗？

生：这座桥中间是空的，如果人站上去的话可能会掉下去。

师：你观察得很仔细，人站上去桥会塌，也就是说桥的承载力不强（板书：承载力）。你们能不能对这张纸（举起铺设桥面的A4纸）进行加工，提高它的承载力呢？

评析： 教师用一张A4纸做了一座简单的桥，通过演示，让学生发现这座桥的缺点，从而聚焦问题——桥面承载力不够，随之揭示探究任务：你能不能对这张纸进行加工，提高它的承载力？巧妙导入新课的同时，点燃了学生的探究热情。

二、探　究

探究1：

生：我认为可以，我们可以把纸折一下，垫在桥墩上。

师：你们看，像老师这样做（教师将纸直接铺在桥墩上，在纸两边加模型小车），可以吗？

生：不可以。

师：能说说为什么吗？

生：如果真正要建桥的话，桥两边不能放那么多东西（指重物），不然人怎么走过去呢？

师：嗯，有道理。谁愿意把这个任务读一遍？

生：（读任务）对A4纸进行加工，增加桥面的承载力。

师：是的，我们的任务是对纸进行加工来提高其承载力，而我刚才却用重物来压桥面的两端，与要求不符。请大家以小组为单位进行探究，看看用什么方法能提高它的承载力。老师给大家提供的材料是跨度为15 cm的桥墩、1张A4纸和5个重物。

（学生分组探究提高桥面承载力的方法。）

师：时间到，哪个小组来汇报一下，你们是用什么方法来提高桥面承载力的？

生：我们组是将纸折（举起加工的纸演示）成这种形状来提高桥面承载力的。

师：我明白了，你们组是对折再对折，最后成了这样的形状。（副板书：对折）

生：我们组把纸折成了这样的形状（举起折叠成波浪形的纸）。

师：方法很独特。（副板书：波浪）

生：我们组先把纸最长的边折了1 cm，再把另一边也折1 cm，结果发现能承载5个重物，不过桥面有点弯曲了。

师：你们既说出了方法，也说出了不足。（举起加工的纸）我们来看一下，他们组的桥面是什么形状的？

（学生观察。）

生：看上去像水槽。

师：我们就暂且把这种形状叫作凹槽形。（副板书：凹槽形）

师：我们来观察一下这3个组的做法，他们对这张纸进行加工，其实就是改变了纸的什么？

生：形状。

师：也就是说，改变纸的形状可以提高桥面的承载力。（板书：改变形状）

生：这些纸的大小也改变了。

生：第一种折法除了形状大小改变，厚度也改变了。

师：你观察得很仔细，纸由原来的一层变成了多层，由此可见，增加桥面厚度也可以提高桥面的承载力。（板书：增加厚度）

师：老师想，3个小组分别把A4纸折成了折叠形、波浪形、凹槽形，发现这样加工能提高桥面承载力，那如果我把纸折成城垛形或其他形状，也能提高承载力吗？

生：可以。

师：试一试就知道了（边说边演示，铺上城垛形纸并放重物）。

生：都可以。

评析：本环节让学生围绕"对纸进行加工来增加桥面承载力的方法"开展了一系列的探究活动——折纸、实验、分析、交流，随后教师引导学生观察，发现规律，轻松总结出方法：改变纸的形状和增加厚度可以增加桥面承载力，让探究有了深度。

探究2：

师：刚才大家想了这么多的办法来提高桥面的承载力，但是像这样的波浪形的桥面，车辆能平稳通行吗？

生：不能，这种波浪形的桥面，车行走时会一抖一抖的，很容易发生车祸。

师：你能结合现实生活来考虑问题，很有智慧。

生：桥面是波浪形的，如果车的底盘不高的话，容易被卡住。

师：你们的观点是一致的，说明桥面凹凸不平，不利于通行。是的，其实我们建桥的时候，除了考虑桥面的承载力，还要考虑桥面能通行，桥下能通航。你们能不能利用刚才的研究成果设计一座既能承重，又能通行，还能通航的桥呢？

生：能。

师：为了增强挑战性，我把桥墩距离增加到25 cm，同时要求桥面宽7 cm，建成后还能通行25辆这样的小车（手拿重物）。老师提供的材料是2张A4纸、1把直尺、跨度为25 cm的桥墩（边说边把桥墩的位置调至25 cm）。请大家用3分钟时间来讨论你们的设计方案，并记录在探究卡上。

（小组讨论，设计小桥方案。）

师：各小组讨论很热烈，哪个小组愿意来分享一下你们的方案？

生1：（师将探究卡拍照投影）我们组是先把一张纸折成波浪形，然后再把另一张纸对折，铺在上面。

生2：（师将探究卡拍照投影）我们组的设计跟他们差不多，唯一不同的是我们把上面这张纸往下折了一部分，这样可以把下面那层包住，可能更稳。

师：不错，敢于尝试！这两个组的设计有相同的地方，谁发现了？

生：我发现他们设计的桥，下面那一层都是波浪形的。

师：那老师有疑问，将波浪形换成其他形状，行不行？

生：我觉得行。

师：不如马上试试（师拿出正方形的折纸铺在桥面上），你们觉得这样可以吗？

生：可以（边观察边点头）。

师：看来，桥面下面的这层可以加工成多种形状。接下来各小组充分利用之前的研究成果，也可以借鉴他人的做法，改进自己的设计方案，然后把小桥模型做出来。

（学生分组修改设计方案并制作纸梁桥模型，教师巡堂指导并拍摄部分小组的作品。）

师：老师发现各个小组都制作出了模型，哪个小组愿意展示一下？

生：（师对准展示小组录像投影）我们组这个模型是在波浪形桥面上做了一些改进，一开始我们折的波浪太大，只能承载10个小车模型，后面我们把波浪折得小一点、密一点，发现波浪越密，桥面承载力越大，最后制作的桥模型成功地承载了25个小车模型。

师：你们组不仅挑战成功，而且根据现象总结出规律——波浪越密，桥面承载力越大，了不起！

生：谢谢大家，请问你们有什么建议吗？

生：我建议你们把上面的那张纸再对折一下，这样承载力可能更大。

生：谢谢，我们会改进的。

师：他的这个方法就是建议你们增加桥面的厚度，你们愿意试试吗？

生：愿意。

生：我建议你们将桥面的两边折一下，然后将边缘压在波浪形下面，这样可以增加承载力。

生：谢谢你的建议，我们组会采纳的。

三、发现规律

师：老师发现这个小组的同学很有智慧，每次做完后会思考怎么样改进，而且能谦虚地接受别人的建议。其实各小组的模型都很有创意，刚才在制作的时候，老师拍了几个组的纸梁桥模型，我们一起来观察一下，这些小桥模型在结构上有什么相同之处？

生：我发现桥面的下面一层是波浪形的，而上面一层是平面，这样就可以保证车辆平稳通行。

生：这些桥都有两层。

师：是的，波浪形可以增加承载力，而在上面铺一层桥面，就解决了车辆通行的问题。其实，在真正的桥梁建设中，工程师们也会在桥面的下面运用这样的结构（幻灯片展示）。这类结构有什么作用呢？

生：这部分支撑着桥面，起到了支撑的作用。

生：还能增加桥面的承载力。

师：是的，桥下面的这类结构就是"梁"（板书课题：梁）。这种以梁作为主要承重结构的桥，就是梁桥。看起来这么简单的桥，为什么这么稳固，能承载车辆和行人的重量，是什么结构在起主要的作用？

生：梁起到了很大的作用。

师：梁既能起到支撑作用，又能提高桥面的承载力（课件演示梁支撑与承重），这就是梁桥的秘密。（板书：梁桥的秘密）

评析：当学生掌握提高纸梁桥承载力的方法后，教师随即出示第2个任务——你能用2张A4纸设计并制作既能承重，又能让车辆通行，还能让船只通航的桥吗？目的是让学生运用已有的探究成果，设计并制作梁桥模型。任务2相较任务1难度有所增加，制作的小桥不仅要达到一定宽度，而且要解决现实生活中车辆平稳通行和船只通航的现实问题。这种有层次、有梯度、有挑战的问题引领着学生在设计制作中深入思考与分析。从学生设计制作后的交流可以看出，各组围绕着任务进行了设计、思考、改进、制作等活动，在互动评议中教师引导学生观察模型结构上的相同点，让学生在观察中发现了桥面下"梁"的作用——对桥面起到支撑的作用和提高桥面的承载力。此部分通过建立探究任务和科学地安排探究环节，让学生在探究中建构了科学概念，也学会了解决问题的方法。

四、拓展应用

师：同学们，你们有没有留意过身边的桥，它们都有梁吗？（出示桥的图片）

生：有，桥面下一根根的柱子就是梁。

师：指着桥墩，你说的是这些吗？这些是桥墩，谁上来指出梁的部分？

生：这就是梁（指着桥下梁的部分）。

师：是的。你们看这座桥（出示学校的一座桥），熟悉吗？

生：这是我们学校连接高段和低段的风雨廊。

师：这座桥有梁吗？

生：有，桥下面那些格子就是梁。

师：是的，梁在生活中应用非常广泛。请你们观察一下，在我们的这个有限空间内有梁吗？

生：我们的桌子下面这部分也是梁（边指边说）。

生：天花板上也有梁（指着天花板梁的部分）。

师：是啊，高架桥下有梁，起重机、空中连廊、纸箱……（出示图片）它们都有梁，这些梁起到了支撑和承重的作用。（板书：支撑、承重）

师：接下来老师要请大家看一座非常伟大的桥。（播放视频）

（学生观看港珠澳大桥视频。）

师：同学们，看完这个视频，你们是不是像老师一样，为我国的建桥技术感到骄傲和自豪？

生：嗯。（学生点头。）

师：那你们愿不愿意做一件让自己自豪的小事？

生：愿意。

师：你们看，这是我们学校纸梁桥承重的最高纪录——1440 g，你们能不能利用今天的研究成果，设计制作一座承载力更大的桥呢？请看，这是设计要求和材料（出示：要求桥面宽不小于10 cm，跨度为28 cm，材料为8张A4纸、1支固体胶），老师希望你们利用课余时间，或自主探究，或同伴合作，设计制作纸梁桥，老师期待着承载力超过1440 g的纸梁桥在你们的努力下诞生！

评析：本环节通过让学生观察身边的桥是否有梁，生活中有哪些地方用到了梁——"你能否找到身边的梁？"巧妙地唤醒学生已有经验，将"梁"与生活建立联系。接着通过一个视频，激发学生对我国建桥技术的自豪感，顺势拓展，让学生设计制作一座承载力更强的桥，挑战学校纸梁桥承重纪录，让学生课后自主开展探究活动。

总评：

本节课内容来源于粤教版科技教材五年级下册第2单元"桥梁"的第2课"平直的梁桥"。通过对教材进行分析，结合学生实际情况，对教材中活动1和活动2中"小桥能承多重？"和"小桥能够承重更多吗？"的内容进行了重新整合、创新编排，课题改为"梁桥的秘密"。本课教学分"现象引入，任务驱动—初步探究，发现规律—创造模型，建构概念—联系生活，应用拓展"四个环节，围绕着问题解决设计探究任务和安排探究环节。本课教学体现了如下特点。

1. 创造性地整合教学内容

本课教学内容是让学生探究小桥能承多重及是否能承重更多，如果按照传统的教学方法，学生也能掌握"一定范围内增加桥面厚度、改变桥面的形状能够增强梁桥的承载力"这一科学概念，但对于"梁"的作用及其在生活中的运用一定认识不深。本课设计聚焦"梁"设计问题，让学生带着问题探究，然后在互动评议中分析、思考、发现、归纳，引导学生按"发现承重方法—聚焦承重结构—认识'梁'的作用—揭示梁桥秘密"这一思维线索开展探究，既达到发现和理解梁桥的秘密的目标，也培养了学生深度学习的能力。

2. 科学地安排探究环节

本课围绕"梁既能够增加承重，又能够支撑桥面"安排了两个探究环节，即两个探究任务：①能不能通过加工一张纸，提高纸桥面的承载力？②能不能设计一座既能承重，又能让车辆通行，还能让船只通航的桥呢？两个任务有层次、有梯度、有挑战、有意义，有效地培养了学生深度学习的能力和问题解决的能力，体现了学习进阶的教育理念。

本课教学中，教师引导恰到好处：以问题引导学生探究，以评价促使学生发现，从发现中总结规律，让学生亲历探究过程，轻松建构科学概念。

《磁铁小车》教学实录

广东省东莞松山湖中心小学　陈晓敏

一、现象引入

师：同学们，今天老师带来了两辆玩具小车——1号车和2号车。1号车是一辆指挥车，它能指挥2号车运动。我们来看看，小车小车请后退，小车小车请前进。

（教师在展示台上边讲解边操作。）

师：是什么让小车听指挥的？

生：我猜是磁铁。

师：哪辆小车上有磁铁，你能具体说说吗？

生：1号车。

师：你为什么这么猜想？一辆小车上有磁铁，能指挥另一辆小车前进后退吗？

生：我认为两辆车上都有磁铁。

师：你们真是火眼金睛啊！的确，这两辆小车上都有磁铁（揭开车厢，露出磁铁）。今天我们就来研究一下磁铁小车。（板书：磁铁小车）

二、探　究

探究1：

师：老师给每一位同学都准备了一辆磁铁小车，等会儿两人一组。大家能让小车连起来吗，像一节节火车车厢那样？

生：能。

（教师从材料袋中拿出磁铁小车，分发给学生进行实验。学生领取材料，进行实验操作，教师巡视。）

师：谁来说说怎样才能让两辆小车连起来？

生：磁铁红色的一头和蓝色的一头相连。

师：请把你的发现贴到黑板上来。

生：这样子就可以了。（把S极和N极贴在一起）

师：还有其他的办法能使小车连在一起吗？

生：通过刚刚的实验，我发现磁铁不能用相同颜色的两端连在一起，只有不是相同颜色的磁铁两端才可以连起来。（把N极和S极贴在一起）

生：我补充一下，这就是大人常说的异极相吸、同极相斥。

师：你真棒！还知道大人的这个说法，那你知道具体的意思吗？

（学生摇头。）

师：刚才同学们提到"磁铁红色的一头和蓝色的一头"，在科学上，我们把磁铁的两端叫作磁极（板书：磁极），一端是南极，用字母"S"表示；一端是北极，用字母"N"表示。同学们能用南极、北极的字样来描述刚才的发现吗？

生：通过刚才的实验，我发现磁铁的南极和北极是可以吸在一起的，如是两个南极的话是不会吸在一起的，只能把它往外推。

师：你说得真明白，那么我们把"向外推""不能吸在一起"这种情况叫作相互排斥（板书：相互排斥），把"吸在一起"或者"相互靠近"这种情况叫作相互吸引（板书：相互吸引）。

探究2：

师：如果我们把磁铁从小车中拿出来，磁铁还有这样的能力吗？

生：有。

生：没有。

师：我们用实验来验证一下，看看怎么操作。

（学生观看操作视频。）

师：实验时，要进行实验记录。两个磁极相互靠近，会出现什么情况，排斥还是吸引？我们用箭头来表示，并根据现象找出规律。先完成的小组把发现的现象贴到黑板上，明白吗？

生：明白了。

（学生分小组展开活动，并记录实验现象。教师巡视。）

师：小组完成实验和记录的可以把实验发现张贴到黑板上来。

（部分小组张贴实验发现。）

师：请整理实验材料，我们一起来看看各组的实验数据，有哪组的结果不一样吗？

生：我的发现不一样。

师：哪组数据不一样？你能过来演示一下吗？

（学生演示实验，发现小组记录是错误的，修正记录。）

三、发现规律

师：哪位同学来具体汇报一下你刚才的实验发现，归纳其中的规律？

生：我发现的是不一样的颜色可以连在一起，一样的颜色是不能连在一起的。

生：我不同意这位同学的说法，应该是北极和北极黏不住，北极和南极黏得住，南极和南极黏不住。

师："黏在一起""连在一起"应该怎么表述？请同学们注意表述哟！

生：我认为不同颜色的磁极可以吸引，相同颜色的磁极排斥。

师：同学们太棒了！你们的发现跟科学家的发现是一样的。相同的磁极相互排斥，不同的磁极相互吸引（板书：同极相斥、异极相吸）。

四、拓展应用

师：在日常生活中，有各种各样的磁铁，这是环形磁铁，这是马蹄形磁铁，它们也有磁极吗？

生：有。

师：老师给大家提供一个没有标注南北极的磁铁，你有什么办法把它们的磁极找出来？这个问题确实比较难，我们小组讨论一下。

（小组讨论。）

师：哪个小组来分享你的办法？

生：条形磁铁中间有一条线，我们可以看出来。

生：用相同的磁极相互排斥、不同的磁极相互吸引的方法可以找出南北极。

师：同学们真会想办法，那你们想的方法到底能不能分辨磁极呢？我们来验证一下，并把S、N贴纸粘在相应的磁极上。

（小组完成寻找不同磁铁的磁极活动。）

师：哪个小组成功地分辨出了磁铁的南北极？

生：我们小组成功了，把磁铁的两端相互靠近，如果它们相互吸引，那一端是南极，一端是北极。

师：你能一边演示、一边讲解吗？

生：看，用磁铁（标注了南、北极的磁铁）的南极靠近这个磁铁（没有标注南、北极的磁铁）的一端，它们相互吸引，它就是北极了。靠近另一端，相互排斥，它就是南极。

师：真会学以致用！这么难的问题都难不倒大家。这里老师留一个课后思考：老师不小心把一个磁铁摔断了，断掉的磁铁还有磁极吗？请同学们课后探究一下。

第 二 章

基于"科学实践"的科学教学

基于"科学实践"的亲历科学再思考

湖北省宜昌市教育科学研究院　李德强

引导学生亲历科学一直是科学教学的追求,《义务教育小学科学课程标准（2017年版）》明确指出,小学科学课程是一门实践性课程。那么,作为实践的科学认识视角下的亲历科学是什么样的呢？对这个问题的思考既是理解科学课程的一个关键要素,又对促进科学课堂教学形态的转变具有重要意义。

一、亲历科学的新要求

亲历科学就意味着全身心投入某个科学事件并发现、领会其中的意义。从教学的角度来讲,学生能够投入什么样的事件,发现什么样的意义,取决于科学教师对科学的理解以及对科学教育的认识。如果把科学作为一种过程理解,那么其教学所追求的自然是过程本身；如果把科学看成一种方法,教学的关注点也就会更多地放到操作规则以及程序性等方面。作为实践的科学对亲历科学提出了哪些新的教育要求呢？

作为实践的科学所反映的是人类科学活动方方面面的有机统一,包括相互交织的四个方面,即理解科学解释、产生科学证据、反思科学知识、参与科学活动。很显然,仅仅从内容、过程乃至探究本身来单独强调科学学习无法全面体现这些方面,也就难以主动聚焦到科学学习的本质上来。用实践来表达对科学学习的认识,在强调探究的基础上增加了社会与文化的要素,使得科学作为人类活动的本来特征得以回归,不再仅仅局限在知识的掌握、方法的学习与训练等方面。

对照我们曾经的科学教学,这样的回归实际上也对科学教学提出了新的要求。在科学课堂中如何关注科学活动的社会性也就成为课堂教学改革的一个重要目标,也是未来新的课堂教学形态发展的一个重要趋势。从亲历科学的角度讲,学生所经历的不仅是一个知识形成的过程，也不仅是一个探究步骤的落实过程，而是从科学活动的多个层面、遵循一定的规范去展开科学学习的过程。学生亲历科学，使其内容更加丰富、结构更加完整，其实质是像科学家一样进行科学探究。那么，作为人类实践活动的科学，它的哪些特定规范是应该引起我们科学教育工作者关注的呢？

二、科学活动的特定规范

1. 普遍性

我们常说科学是无国界的，这句话实际上就传达出了科学的普遍性规范。具体来讲，正确的科学结果会得到社会及公众的承认，不会因为科学家所属国家、民族等的不同而改变，也不会因为人的因素而受到错误对待甚至无理由抵制。站在这样的角度来看待科学学习，科学活动的普遍性所反映的是一种"客观"，是对每一个科学实践主体的公正态度。

2. 诚实性

一旦涉及科学成果的可证实性问题，科学活动便处于同行专家的严格监视之下，这是科学活动本身与众不同的地方，也是科学的诚实性。综观我们身边出现的各种各样的科学成果，如果其有不诚实的地方存在，最终必会以各种不同方式受到来自科学同行的质疑，甚至成为科学活动的反面教材。

科学活动的诚实性不单单是一种制度或者要求，它是由科学的可检验性决定的。科学成果的最后确定必将接受科学界的严格审查，每一个数据、每一种说明都应该实事求是地反映自然规律，弄虚作假而通过检验的可能性微乎其微。这种严密的社会、科学监督从根本上成就了科学活动的诚实性，同时也自然而然地对从事科学活动的人提出了诚实的必然要求，最终表现为科学家所必需的个人品质。

这种诚实性规范的教育启示就是要高度关注因为课堂非社会化的特定情境，而忽略对不诚实行为的过度宽容与放纵，最终导致对科学认识的严重偏差。同时，诚实性的要求也不在于科学教学提出多么完备的科学课堂"诚实规则"，把诚实变成一种可供记忆的知识，而在于在科学活动进行的过程中始终如一地贯穿"可检验性"原则并心存敬畏，把诚实融入科学参与者的血液之中。

3. 怀疑性

科学活动中最为可贵的精神就是怀疑。这种怀疑不仅指我们在科学教学中所倡导的针对某一自然现象的大胆质疑，也包括把科学与社会活动领域的各个方面联系起来，经过周密的思考，提出有理有据的怀疑。

哥白尼提出的日心说，就不仅仅表现为一种新的科学观察与思考，更为重要的是对当时教会所主张的"地球是宇宙的中心"的宇宙观的怀疑。哥白尼确认地球不是宇宙的中心，从而掀起了一场天文学上的革命。从哥白尼时代起，脱离教会束缚的自然科学和哲学开始获得飞跃式的发展。这种怀疑所表达的是科学对社会系统各个方面的负责任的态度，但是这样的怀疑通常也会给科学或者科学家带来很大的挑战，因为在很多情况下，社会系统已经形成了既得的利益或者相应规范，新的科学发现必然会对这些利益或规范产生影响，甚至是颠覆性的结果，这样科学与社会之间的矛盾也就自然而然地出现了。在这样的情况下，科学活动的怀疑性通常表现为以下两种形式：

一是既有社会经济或者政治利益集团对科学怀疑的刻意压制、排斥，以保护原有的利益结构、意识形态。布鲁诺为捍卫日心说而被活活烧死就是一个典型的例子。

二是当合理的科学怀疑被打压时，科学活动"质疑"的活性往往会被充分激发，无数科学家会为了追求科学的真理而"不断怀疑"并否定过去，从而形成新的科学结论。这样的过程也正是科学始终充满活力的关键所在。在科学教育活动中，我们经常强调不唯权、不迷信永恒的真理等，实际上其背后所反映的就是对科学活动中最可贵精神——合理怀疑的一种继承和发扬。

三、亲历科学的意义

普遍性、诚实性、怀疑性等科学活动的特征实际上是站在社会的背景下看待科学活动，并思考由此而引发的一系列问题，它所反映的不仅是科学知识、科学方法本身，还涵盖科学与社会、科学家与他人、科学组织与其他群体等方面的复杂关系。作为科学活动中的主体，科学家自然也就需要遵循这些社会规范，才能更好地从事科学活动。每一位科学家进行科学活动时，最后的科学结果固然重要，但与之相伴的科学素养同样甚至更为重要。正如波普所讲，人之所以成为科学家，不是因为他占有驳不倒的真理，而是因为他坚持不顾一切地、批判地追求真理。科学活动中科学家与社会的关联是其科学经历必不可少的组成部分，脱离了与社会的联系，科学家的活动也就难以正常展开了。

我们如果从这样的角度来审视我们的科学教学，也就需要重视科学教育中课堂的社会关联问题，并由此关注科学教学行为以及课堂形态的改变。这样的改变追求使亲历科学变得更加真实，而不是演戏或者走过场。那么，从哪些方面来促进这样的改变呢？

1. 正视科学实践主体的个性

科学活动的普遍性规范告诉我们，在学生学习科学的过程中，不能因学生个人的个性特征而影响对其科学学习结果的主观判断。这句话从另一个角度就可以理解为：在科学课堂中，学生的个性特征必然会影响其科学学习的结果，并且结果可能是有差异的。其个性特征包括性别、语言、文化、家庭等诸多要素以及由此而产生的经验、经历甚至认知。很显然，一个人如果只是站在知识达成的逻辑上，其做法通常就是统一的方式与步调，这样就会忽略学生在其中的感受，放弃实践中的交往、交流等交互性机会。

在进行科学实践活动的教学设计时，教师意识到并利用实践主体的这种真实存在来实施教学，而不是回避这些问题以追求"科学知识"的顺利学成，就会使科学实践从课堂走向社会，也会给身处其中的学生带来不一样的亲历科学的感受，从而加深其对科学活动的理解。这种理解不仅限于科学结论本身，还有可能形成科学面前没有高低贵贱、科学学习中人人都是主人的科学民主观念，这样的观念也会进一步影响学生处理科学活动中各种事项与问题的态度和能力。兰本达先生所讲到的"一定的教学方法形成相应的思想体系"的论述，所传达的就是这样的教学理念。

2. 正视"求是"中的自我判断

"求是"是通过科学实践去研究、发现事物的客观规律，是一个"主观思想与客观事实"相符合的过程，其基础就是要从实事中去获取事实。在科学实践活动中，学生亲历科学时，研究的对象都是科学家已经发现并得出结论的"实事"，具有特殊性。尽管对学生来讲这个对象可能是未知的，但对教师而言却是已知的。由此就容易产生一个问题：教师为了科学结论的顺利形成，会采取许多措施和行为来服务于自己的目标，无形之中得到结论所用的语言、事实等会受到充分重视，而获取客观事实的能动过程会受到挤压甚至刻意回避。

在具体的教学过程中，我们经常会看到不正确的客观事实被改编成正确的客观事实的现象，而学生对此却逐渐习以为常，其自我判断的标准已经演变成"人云亦云"，而不再是事实。为什么会出现这样的情况呢？一个根本的原因就是教师忽视了科学活动的诚实性规范及其教育影响价值。因为在课堂教学中，教师强大的话语权具有不可小觑的暗示和引导作用，使得不诚实的数据、加工了的现象描述等都会被对知识结论的功利追求所掩盖，其"不诚实"不能或者很少有机会受到大家的反复质疑乃至批评，于是学生的自我判断就失去了场合和作用，"求是"也就变了味。这样的影响其实远不仅发生在科学课堂教学中，在学校的许多教学活动中，学生都心领神会地配合着教师的"表演"，实在是令人心忧的一件事。

所以，正视"求是"的第一要义就是让每一个学生都明白一个道理：在科学面前是没假可造的，任何虚假的东西最终都会原形毕露，这是自我判断的主要前提，是理解科学的一个重要方面。

3. 正视怀疑的开放空间

在科学活动中，怀疑表现为对传统的概念、学说、理论在新的条件下失去信任，对其重新进行审查、探索的一种理论思维活动。在科学教学中，学生通常能够接触到的就是某一概念或者学说本身，如在《电磁铁》的内容中，需要制作电磁铁并通过实验研究其产生磁力的现象等。这样的学习实际上是局限在电磁铁知识本身的范围之内的，是已经得到严格论证的科学结论，一般情况下，学生对这些是难以生疑的。科学活动的怀疑性在这一点上给我们以启示，那就是可以拓展学生的视野，打开其思维空间，把课堂所学与其他概念范畴以及社会、经济等领域联系起来，鼓励他们不把目光盯在几个固有的知识点上，而要在联系中发现矛盾、产生怀疑并提出自己的见解与主张，再通过力所能及的科学实践去进行探索。在科学技术日新月异的今天，这样的怀疑更能够引导学生大胆尝试。

综上所述，只有把上述内容都集中地体现到学生的科学学习过程之中，亲历科学才能够最大限度地反映科学活动的本质，亲历科学才不会变成一种程序化、机械化的僵硬模式。只有这样，科学教学中的"人"才不再是"课堂人"，而是在社会的视角下，参与科学活动的、像科学家一样的人。这样的改变无疑赋予了科学课堂一种新的力量，也必然会带来科学课程改革的新气象。

基于"科学实践"的小学科学教学思考

湖北省宜都市杨守敬小学　李红军

"科学实践"是科学哲学和科学教育发展的新理念。"实践"一词进入科学教育，不仅是科学教育关键词的转变，更是教学理念、教学方法、教学实践的一场大变革，而这个变革带来的最大改变将是科学课堂教学形态的改变。《义务教育小学科学课程标准（2017年版）》明确指出，小学科学是一门实践性课程。科学教师要真正地理解科学和科学实践，设计的学习过程就要注重学生作为学习主体的实践性，要立足学生真实的学情，创造多样化的科学实践情境，引导学生亲自动手、亲身体验、亲历科学；还要注重科学活动的社会性，注重学生作为实践主体在科学学习过程中运用各种知识、提升各种能力和培养科学素养。

一、立足学生真实学情，让学生真正走进"科学实践"

教育立场首先是学生立场，学生立场的内核是尊重学生的身心发展规律和认知发展基础。在实际教学中，教师应通过多种形式了解学生的真实学情，以学生实际学情为基础，精准定位目标，设计科学活动，这样学生才能从容地走进"科学实践"。

在教学《观察蜗牛》一课时，如何引导学生真正走进科学实践的呢？教师以"探究蜗牛的结构"这个实践活动为例，考虑到一年级学生年龄小，如果通过课前交流来了解学情，学生不一定能将自己对蜗牛的认识用语言清楚地描述出来，但可以用简图画出来。这样，学生的起点思维就有了呈现的平台，教师的教学目标也就有了确立的依据。在实际教学中，教师可以首先引导学生画记忆中蜗牛的形态，然后引导学生交流展示记忆中的蜗牛，通过这个互动交流让学生自主发现自己对蜗牛的认识还不全面，激起学生对蜗牛的探究兴趣，形成科学实践的内驱力。在此基础上，水到渠成地把学生的实践活动聚焦到"观察"上，并根据学生课堂上的实际学习情况适时调整教学目标和教学活动，确定观察指导重点，有效促进学生前概念的转变，从而使学生获取正确的科学知识，提升学生的探究实践技能，促进其情感、态度和价值观的形成。

《地球内部运动引起的地形变化》一课所涉及的教学内容离学生的生活实际较远，如果在教学前不从学生的角度去了解和分析，那么，关于学生对本课要建构的科学概念到底处于一个什么样的认知状态、学生学习的困难是什么等问题，教师仅凭经验预估肯定不准确，设计的实践活动也一定不能满足学生的实际需要。基于这个思考，首先应组织学情探测。通过探测发现，五年级学生对火山和地震这一话题是非常感兴趣的，但大部分学生对火山和地震是怎样改变地形的不是很清楚，而这恰好是本课教学中最有价值和意义的地方，那么就可以把它确立为本课教学的一个教学目标。有了真实的学情，教师对学生思维发展的起点就更加明确了。在实际教学中，教师根据学生已有的知识经验和科学水平，确立了以建模的方式帮助学生理解和建构概念，把以往更多关注逻辑推理的验证性实验转化为建立在探索性发现基础上的演绎推理，引导学生进行分析、比较、归纳、判断和推理，以主动的思维、深入的参与实现科学概念的正确建构和探究能力的不断发展。

二、创造科学实践机会，让学生真正体验"科学实践"

学生对科学的学习需要围绕科学概念进行深入而连贯的理解，而这一过程需要参与多样化的实践活动并达到熟练水平。作为实践的科学，要注重以"科学实践"为核心展开学习，尽可能地为学生创造多样化的科学实践机会，让学生动手、动脑、动嘴，在做中学，在学中思，真正体验科学实践的理与趣。

教学《观察蜗牛》一课时，在"探究蜗牛的身体"的教学环节中，通过指导学生从整体到局部、从静态到动态、从肉眼到工具、从结构到功能多层面观察蜗牛，让学生认识蜗牛的触角、眼睛等身体部位；利用小实验、小视频进行验证和补充，让学生知道蜗牛的外部特征、应激反应和运动方式，在交流中培养学生的表达能力和表演能力，让学生形成倾听与分享的好习惯，在说理中培养学生实事求是的科学态度，在验证中培养学生基于证据的实证意识。通过一系列有序的、多感官的观察与实践活动，使学生获得更多、更丰富的有关蜗牛身体结构与功能的信息，并认识到蜗牛是有生命的。在本课的拓展延伸环节，通过观察拼接完整的蜗牛图，并在评价的基础上再次修改，初步培养学生的工程思维，完善并加深学生对蜗牛结构特征的了解。课后引导学生把蜗牛送回家，不仅与课前学生交流蜗牛的生活环境相呼应，还让学生将爱护动物、保护环境的意识落实到实际行动上，同时为下一课《给动物建个"家"》做好铺垫。应该说，通过"忆蜗牛—画蜗牛—观察蜗牛壳—观察蜗牛身体—拼蜗牛—送蜗牛回家"这些实实在在的、多样化的科学实践活动，学生获得了多元的成长体验。

在教学《小苏打和白醋的变化》一课时，基于学生的实际学情，围绕核心概念，把教学重点定位在对学生逻辑推理能力的培养上。在具体教学过程中，对新生成的二氧化碳这种新物质的确定，通过实验、观察、比较等一系列科学实践活动，引导学生发现该气体不支持燃烧、比空气重等特有的性质，从而做出初步的判断，再结合教材上提供的资料，进一步确定生成的物质是二氧化碳气体。这个环节的多种探究体验潜移默化地帮助学生建构起寻找新物质的方法，培养了学生运用证据对研究问题进行描述以及建立证据与解释之间关系的能力。这些严谨的分析与综合、推理与论证的实践体验，使学生形成了追求实证、科学严谨的科学态度和尊重事实、批判质疑的科学精神。

三、聚焦科学学习本质，让学生真正享受"科学实践"

科学教育是科学本身的问题，但科学学习的本质不是单一的科学知识、科学探究的问题。用"科学实践"来表达对科学学习的认识，在过去强调科学探究的基础上，其一个突出的重点就是增加了社会与文化的要素，使得科学作为人类活动的本来特征得以回归，使得科学课程的育人价值得以全面体现。在实际教学中，要聚焦科学学习本质，引导学生享受"科学实践"的乐趣。

在教学《制作笔筒》一课时，首先创设真实的学习生活情境，了解不同学生对笔筒的不同需求，激发学生自主设计制作笔筒、解决生活中的实际问题的兴趣。然后引导学生从真正解决实际问题的角度入手，从材料的获取、结构的设计、功能的实现、稳定性、实用性、美观性等方面思考和交流。在此基础上，引导学生利用生活中各种不同材质的废旧材料构思，绘制设计草图、交流评价方案、修改完善方案、完成笔筒制作。活动进行到此，还得考虑学生所亲历的这一科学实践活动如何进一步与实际生活需要结合起来。本节课学生不仅学会了设计和制作笔筒，还了解到生产生活中产生的废弃物经过创意设计还可以继续服务于我们的生活，育人价值彰显充分。

在教学《搭引桥》一课时，在"科学实践"理念的指导下，首先通过设置真实的科学实践情境引导学生亲历"用纸板设计制作不同的引桥并进行现场测试"的科学实践活动，让学生在亲自动手、亲身体验、亲历科学的实践过程中，科学建构科学概念，体验斜面的作用。在此基础上实施第二个科学实践活动，引导学生对已经知道的斜面的作用这一知识进行拓展运用，开展"设计人行天桥"的实践活动。学生科学实践的地点不能只是在实验室，还应不断扩展。所以，在本课的最后环节，引导学生将已经建立的科学概念与真实的社会环境相融合，在社会与文化背景下进行活动设计并实施，开展"根据自然环境设计行走路线"的科学实践活动，引导学生学会从科学、技术、社会与环境的关系来思考问题，进而理解工程技术和科学学习的本质，真正像科学家和工程师一样进行科学探究，享受科学实践。这是"大科学观"视野下的科学课堂的一种新样态。

"科学实践"理念下的科学教学，有了学生真实的学情作为基础，有了多样化的科学实践机会作为保障，有了聚焦科学学习本质的科学实践情境作为依托，就一定会有磁场般的魅力，吸引着学生，使学生为之着迷。

《搭引桥》教学实录

设计指导：湖北省宜昌市教育科学研究院　李德强
执　　教：湖北省宜昌市西陵区教科院　　赵渝烽

一、设计说明

《搭引桥》一课的设计源于《斜面》这一学习内容。在《义务教育小学科学课程标准（2017年版）》中，《斜面》是《技术与工程领域》高年段的学习内容。由于新的《科学》高年段还未出版，为了探索在"科学实践"方面的一些思考，我们选择这一内容自编了教材并开展研究。总体而言，2017年版课程标准中关于《斜面》的学习目标可以用一句话来概括：知道斜面是常见的简单机械，使用斜面解决生活中的实际问题。从"知道"的角度讲，对原理的理解难度降低了；从"使用"的角度讲，重在解决实际问题。这就必须解决好两个问题：一是怎么知道，知道到什么程度？二是解决什么问题。这两个问题如何融合在一起形成一个整体是设计中考虑得比较多的内容。在综合思考的前提下，我们设定了这样的思路：引导学生在实践活动中"知道"，在"知道"的前提下经历"工具使用"的过程，由此关注"利用和改造"中的社会问题。

二、教学目标

学生以搭引桥的活动为载体，在体会斜面的基本规律的基础上，尝试在对不同情境中的综合因素考虑分析的过程中使用斜面解决问题，从而感悟从科学原理到技术应用的过程。

三、教学准备

桥面主体模型、纸板、剪刀、双面胶、直尺、记号笔、小车、桥梁设计图纸。

四、教学时间及对象

两课时，五年级学生。

五、教学实录

师：大家好。

生：老师好。

师：因为时间关系，刚才和大家只有很简短的一个见面，都还记得我吧？

生：记得。

师：你们的记性还不错。我和大家见完面的时候想起一个问题，咱们初次见面，都没给大家准备什么礼物。所以说上课之前呢，我想给大家一份礼物——很简单的一段动画片。这个动画片我自己觉得特别好玩儿，是我私人收藏的一个动画片，想不想看？

生：想。

（师播放动画片，两分钟。）

师：好玩吧？

生：好玩。

师：你们觉得哪点最好玩？（走到学生中间）

生1：我觉得最后一个最好玩。因为它刚想吃那个饼干的时候那个玻璃罩子就把它的头给罩住了，怎么都没有办法吃到。

师：还有吗？还有想说的吗？

生2：我觉得它用蹦蹦床去拿那个饼干的时候特别好玩。本来蹦上去是可以趁机拿到那个饼干盒的，但是后面却把那个蹦蹦床给踏破了。

师：是啊，我每次看到这个情景就想起自己上体重称的感觉。问问大家，这个小猪为了要吃到饼干，想了几种办法？

师：（走向发言的学生）你记得几种？

生3：有——四五种。

师：四五种？我知道有点为难大家，其实我也不记得有多少种了，但是这个小猪用到了很多方法，是不是？（走回讲台）它遇到问题以后想了很多办法解决这个问题。其实在生活当中，我们也经常会遇到一些问题。大家请看（播放没有引桥的立交桥图片），立交桥都认识吧？

生：认识。

师：建成以后我们希望汽车能够从下面的路面上到这个桥面（指图片解释），人们通常是怎么做的？（走到学生中间）

生4：从路面上到立交桥，人们通常就是从一个陡坡上面开上那个立交桥。

师：搭一个坡是吧？

师：嗯，好。其实在生活中，我们把这个坡叫作引桥（从学生中间走到黑板前）。我们今天就来研究搭引桥的问题。（板书：搭引桥）

师：（摆出两个凳子，搭展示台，拿出立交桥模型）这是什么？（停顿）一个立交桥的模型，我们把它看成一座立交桥，我这里有一个纸板（展示纸板），你能不能利用它来给立交桥搭个引桥?

师:(走到一个学生面前)你来搭。(引导演示的学生面向其他学生,学生用胶带、纸板搭引桥,师一旁观看)

师:好的,谢谢你。

师:他是这么搭的。但是我发现一个问题,相信大家也发现了,我们搭引桥的时候,这个纸板和这个桥面当中可能有点儿缝隙。(拆掉学生的引桥)搭引桥的时候尽可能地把这个搭引桥的纸板和这个引桥桥面相平,当然相平的时候它容易掉,我们这么做(演示用双面胶粘贴纸板和桥面)。

师:看清楚了吗?

生:看清楚了。

师:引桥搭好了。有一个小车(出示一辆小车,演示),开关打开以后可以跑的。现在呀,我想让这个小车从这个引桥和地面接触的地方出发。注意,我既不是把小车放在远处也不是放在中间,而是放在这个地方,等一会儿我们统一在这个地方出发。如果让这个小车上引桥以后,它在这个引桥上面可能会出现哪几种状况?(走向一名发言的学生)

生5:可能会顺着这个斜坡往下滑。

师:(走向展示台,手演示)上不去,滑下来了,第一种。(走向发言的学生)

生6:或者,车子的马力和那个引桥的斜面造成的阻力对等,那它就停在那里,不会往上动了。

师:第二种,停在中间。

生7:我觉得还有一种就是它上到一半,那个引桥不牢固,然后就塌下去了。

师:他考虑到引桥塌的问题,那么我们等一会儿把桥粘好,不让它塌,好不好?

生8:还有我觉得那个小车上不去最前面的那一段。

师:你的想法跟他一样,上到一半,停在这里了。还有吗?

生9:我觉得还有一种,它可以成功地上去。

师:第三种。还有没有?

生10:我觉得可能这个纸板有些厚度,车轮会卡在那个比较厚的地方,然后就完全爬不上这个斜坡了。

师:你的意思是说这个小车停在那个下面,完全上不去?

师:好,我们刚才考虑的除了材料的问题以外,小车上到这个引桥上面可能有很多种情况。那大家想一想,小车出现各种不同的情况可能跟什么有关?

生11:我觉得它上不去应该是和它的前车轮有关,前车轮就卡在那个引桥和低一点的马路相接的地方,它的车轮可能卡住了。

师：我明白你的意思，你和那个同学的意思一样，都担心这个车轮会卡在这里。（走回展示台）实际上这个问题不存在，我们可以直接上去，因为我选取的是比较薄的纸板。小车在这个桥面上，刚才大家说了，有可能停在中间，有可能上去，也有可能会滑下来，你觉得这些不同的情况可能跟什么有关系？

生12：我觉得可能跟坡度有关系。

师：你说的坡度是指什么？

生12：陡峭程度。

师：哪个地方？你指给大家看一看好吗？（学生上台演示）哦，他的意思是说可能跟这个引桥有关系是吧。你刚才说的是引桥陡一点儿、平一点儿是吧？我发现好多同学还在举手，（走向学生）你们的观点和他是不是都是一样的，跟引桥有关？

生13：我觉得有些也跟那个车的马力有关系。

师：我相信他的意见可能和很多同学相似，但是我们今天使用同一辆车，马力怎么样？你说的马力就是它的动力是吧，是一样的对吧？有没有关系？同一辆小车，跟这个动力有没有关系？

师：请坐。看来啊，同学们发现引桥搭的不一样，小车上桥的状态就可能不一样，是这个意思吧？（走回展示台）那同学们，我们能不能搭几个不一样的引桥？你们刚才说了，陡一点儿、平一点儿的引桥，我们看看在不同的引桥上面小车的运动状态是不是像大家想的那样，好不好？我给每个组准备了一块这样的长纸板（拿出长纸板），它的长度大概是60cm。等一会儿大家就可以任意地裁剪这块纸板，搭三个长度不一样的引桥，明白了吗？但是要注意哟，为了观察更方便一点，该怎么搭呢？（放下纸板，拿起立交桥模型）我们这个立交桥的模型有四个桥面，这四个桥面我分别标了A、B、C三个面，还有另外一个空的桥面，我们大家等一会儿就在A、B、C三个面上（放下立交桥模型）把这三个不一样的引桥分别搭上去，明白了吗？搭好以后大家就用这个小车来测试，看一看这个小车在这三个不一样的引桥上面，是不是像你们想的那样，运动状态不一样，好不好？

生：好。

师：那为了咱们观察得更仔细、记录得更细致一点，我给每个组都准备了一张记录表（播放记录表的图片），大家等一会儿就按照记录表的要求，把你看到的现象和你们的发现记录下来，好不好？好，那我们实验的时间大概是12分钟，每个小组的组长到讲台领取小车和记录表以后，大家抓紧时间开始你们的研究。各个小组的组长，请上来领取材料。（各小组组长上前领取材料）

师：领到材料的组可以开始研究了。

（学生实验，教师巡视。）

师：都有自己的发现了吗？

生：有。

师：好，都先停下来，把你们的实验材料放在桌子中间，不着急。好了，哪个小组来说一说你有什么发现？（举手学生多，走向一个举手的学生。）

生14：我们通过实验知道了小车能够达到的位置是和这个引桥的长度有关的，因为如果引桥短了的话，它的斜坡就会朝下而来，抵到最顶上斜坡就变得很陡。相反，如果引桥越来越长的话，它的斜坡就会变得越来越平缓。

师：他说了一个发现，就是引桥短和长，也就是说你们首先认为这个引桥的长度可能跟这个小车上引桥的状态有关是吧，那引桥长和引桥短，小车上去有什么区别？

生14：如果引桥长的话那个坡度就小，然后小车能达到的位置就会高一点，我们还要算出百分数来比较一下，我们认为可以比较出来。

师：算出百分数？你是算概率是吧，很棒。还有哪位同学能够说说你们的发现？（走向另一组一个举手的学生）

师：好，你来。

生15：我们组发现，小车在较短的引桥上面上去的概率比较小，但是如果在长的引桥上面它就会上去；再就是引桥长的，小车上去的话会很慢。但是，就是引桥更长的，它就更快，就是说这个纸板越长，引桥与地面的角度越小，这样引桥坡度就越小，小车就越容易上去。

师：她谈到了两点。第一点就是长度。（走回讲台，走向黑板）你是说，这个引桥越长，这个小车越容易上去，是这个意思吧？（板书：长度）

师：同学们发现引桥的长度跟小车运行状态可能有关，是吧？（板书：小车）

师：你刚才好像还说了长度不一样，坡度也不一样，是你说的吧？那位同学好像也谈到了。我不太理解你说的这个坡度是什么意思，你能不能上来给大家演示一下，我这里有模型。

师：（点学生上台演示）你站在这里，面向大家。

生15：（指着演示的立交桥模型）坡度就是这个引桥和地面所形成的这个角。

师：你们是不是都是这么理解的，都认为是这个（指着模型）？你刚才说了这个坡度有大有小是吧？这个坡度你认为是大还是小？

生15：（观察。）

师：你能不能再搭一个不一样坡度的引桥，这里有材料（拿出另一块纸板），比这个坡度更小一些。（生在模型上搭引桥，师观看，最后协助固定纸板）

生15：这个引桥的坡度相对它对面那个引桥的坡度来说更小一些，像这种坡度的引桥，小车就比较容易上去，对面的那个引桥小车比较难上去。

师：（问演示的学生）你是怎么看出来这两个坡度不一样的？（问下面的同学）同学们，你们看出来了吗？你能不能指给我们看一下？（学生上台演示）

师：后面的同学看得见吗？都看不见吧？都在摇头，那这样吧，你们两个能不能在黑板上把你们所看到的、说的坡度大和坡度小画出来？

师：你可以？好，你来。

生15：（画示意图。）

师：你来给大家讲。

生15：（画演示图）这就是我画的这个引桥，我们刚看到的那个（指了指模型），这里有一段，这个是A桥。然后A桥的这一点和引桥相接的地方，我们可以很明显地看到这是一个很大的钝角，在这个坡度上面小车很容易上去。如果放一个小车在上面的话，大家应该都测试过，是很容易上去的。还有这种，这个就是B桥，这个坡度很明显比那个还要小一点，但是长度更长，所以说这个上去的难度要更小一点。

师：好，谢谢。

师：我看到刚才那个女同学也要说，你来画。你跟他有什么不同吗？

生14：我觉得他画的有点错误。（画示意图）我觉得应该是引桥与地面所形成的这个角，而不是引桥与这个立交桥所形成的角。

师：你们是说这个角度的大小决定了这个引桥的坡度大小，是这个意思吧？

师：那这样，我现在大致理解了你们说的这个坡度大小不同的问题，但是我还是没有理解你们刚才说的长度。你们刚才说和长度也有关系，是什么意思啊？

生12：老师，我给你画一下。假如这是一个引桥，它是80cm长，这是一个引桥，它是14cm长，那么先把这个80cm长的引桥降为直线，如在这里，然后它会往下斜过来，它在碰到地面的时候形成的角度自然会比14cm长的这根直线碰到地面时的那个角度小一些，大概就是这个样子的，可以理解吗（问其他学生）？

生：可以。（哄笑）

生12：好，谢谢。

生：（鼓掌。）

师：你说得这么精彩能不理解吗？好，也就是说你们认为引桥越长，坡度就怎么样？

生：越小。

师：按照你们刚才说的，引桥越长，坡度越小。我觉得还要再加一个条件，在同一高度上，是不是？假如不在同一高度上，行不行？

生：不行。

师：（走向黑板）好，看来大家通过刚才的研究发现这个小车在引桥上面有的时候难上去，有的时候容易上去，跟这个引桥的长度还有你们说的坡度都有关系。那你能不能用一句话把刚才所发现的这些东西描述出来或者整理清楚？（走向学生）

生15：我觉得就是如果它的坡度越小引桥的长度也就越长，这个小车也就越容易上到桥上面去。

师：长度越长，坡度越小，小车越容易上去。（回到讲台）有没有漏掉一个问题？注意到没有？我发现同学们注意到了，刚才我们说的，要在同一高度上。（板书：同一高度）同一高度上，长度（板书：越长）越长，坡度（板书：越小）越小，小车（板书：易上）易上。反过来怎么说？同一高度，引桥的长度越短，坡度……

生：越大。

师：小车呢？

生：越难上去。

师：我发现同学们太厉害了！你们不仅通过刚才的研究有这么多的发现，而且慢慢地把我们这个发现整理得这么清晰。我想问问大家，如果再给你一个设计引桥的机会，你会不会用这个发现？

生：会。

师：好，我们来看看。（播放一座桥梁设计模型图片）这是我搭的一座桥，这个桥的引桥我也搭好了，还可以吧？我自认为搭得还不错。但是我遇到一个问题，桥梁不只是要让汽车上去，还要搭一个行人能够上去的通道。（展示人行通道设计模型图片）我搭了一个人行通道，你们怎么在摇头呀？说说你的想法。

生16：因为我觉得汽车都上不去这样的坡度，行人就更上不去了。如果是这样子的话我感觉他会摔下去。

师：那怎么改进呢？谁能帮我？

生17：老师，我不太同意生16的观点。就是有的车轮上去的时候，它已经有一个固定的摩擦力，如果坡度太陡的话，它的固定的摩擦力可能会因为在不停地摩擦才会滑下去。而行人，我觉得他无论怎么爬都能爬上去。（学生哄笑）

师：我相信像你的体形可以爬上去，你考虑过我没有啊？

生14：我不同意生17的观点，因为假设我们设计一个坡度为90°的引桥，那么请问行人可以上去吗？

师：那你能不能帮我改进一下？你们刚才说你们会用我们的研究发现。

生14：我觉得应该把这个引桥设计得再长一点。

师：那怎么做呢？

生14：就是把建引桥的这个木板变长一点。

师：把这个引桥的桥面变长是吧，我们来看一看。（走回讲台操作软件）变长了吗？是这个意思吧？好像有点道理，你们实际上用到了我们刚才的研究发现，是吧？我们要想让小车或者行人容易上去应怎么做？肯定是坡度要怎么样？

生：变小。

师：你们是怎么让坡度变小的？

生：引桥长度变长。

师：把引桥长度变长，你们是把刚才这个发现反过来用的是吧？很有道理，但是我发现有同学还在举手，他一定有想法。

生18：老师我觉得只要搭一个楼梯就可以了，不需要这个坡这么长。

师：这是不是一个办法？那是关于楼梯的问题呀，咱们以后还会再研究。它和我们今天的研究发现有点不一样，我们主要用今天的研究发现，你们刚才说会用的。这样，同学们要开始观察啦。在这个地方（操作软件）有一个小黄人，看到了吗？也就是说我们的人行通道和起点一定要在哪儿？人行通道就在这个小黄人站的位置，从这个起点出发，要上去应该怎么办？我们今天上课的时间有点长了，累不累？

生：不累。

师：需不需要休息会儿？

生：不需要。

师：不需要啊，那行，既然今天你们热情这么高，我就把这个任务交给大家，我给每个组发一张图纸，你们把自己的想法和设计画在图纸上面，如果画不出来怎么办呢？不要紧，把你的想法要点记在上面，等一会儿我们来进行交流好不好？OK，大家先讨论吧，我一会儿把图纸发给每个组。（学生开始讨论，教师分发图纸。）

（学生讨论，教师巡视。）

师：好，同学们，设计好方案的同学请举手。你们设计好了？好，你们来说。

师：需要展示你们的图纸吗？

生19、20：不需要。

师：不需要，好，可能没有自信，不想说也可以。

生19：老师可以帮我们调到那个引桥的模型吗？

师：好的。

生19：就是我们刚刚做的那个引桥的模型，想从小黄人的这个地方直接往这里来，我们发现根本不可以把这个人行通道往下或者往另外一边放，也不可以把桥整个高度往下压。我们设计出了一种螺旋状的，就是从下一直螺旋，然后往上走。嗯，结束了。

师：怎么个螺旋法？你能不能比画一下，我们没有听明白，你有没有图纸？

生19：可以画一下吗？就是从这个小黄人的这一点先往上，到了一定不能上的坡度的时候，同一个平面往这里螺旋，螺旋之后再往上走，因为到了螺旋这个阶段就相当于把地面拉高一层，这个时候我们又可以上去一个地方，然后再上去的时候又变成了一个螺旋状，最后往上。

师：好，我听懂他的意思了，其他组有没有这样的想法？也有吧？这样，为了表达清楚一点，大家看一看是不是这样。（操作软件，搭一个螺旋状人行通道）你们说的是不是这样一个结果？好，这样，不着急，不着急。我发现很多组可能都考虑到了这样一种结构，我们刚才说了要设计得比我们刚才那个更容易让人上去一些，是吧？为什么你会认为这种方法会更容易让人上去呢？还是请你先解释吧。

生19：就是因为这种螺旋桥不管怎么上去，人应该都会在一个平面上，而且他上去这个地方的时候看着倾斜角度是很小的，所以这种方法比之前这种斜的引桥好，应该是特别方便的。

师：是这样吗？

生21：这个引桥容易上去是因为这个半圆形，每一个引桥的这个半圆弧的角度都是固定的，每一个都是一样的，都是很容易让人上去的那种。

师：它的每一层的坡度都比较小，然后就一层一层慢慢上去了，是吧？那我们这个发现，就像你们刚才说的，这个螺旋状的和我们刚才的那个发现有什么关系没有？

生19：其实还是一个，如果要做的话，还是只要一个纸板，这个螺旋状的比直的用了更多的材料，也就更长了。因为它更长，按照那个公式，它的长度越长坡度越小，所以人就越容易上去。

师：这个地方是不是也变长了？是不是？我们如果把这个螺旋状一拉伸，它是不是也变长了？那我们这个时候把它变形的目的是什么？

生22：让人容易上去。

师：好，看来啊，还是利用了我们的发现对吧？还有没有其他不一样的方案？

生23：就是这样的，我能上黑板画一下吗？是这样子的，人在这里，到了一定坡度的时候就往上拐，然后再接着，连到桥的口。

师：也就是说你们的这个方法是这么折着上去的。你们觉得这个方法和我们前面的那个螺旋方法有没有什么联系？

生23：我觉得还是有的，虽然原理和螺旋的是一样的，到了一定的点上去，只是不是螺旋的，拉直了而已。

师：也就是说让它变形了是吧，然后长度也延长了，好，谢谢你。

师：我看到还有同学举手，你们有什么想法吗？

生24：我可以去黑板上画吗？

师：可以。

生24：（上黑板画图）我们的设计和前两个同学的都是一样的，因为我们的设计都有一个缓冲，我们可以上去之后在这边缓冲一下之后再上去，再缓冲一下然后再上去。

师：这个原理和我们前面的原理是不是一样的？也是一样的是吧？

生24：嗯。

师：好，行。同学们想到的各种办法，实际上都是利用了我们的研究发现，对不对？好，我们已经大致设计了几种方案，但是我要请大家想一想，如果我们把这几种方案用在实际搭引桥上，你觉得除了注意这个形状的问题以外，还需要注意哪些问题？这样，大家分小组讨论一下，把你们觉得还需要注意的问题记录在那个图纸上面，开始。

（学生讨论，教师巡视。）

师：好，同学们，先停一下。我发现同学们讨论得很热烈，但是都没有记录。不要紧，这样吧，咱们一起来说说好不好？好，把你们的图纸借我用一下，我们来记录一下大家的观点，你们觉得需要注意哪些问题？

师：好，请那个组的同学说说。

生25：我们觉得最主要的一个问题是没有经费。（学生哄笑）（师投影记录学生观点）

师：家里没有矿是吧？请互相递一下话筒。

生26：还有安全问题，就是护栏。（师投影记录学生观点）

生27：还有引桥的那个口必须完全吻合于那个立交桥上面，否则这个人是上不去的，会有一个很大的坡，要考虑把那个桥的最后一个面紧贴在那个立交桥上面。（师投影记录学生观点）

生28：还有就是引桥的长度一定要比立交桥桥面的高度长。

生29：桥一定要防滑，不然人上去就滑下来了，跟滑滑梯一样。（师投影记录学生观点）

生30：我觉得就是关于人行通道的问题，假如你建完以后，人都不好上去，那就白建了。

师：我发现一个问题，同学们刚才考虑得很实际，你看，我们的经费问题，这个就是很实际的问题。再比如说护栏、防滑都属于安全问题，还有同学考虑到坡度，我相信同学们还考虑了很多因素。其实啊，工程师在设计引桥的时候也会考虑很多问题，咱们来看一看他们考虑的问题有哪些。（课件播放人行通道施工标准）

师：看清楚了吧，你看了以后有没有得到什么启示？

生31：我觉得还要注意一下那个高度，如果设计得太高，有的人上不去就麻烦了。

师：发现工程师还注意到了高度的问题。

生32：我也注意到了那个，而且建完那个坡道后一定要扫干净，如果有遗留的建筑材料，行人踩到上面就可能摔倒了。

师：环境卫生问题。工程师的标准对你有什么启示？

生33：我们做什么事情都要严谨，然后需要把每一件事都做好。

师：你觉得工程师哪一点比你们要严谨？

生33：就是我们自己做事的时候都是随随便便做好就可以了，反正我完成了；而工程师都是很严谨的，会满足每一个人的需求。

师：考虑到有不同的人群是吧？

生34：我觉得生33说得不对，应该是工程师的用词非常精准，不像我们说的可能、大概这些词，他们直接把准确单位都说出来了。

师：有精准的数据描述，很好。那大家想一想这些数据是怎么得出来的？

生：做实验。

师：肯定做过很多实验，咱们今天可以体验一下。比如大家看一看这个坡道，说护栏要1.5m，不能低于1.5m，是不是这个问题？看到没有？第二点。大家考虑过没有，为什么要定1.5m，知道吗？

生35：就是因为人体大部分的重量是在上身，就是上半身，上半身完全在外面的话人就有可能掉下去。如果那个护栏定到1.5m的话，正好可以把上半身的二分之一，就是胸口以下给挡住，就是说如果你没有特意去爬的话，一般是不会翻下去的。

师：中国人的身高平均是1.68m，所以我们考虑一下，如果是国外的话，1.5m可以吗？那可能又要重新考虑啦，对吧？好啦，同学们，你看我们对比以后，发现工程师和我们考虑的虽有一样的地方，但他们考虑得比我们更细致，你们以后能不能也像他们一样呢？我们尝试做一做好不好？好，这样，咱们来看一个。（播放图片）有这样一个情境，当然这个情境是我PS出来的。有一座高山，这个地方，看到我们的右下角，有湖对吧，这里有一个森林，山顶上还有一个宝塔，这个风景还可以吧。可以，那我们能不能够给这样一个地方设计一个供人们上去游玩的通道呢？好，你来。

生36：有些地方，我觉得修建一条路比较好，但是有些地方可能坡度会太大，可以改成楼梯。

师：改成楼梯？能不能用我们今天的发现呢？

生37：我觉得建座桥的话应该可以设计成右下角先往左上角移，这样我们就有了一个缓冲，然后再往右上角移。（让学生在图片上画出自己的设计）

师：你这么设计的目的是什么？

生37：目的是这些景观全部都可以看到。

师：他考虑到一个方面，就是能够看到更多的景观，还有可以改进的吗？好，谢谢你，你来。

生38：（在图片上画设计图）我就是觉得从这里到那里这个坡太陡了，人一般是上不去的，采用刚才研究的螺旋状的人行通道，然后这样子开始旋转，正好可以到这里。

师：我发现他考虑到一个问题，就是怎么让人容易上去是吧？好，那个男同学，你就直接说吧。

生39：我觉得他的这种方法不行，一直让人这么转是不行的，而且这也太累了。一直转一直转，假如把它拉成直线的话太长了。

师：你看，当把这个发现运用到实际环境的时候，我们发现要考虑的问题是不是更多啦？这样吧，这个任务就交给大家，大家回去以后按照今天我们所学的内容，在家里面设计一条你认为最完美的路线，有没有信心？

生：有。

师：好！同学们，前面我们在搭引桥，后来我们又用我们的发现来搭人行通道，甚至是搭这个人行步道，实际上我们都用到了一样东西，它是一种简单的机械，我们把它称为斜面（板书：斜面）。其实，斜面在我们生活中的应用还有很多很多，大家回去也可以观察一下，看一看我们还有哪些地方用到了斜面，是怎么用的，好不好？好，今天和大家研究得非常高兴。可惜时间到了，请大家安静有序地回到教室，可以吗？

六、教学反思

《搭引桥》的教学内容来自《斜面》这一课标学习内容。《义务教育小学科学课程标准（2017年版）》中关于《斜面》的学习目标是这样概括的：知道斜面是常见的简单机械，使用斜面解决生活中的实际问题。从"知道"到"使用"正是科学实践的重要部分，从技术与工程的角度来说，也是工程师们需要做的事情。

《搭引桥》一课总体来说分为三个部分：第一个部分，让学生知道斜面的原理；第二个部分，在模型模拟状态下应用斜面，分析解决问题；第三个部分，把斜面原理应用到真实情境中，进一步分析解决问题。这也是尝试让学生经历由"知道"到"使用"的过程。

在这节课的教学中，要让学生"知道"并能够理解运用斜面的原理，就得让学生在熟悉的情境中发现不同斜面对小车运动变化的影响。因此，我把这一认识引入《搭引桥》的情境中，引导学生观察电动小车在引桥上的运动变化，逐步形成他们能够认识的"规律"。这一规律是他们在熟悉的情境中通过自己的观察发现的。在他们的发现中，"引桥长短""坡度大小""上桥容易和困难"这些具体现象成为他们关注的焦点。通过思维加工把这三个因素之间的关系整理清楚，就成了他们对原理的认识了。这一认识过程从学生的视角出发，没有急于嵌入更多的抽象概念，让原理在学生头脑中形成"画面"，成为他们能够应用的原理。教学活动中，学生对不同引桥产生不同情况的原因分析是由模糊到清晰，由对引桥"长度""坡度"等某一方面的关注到对多个因素之间相关联的关注的过程。这得力于教学设计中为学生提供了由"说"到"画"再到总结的过程，用比较长的时间给学生提供了让他们把自己看到的现象慢慢抽象出来的思维空间。

做好了"知道"后，接着就要引导学生开展"应用"了。这个部分是和我们以往的教学设计最大不同的地方。以往的教学设计，对"应用"的教学非常简单，最多就是根据所学习的原理，列举几个生活中的例子。这是远远不够的，还停留在对原理的认识上，只是对原理在生活中有运用实例做进一步的认识，还未触及"使用原理"的阶段。科学实践活动中，从"使用"的角度讲，重在解决实际问题。解决什么问题？当然是真实情境中的具体问题，原则上我们设置的情境越真实，越能锻炼学生"科学实践"的能力。我们可以引入更多的科学技术、学校、社区资源来营造情境。当然，由于时间和空间的限制、学生认知水平的限制，我们不可能无限地去贴近真实情境，我们要根据学情和教学需要达到的目标来设置情境。

怎样让学生来解决问题？这需要引导学生在"知道"的前提下经历"工具使用"的过程，由此关注到"利用和改造"中的社会问题。为此，教学后面的部分首先是在模拟状态下让学生尝试应用斜面，分析解决问题。这也是工程师在解决"怎么做"的问题时非常关键的过程，也是"使用"原理的开始。教学环节中，引入一些现实生活中常常遇到的限制条件，如上下桥的位置问题，让学生尝试在利用原理的基础上根据条件进行改造。同时进一步考虑建造人行通道所需要考虑的多方面的因素，让学生尝试在综合考虑各种因素的情况下，对"斜面"原理不断利用和改造。这既是对学生实践能力的培养，也是对学生工程思维的培养。让学生把自己的想法与工程师们的想法进行比对，发现所需要考虑的更多因素，原理的应用不再仅仅停留在技术的层面，人文因素、社会因素也是我们需要考虑的。

这一教学活动展开的过程中，学生经历了由"知道"到"应用"的重要发展过程。类似工程师在解决具体问题的时候，在实验室开展的各种模拟实验的工程，学生在这样的创新活动中遵循自己归纳出的"斜面"原理，在设计过程中，产生了一系列现实问题。这些现实问题就是条件制约。学生在设计过程中不断改进，不断完善平衡设计的过程就是对原理应用重要的思维加工过程。虽然学生在展开的过程中还存在问题，如在对自己想法进行描述的时候不够准确；在尝试对自己的想法进行解释的时候不能准确地抓住重点；在相互交流纠错的时候，不能客观地评价，存在贬低别人抬高自己的现象；大多数学生还不太习惯这种互动方式（在互动的过程中，常常容易"跑题、发散"，而无法深入下去）。但是开展这样的活动是很有意义的，是锻炼学生在科学实践活动中提高社交能力的很重要的过程。

    最后，我们尝试让学生把斜面原理应用到社会与环境情境中。到这个应用阶段，需要考虑的因素会进一步增加，而这也恰恰是真正把技术运用得更为熟练的层面。此时发现，每个参与设计的学生个性化的层面会进一步加大，技术对应用效果的影响会进一步减小。随之带来的设计者的综合素养，包括环境保护意识、人文关怀精神、语言表达及与人沟通的能力、个人情趣、情商等方面都会成为应用过程中的影响因素。对于学生来说，综合性更强，需要考虑的因素更多，难度也会更大，这正是科学技术物化更重要的层面。在教学过程中，学生有了一定的想法，也还存在不全面或者不合理的地方，但是只有通过这样的学习活动，学生才能真正体会到科学技术学习的目的和作用。

第 三 章

基于"做思共生"的科学教学

固本出新：向着"做思共生"的科学教学漫溯

江苏省连云港市教育局教研室　顾长明

听到的过眼烟云，看到的铭记在心，做过的沦肌浃髓，思过的行知相生。

——题记

儿童立场的教学观应该是一切从儿童出发，儿童既是教育的出发点，又是教育的最终归宿。一切从儿童出发，就是要顺应儿童的发展规律，顺应儿童科学教育的核心任务（找到适合儿童学习科学的方式）。多年来，科学教育重心也在不断调整，作为教育组成部分的科学经历了由"作为内容的科学"到"作为过程的科学"，到"作为探究的科学"，再到当下"作为实践的科学"的转变。每一次变革背后都蕴藏着科学教育思想的飞跃，体现了对科学本质理解的不断深入。"作为实践的科学"强调科学是认知、社会、行为等多维度的实践活动，更能体现科学的本质和属性，体现科学教学的育人价值、教学价值和学科价值。"作为实践的科学"更加注重"做科学"、体验科学与自身的科学学习，这正是科学教学改革的出发点和落脚点。必须站在儿童发展的高度来理解科学教育，坚守儿童科学学习的天然状态，顺其天性而育之，最终指向发展儿童的科学素养与关键能力，实现儿童从"喜欢的科学"到"需要的科学"的深刻嬗变。

十余年来，连云港市在区域推进"建构式生态课堂，追寻释放学生潜能"的教学变革中，小学科学学科拾级而上，着眼于骨干团队培育，着力于学科项目推进，着手于课程基地建设，致力于课题研究引领，"四位一体"，努力契合科学教学的重心嬗变，全力探索科学教学的变革路径。在科学骨干团队培育方面经历了市级"小学科学中心教研组"到市级"小学科学骨干教师培育站",再到"港城名师小学科学工作室";在学科项目推进方面经历了"实验教学的优化与品质提升"到"科学'做中学'项目的实验与区域推进",再到"'做思共生'科学课堂的建构与实施";在课程基地建设方面,经历了学科研训基地到学科课程基地,再到特色文化建设项目;在课题研究引领方面,围绕省教育科学规划重点课题"小学科学实验教学研究""'做中学'科学教育项目的区域推进与实施策略"和"'做思共生'科学课堂建构与实施研究"进行了深入的理论研究与实践探索。在不同阶段始终坚守科学学科的"实践"取向,通过"动手动脑学科学"来张扬学科特质,凸显深度学习,彰显教学改革,追寻科学教学中学生"做"与"思"的相通、相融、对接、转化与共生,以此来努力实现从"碎片学习"向"整体建构"的转变,从"教"向"学"的转变,从"解题"向"解决问题"的转变,从"科学教学"向"科学教育"的转变。在团队打造、骨干培育、专业引领、基地建设、课堂改革、资源开发、课程实施、重点突破、成果聚焦等方面呈现出良好的发展态势,取得了丰硕的成果。

一、实验教学的优化与品质提升

实验是自然科学的基础,是科学教育的核心特质之一。实验教学也是科学教学的核心内容之一。科学实验有着重要的教育价值取向,即关于科学实验的教学(作为内容的科学实验)、通过科学实验的教学(作为手段的科学实验)、在科学实验中的教学(作为场景的科学实验)、为了科学实验的教学(作为目标的科学实验)。2007年,成立了市级"小学科学中心教研组",配套了6所市级小学科学研训基地,将中心教研组研训工作与学科研训基地建设工作紧密结合。这是新课程背景下传统教研组织与活动方式变革的一种尝试,也是骨干教师抱团发展协作机制的一种探索,既有利于推进传统教研制度的改革,加快建设与新课程理念相一致的现代教研制度,也有利于形成区域学科骨干团队建设的有效范式。就小学科学而言,在实验设施设备基本到位的情况下。如何"用"以及如何发挥效益的问题就显得尤为重要。按照省、市教育行政部门"配齐专兼职教师,普及实验教学,提高实验效益"的要求,我们以实验教学为抓手,努力提高学生动手操作能力和实验教学的普及水平。围绕实验技能的培训、实验教学的研究、实验教学的实施等方面开展了一些卓有成效的工作。

借助省教育装备中心的优势对培训者进行集中封闭培训,比较好地承担了市级培训任务。市级培训主要对全市专职科学教师进行全员培训,县区级培训主要针对兼职教师进行全员培训。每两年举行一次小学科学实验操作技能比赛,每两年举行一次小学科学实验教学优质课评比。市教育局编制了《小学毕业生综合素质测试纲要》,对小学生应知应会的实验技能与素养提出了评价要求与指标,将科学实验纳入评价体系,并开发了《小学生趣味科学实验》，由江苏科技出版社出版发行。在江苏省教育厅举行的三届小学科学实验操作技能大赛中，我市的成绩一直名列前茅，参赛的选手大都为当年实验集训的骨干教师，在很大程度上得益于当年的实验技能培训。

为了适应省"四配套"工程建设的需要，我们团队申报了省"十一五"教育科学规划重点课题"小学科学实验教学研究"，以课题研究为载体，全面系统地研究小学科学实验设施与设备的"建、配、管、用、效"问题。基于实验教学的现状而反思，源于实验教学的普及而践行，立于实验教学的改进而嬗变，勇于实验教学的高效而前行。对方案制订、目标设计、内容规划，从实验现状调研、实验教学优化、实验资源开发、实验技能培训、实验教学评价等方面进行了系统深入研究；研究方法科学，采用了案例研究、项目研究、行动研究、调查研究、课例研究等方法；研究成果具有指导性，形成了有关本市实验资源的管理与使用、课堂教学现状、师资队伍现状、课程实施等调研报告；样本具有随机性、常态性和典型性，数据翔实，服务决策、服务研究、服务教学、服务教师。在经验总结与提炼的基础上发表了《连云港市小学科学课程改革实验报告》《连云港市小学科学教师现状调研报告》《连云港市小学科学课程实施调研报告》《小学科学实验教学面临的问题检视与对策分析》《连云港市中小学教学资源管理使用情况调研报告》和《把握优质资源内涵提升科学教学品质》等60篇相关专题论文，对解决小学科学实验教学面临的问题提出了新思路和新对策，具有较强的借鉴意义和推广价值。其研究成果"小学科学实验教学研究"获江苏省第三届教育科学优秀成果二等奖（省教育科学规划领导小组）。市级小学科学中心教研组有5人获省级赛课一等奖，3人获市级赛课二等奖，12人次获市级赛课一等奖，2人成长为市级名师，8人成长为市级学科带头人，15人成长为市级骨干教师。应该说，实验教学的研究与提升顺应了"四配套"工程的建设，抓住了科学课程的实证特质，凸显了科学学科的实验性，关注了科学教学的过程性。

二、科学"做中学"项目的实验与区域推进

科学"做中学"项目是一个准教育改革实验项目，是从法国和美国引进的科学教学改革项目，与杜威的"从做中学"有相通之处。该项目有"内容标准"，也有法国开展实验的经典案例，还有前期国内开展相应实验所开发的典型案例。"做中学"项目契合了当时科学课程标准的要求，追寻的是探究式的科学教育。2010年省教育厅将小学"做中学"科学教育项目实验工作推广到全省，我市有5所小学被确认为省级"做中学"项目实验学校。市级遴选出21所实验学校，形成市域整体推进的格局。从"预则立"的视角制定了《连云港市小学科学"做中学"项目五年发展规划》。从内涵和意义、目标和内容、现状和问题、序列和策略等方面对五年的实施进行规划，促进了项目的高起点定

位，高标准实施，高效率推进。

在学科团队方面，成立了市级"小学科学骨干教师培育站"，以"培学科专业技能，育学科教育情怀"为宗旨，把小学科学"做中学"项目区域推进实施作为培育站和专业发展的中心工作。培育站依托省市项目实验学校，结合省"十二五"教育科学规划重点课题"区域推进小学科学'做中学'项目实施策略研究"，每所实验学校根据项目的内容申报了相应的子课题，契合项目推进工作。先后两次承办省级专题研讨活动，举行了9次市级"做中学"推进与现场活动，4次课题专项研讨活动，12次县区级"做中学"研讨活动，26次校际交流活动。形成了"做中学"项目区域推进的架构系统、典型引领、教研跟进、案例开发、模式建构五大策略：①架构系统——区域推进的发动机。架构的系统为领导小组、指导小组、咨询小组。各小组分别承担不同职责和任务，区域共同推进"做中学"项目。②典型引路——区域推进的脚手架。根据"做中学"项目对环境、设施、师资等方面的条件和有关要求，结合我市实际，确定省级和市级两个层面的试点学校。这26所学校应该说是全市小学科学教育的骨干学校。③教研跟进——区域推进的铺路石。市、县区教研部门就"做中学"项目实施有针对性地开展了系列化的普惠教研、智慧服务、专业引领。省市项目实验校根据项目实验研究任务开展了行动研究。通过系列活动，使教师理解学生学习的特征与"做中学"项目应遵循的原则，掌握引导学生探究和发现的有效策略，增强教师设计、开发符合本校实际的"做中学"案例的能力。④案例开发——区域推进的助推器。研发"做中学"案例是项目课程化实施的前提性条件。案例开发经过了三个阶段：一是模仿阶段，模仿先行学校研制出的比较成熟的案例，在模仿中掌握"做中学"的内在精神实质和实现途径；二是改造阶段，对已运用的案例，根据本区域、本学校和学生的具体情况进行修改而形成新案例；三是研发阶段，一些学校和教师结合教学实践和科学课教材自主研发案例，形成系列。案例的研究解决了"无米下锅"的问题，也激活了教师课程意识。⑤模式建构——区域推进的试金石。通过大量的实验教学观察，对"做中学"课堂教学的共同要素进行深度挖掘、重组、创生与凝练，对课堂环节进行了深入的探讨、分析与论证，在项目教学中不断"入格"和"出格"，进而形成相对稳定的课堂结构和范式，有效促进了项目实施的常态化和规范化。"做中学"作为课堂形态，需要通过一定的"形"表现出来。把课堂中一些共同的要素，诸如提出问题、猜想假设、实验设计、动手操作、合作讨论、寻求实证、交流汇报、结果表达、拓展延伸等不断提炼，形成相应的教学结构，具有较强的普适性和推广性，促进"做中学"课堂常态化，面上推广、区域推进。

科学"做中学"项目区域实施五年来，探索出"做中学"课堂教学"五步"课堂结构，创造性地研发并实践了"做中学"课堂范式与教学结构，即"提出问题—猜想假设—动手探究—合作交流—拓展延伸"，为"做中学"课堂的常态化与规范化实施奠定了基础。为促进科学教学中学生学习方式、教师指导方式的有效改善，开设各类研究课80余节，录制课例36节，开发了50余个典型的"做中学"教学资源包，形成了具有本土化、区域性的"做中学"科学教育的理论框架和实践策略，为同类地区的项目实施提供了借鉴。培育站成员中4人次获省优秀课或基本功大赛一等奖，6人获省科学实验操作技能大赛一等奖；2人被评为省特级教师，3人被评为市名教师，12人被评为市学科带头人；6所研训基地被评为市级小学科学课程基地；培育站成员发表近百篇专题论文，6本项目丛书出版，计67万字，获省优秀科普图书三等奖；培育站被评为省优秀培育站；课题研究获省教研室课题研究成果一等奖，"小学'做科学'的实践研究与探索"获江苏省首届教学成果一等奖（省教育厅），"小学科学'做中学'项目研究"获江苏省第四届教育科学规划优秀成果二等奖（省教育科学规划领导小组），"小学科学'做中学'课堂结构的分析与建构"获江苏省2016年教育研究成果三等奖（省教育厅）。

三、"做思共生"科学课堂的建构与实施

小学科学是一门实验、实践与实证学科，无论是实验教学的实证性与操作性还是"做中学"项目的探究性与体验性都表明：儿童的科学学习发轫于其身体与自然世界的直接相遇和建构的过程中，其身体是感性与理性的统一体。科学教学倡导儿童"动手—动脑"学科学，真枪实弹"搞科学"。如果说"动手"与"动脑"是儿童科学学习的天然状态，那么，"做"与"思"则是儿童科学学习的固有姿态，科学教学应顺其天性而育之。动手即"做"的过程，动脑即"思"的过程。"做"是"思"的验证和表现，"思"是"做"的目的和保障。将儿童科学学习中外显的"动手"与"动脑"从认知发生与思维发展的角度表征为"做"与"思"，尝试建构一种以具象认知为原型，以动作思维为支撑，以操作表象为纽带，以知行合一为特质，以动作技能为外显，以心智技能为内隐，以智慧学习为底色的科学教学活动形态——"做思共生"的科学教学（图1）。

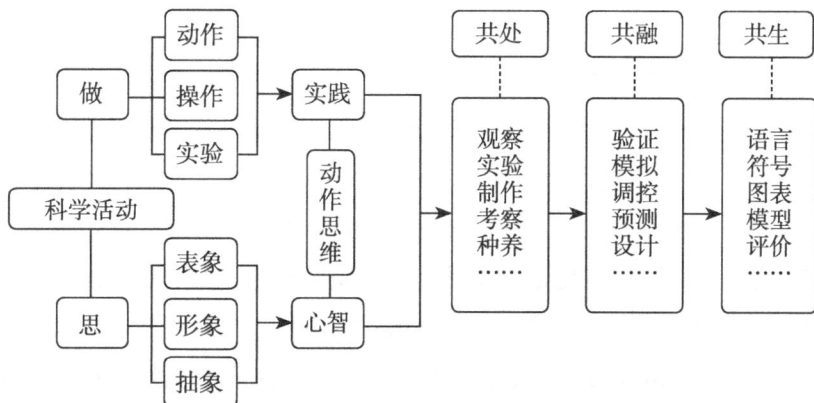

图1

　　"做思共生"的科学教学是集小学科学学科特点及教学特质于一体的教学实践形态，是基于连云港区域推进建构式生态课堂的历史与现实，并与之相适应的科学学科实施操作范式。"做思共生"的实践源点和主脉是"实验教学""做中学"与"做科学"，在其实践与发展过程中，不同程度地受到自身认知理论、实践的科学理论、建构主义理论、儿童发展阶段理论、经验课程理论、思维可视化理论等教育理论的影响，特别是对身心二元理论进行合理扬弃。将身体的意象、心智的意境与环境的影响延展为"做""思""场"，并将"做"与"思"置于"共生"场的生态环境中，致力于学生科学活动经验的丰富与丰满。围绕"做思共生"科学课堂建构与实施的研究目标，从理论研究与实践探索两个层面展开，探索"做思共生"的表现形式、互动表征及转化机制，以此建构"做思共生"课堂教与学范式和模型，并在持续实践与反思中完善"做思共生"的教学理念，完善"做思共生"的科学教育。"做思共生"的科学教学以"科学思维为核心"的脑活动和以"操作技能为核心"的肢体活动有机结合，把实践性的直接经验与反思性思维活动有机结合，为学生充分提供"做科学"和"思科学"的时空，发展学生的科学思维，提高学生的问题解决能力，实现学生手与脑的互动，做与思的统一，知与行的和谐，感性与理性的融通，最大限度地实现科学教学的自身价值。

　　"做思共生"中的"做"侧重于动手、操作、经历、体验与实践，主要是指具有实践特质的科学活动，诸如收集信息、现场考察、自然状态下的观察、科学实验、情境模拟、科学游戏、动手操作、科技制作、家庭科技、参观访问、种植饲养等实践活动；

　　"思"侧重于动脑、思维、思考、思路与反思，主要是指具有心智特质的思维活动，诸如"做"前问题的提出、假设的做出、方案的设计、路径的规划和结果的预测等，"做"中变量的控制、实证的检验、过程的监控和现象的梳理等，"做"后对事实的归纳、因果的推论、规律的发现、概念的抽象、知识的归整和过程的反思等；"共生"原指在生物学领域种群生态学范畴内的两个或多个生物，在生理上相互依存程度达到稳定、持久、亲密、共利、平衡的状态。其理论在多学科、多领域中有着广泛应用，并彰显了共生理论的核心要义——共存、合作、互利、互补、和谐与共进。

　　"十三五"初期，成立了市级"港城名师"顾长明小学科学工作室，旨在形成团队同向共促的精神文化价值与立足课堂成才的价值典范。工作室引领成员掌握科学教学技能与技巧，树立自我发展目标，唤醒自主成长意识。搭建成长平台，提升成员的教学技艺与教学艺术，促使教师形成一定的教学风格与教学主张，打造成员品质课堂和学术意蕴。工作室以省市小学特色文化建设项目（学科课程基地）为平台，围绕省"十三五"教育科学规划重点课题"'做思共生'科学课堂建构和实施研究"进行深入研究。从科学学习与学习科学的视角来践行"做思共生"的科学教学理念与教学范式（图2）。

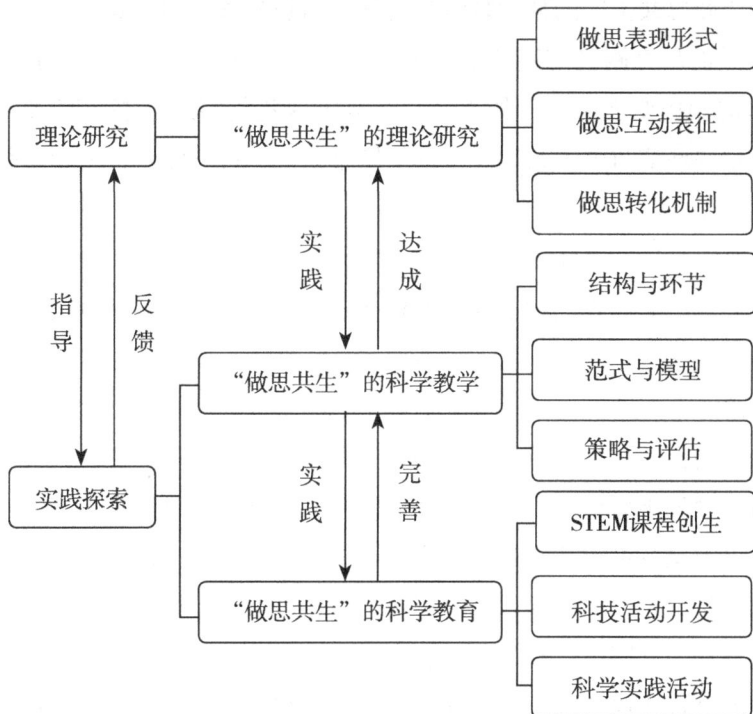

图2

目前已有七所小学被省教育厅认定为小学特色文化建设项目（省课程基地），分别是连云港市赣榆区马站小学的"'少儿科学院'综合性学习基地"、东海县温泉二小的"做科学"特色文化建设项目、连云港市海州区大庆路小学的"'科技·多元'学习项目"、连云港市连云区院前小学的"'科技与人文'体验式课程"、灌云县实验小学的"行·知科学"特色文化建设项目、连云港市连云区云山小学的"中草药"特色文化建设项目、东海县青湖小学的"少儿综合素质体验营"特色文化建设项目。这些学校同时也是省级科学教育特色学校，创设了具有鲜明特色的教学环境，突出了核心教学内容的模型建构，建设了促进学生自主学习的互动平台，开发了丰富而有特色的课程资源，构建了教师专业成长的发展中心，形成了学生实践创新的有效路径，在"做思共生"的科学教学改革中正发挥着示范、引领与辐射作用，科学教育的特色进一步彰显。

"港城名师"顾长明小学科学工作室承担省"名师课堂·做思共生"专题研讨两次、省"名师课堂"1次，举行市级专题教研活动6次，县区级专题活动12次。近年来，工作室成员1人被评为教授级高级教师，1人被评为省特级教师，3人被评为港城名师，4人被评为教学名师，12人被评为市教学标兵，4人获省实验操作技能大赛一等奖，3人获省实验说课一、二等奖，8人获市级基本功大赛及优质课一等奖；发表了《"做思共生"科学教学的本质解析》《"做思共生"科学课程范式》《"做思共生"科学教学的校本实践与表达》《做思共生：科学教学的理想课态》《"做思共生"科学教学主张与实践建构》《追寻"做思共生"的科学教学》《从"扬心抑身"到"身心复归"——"做思共生"科学教学的研究路径与范式》《做思共生：科学教学的至尊追求》《"做思共生"科学课堂的操作要义》《"做思共生"科学课堂的实践样态与范式》《"做思共生"科学课堂主要环节与要素》和《建构"做思共生"科学课堂：内涵与路径》等专题论文60余篇。《江苏教育》杂志2018年第1期以"追求'做思共生'的科学教学"为题专题报道了该项教学改革。《科学课》杂志2018年第5期、第6期，2019年第1期连续三期以《名师工作室》专栏的形式刊载了《"做思共生"科学教学的课堂范式与实践探索》。"'做思共生'科学教学研究"获连云港市教育科学优秀成果特等奖。"小学科学'做思共生'课堂建构与创新实践"获江苏省教学成果二等奖（省教育厅）。

　　回首十余年的科学教学改革探索之路，一方面，我们高度关注学科共同体的建设。非洲有句格言："如果你想走得快，那么你就一个人走；如果你想走得远，那么就一群人走。"波兰思想家齐格蒙特·鲍曼也指出："共同体总是个好东西，但是，共同体也存在矛盾，那就是自由与确定性。"没有确定性，也就没有核心的价值观和共同的行为准则，就不能称其为共同体；没有自由，即不允许有不同的见解、不同的行为方式，也就没有了个体的个性化成长，那么共同体就没有存在的理由。我们团队将"确定性"理解为核心教学观、教学研究的基本主张以及共同的行为规则等，将"自由"理解为不同的见解、不同的行为方式以及不同的风格等。当然，学科共同体也包括科学教育示范学校，在教学改革中发挥着示范、引领和辐射作用。同时，我们将课题与项目实施协调并进。将课题研究与项目实施同构共生，紧密结合，无疑是最佳的组合。课题的前瞻性、研究性与项目的操作性、科学性有机结合，必将把项目推进的工作置于更加科学、更加规范、更加系统的平台之上。同时，项目的推进也必将使课题研究更有载体、更有依托、更有抓手。提炼与总结的经验和策略也更加具有科学性、针对性、实用性与借鉴性。我们以区域科学课程实施中重大现实问题为导向，充分发挥"共同体、孵化器、辐射源、磁力场"的功能，围绕"教作为实践的科学"，深化科学教学研究，放大辐射示范效应，发展优秀教师群体，培育科学学科基地，扎实推进教学改革，提高教育教学质量。

　　"撑一支长篙，向青草更青处漫溯；满载一船星辉，在星辉斑斓里放歌！"这一路的浇灌，只是追梦人孕育春华秋实的序曲，而追梦的足迹将再次从这里开始……

让科学学习在做与思之间走向深刻

——《滚球游戏》教学实录与分析

江苏省连云港市苍梧小学　倪叶陶

一、教材分析

科学探究的实质是一个思维的过程，科学课上的探究活动包括发现并提出问题、进行猜想与假设、设计研究方案、进行观察实验、展开汇报与交流，每一个环节都离不开做与思。本课围绕《义务教育小学科学课程标准（2017年版）》《物质科学领域》中的科学概念——"力作用于物体，可以改变物体的形状和运动状态"，通过设计有梯度的滚球游戏，让学生亲身参与实验过程，在做与思的系列化活动中发现"物体运动的改变和施加在物体上的力有关"，从而体会到动手动脑学科学的重要性，帮助学生建构"力可以改变物体的运动状态，能量可以传递"这一科学认识。

本课设计了四个活动：一是在斜坡滚球的活动中，初步感受力的存在；二是分别在改变坡长、球的质量等变量条件下，思考如何控制变量，并在层层递进的"做"中感受球滚动的距离和哪些因素有关；三是模拟伽利略的斜面实验，使球从U形的斜坡滚落，预测球在另一个斜坡爬行的高度，体验到运动的物体具有能量和惯性；四是在撞球游戏中，依次用球去碰撞不同数量的球，在预测与验证中体会到力的作用，并联系牛顿摆等现象进行解释，应用在做与思中，建构与积累科学活动经验，不断促进学生的动作技能与心智技能的共同提升。

二、学情分析

在知识维度方面，"力作用于物体，可以改变物体的形态和运动状态"这一科学概念对于三年级的学生来说并不陌生，他们知道推力、拉力、摩擦力、重力等生活中常见的力，能关注到力能够改变物体的形状等相关生活现象，这些前概念的积累为学生进一步认识和理解"力可以改变物体的运动状态"做好了铺垫，但是学生对于"能量可以传递"现象的认识还是比较模糊的，他们还不能建立"运动的物体具有能量""能量也是可以传递的"之间的联系。

在探究水平方面，三年级学生首次接触科学课，他们能围绕"球滚动的距离和哪些因素有关"提出不同的假设，也具备了一定的实验能力，但对科学探究的过程比较陌生，学习仍然以具体、形象感知为主，虽能进行初步的逻辑推理，但仍需要具体事物的支持，尤其对于对比实验中变量的控制还缺乏细致的引导，探究的水平仍处在引导性探究层面。

在情感态度方面，学生对于滚球还是非常感兴趣的，他们乐于通过动手实验等探究活动开展研究，所以本课从学生原有的模糊认知出发，让学生从"坡道滚球""弯道滚球""坡道撞球"等活动中进行探究，通过控制实验中的单个变量发现力可以传递，并在解释牛顿摆等活动中，进一步体会运动的物体具有能量这一科学认识。

三、教学目标

（1）知道力可以改变物体的运动状态。
（2）在探究球滚动距离的实验中，了解球滚动的距离和坡长、球的质量有关。
（3）体验到运动的物体具有能量和惯性。
（4）运用所学知识解释与能量可以传递相关的生活现象。

四、教学重难点

在滚球活动中体会到运动的物体具有能量和惯性。

五、教学准备

大小不一的玻璃球、小保龄球、斜坡、U形斜坡、牛顿摆、记录单。

六、教学流程

（一）创设情境，启发思考，初步感受力的存在

师：（出示玻璃球）认识这个吗？平常大家都怎么玩？

生：这个是玻璃球，我们平常是用手指弹一个玻璃球去撞另一个玻璃球，谁撞到了，玻璃球就归谁。

师：（出示一块平板，一端放着小保龄球）这里有一个小保龄球，你能让玻璃球从起点滚动，击中保龄球吗？

（学生用手弹玻璃球去撞保龄球，前两次没撞到，第三次成功撞到。）

师：说说你成功撞到保龄球的经验。

生：刚开始没有撞到保龄球是因为我没有瞄准，而且弹的力量也不够，最后一次能撞到是因为玻璃球瞄准了方向，而且弹的力量也刚刚好。

师：看来要想提高准确性，就要控制用力的方向和大小。

评析：通过学生熟悉的玩玻璃球活动入手，启发学生思考，发现学生原有的"实践经验"，同时在滚球游戏中调动学生的"思维经验"，为探究球在斜坡的滚动打下基础。

（二）设计方案，先思后做，探究球的运动

师：球在水平的桌面上，如果不提供外力，怎样让球滚起来？

生：把平面的一边抬起来就可以让球滚起来。

师：这样平面就变成了斜面。猜猜球从斜面上滚下来的距离和什么有关？

生：我觉得可能和斜坡的角度有关。

生：我觉得可能和球的大小有关。

生：我觉得可能和球在坡上滚的位置有关。

……

师：大家提出了很多的猜测，球滚动的距离究竟和什么有关呢？我们得试一试。如果研究球在斜坡上不同的位置对球滚动距离的影响，想想应该怎么做？

生：把球放在坡的不同位置滚一下就行了。

生：球从坡上滚下来，量量距离就知道哪个位置滚得远啦。

师：（出示斜坡示意图）如果是这样的一个斜坡，应该怎么选择球滚动的位置？

生：一个选在坡的顶端，一个选在坡的中间。

师：为什么两个位置要距离这么远呀？靠近一点不行吗？

生：球滚动的两个位置要是靠得太近，对比就不明显了。

师：考虑得很周到。我们可以把两个位置分别选在坡的顶端和中间，这样就可以更明显地看出距离的变化，实验中还需要注意些什么？

生：球滚下来的时候不能用手推。

生：球要用一样的球，不能换球。

……

师：大家说得都很好，在实验中我们只改变了一个条件，那就是球在坡上滚的位置，其他的条件都要保证相同，这样的实验叫作对比实验。预测一下球在哪个位置滚得远呢？（图1）

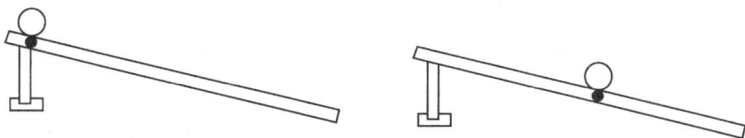

图1

生：球在高处滚得远。

师：大家猜测的对吗？下面我们就分小组来试试。

（学生分组实验，教师指导。）

师：哪个小组来汇报实验结果？

生：球在斜坡的高处滚得会更远一些。

生：我们组的也是球在高处滚得更远。

师：通过实验，你们得出了什么结论？

生：在坡度不变、球大小相同的情况下，球在高处滚动得要远。

师：总结得非常好。刚才我们改变了球滚动的位置，如果改变球的大小，会出现什么样的情况呢？（图2）

图2

生：我觉得小球应该滚得远，因为小球轻，滚起来更轻松，所以也滚得越远。

生：我觉得可能是大球滚得远，大球重，它的冲击力会大一些，所以大球滚得远。

生：我觉得应该是小球，小球小，摩擦力也小，所以会滚得远。

……

师：大家的意见不统一，我们还得通过实验来证明。设计这个实验的时候我们需要注意些什么问题呢？

生：斜坡不能改变。

生：球滚的位置要一样。

生：不能用手推球，要让球自己滚下去。

……

师：同学们考虑得很周到，我们只能改变球的大小，其他的条件都不能改变。

（学生分组实验。）

师：哪个小组来汇报实验结果？

生：同样的位置，大球滚得远。

师：看来仅仅根据已有的经验进行预测有时候不一定正确，还要通过动手实践来验证。

评析：坡度大小、滚动位置、球的大小都是变量实验的前提性技能条件，通过问题链来考量学生对"球滚动位置""坡度大小""球的质量"等变量控制的理解，让学生先"思"后"做"，实验前让学生明确"做什么""怎么做""做的过程中应该注意什么"，控制好相同条件与不同条件，通过相互讨论与质疑，不断修改实验方案，使学生明确对比实验中必须通过层层递进的"思"，为接下来的"做"扫清障碍，这样的科学探究才更有目标、有计划、有针对性。

师：球从斜坡上滚下来会运动一段距离，如果球从斜坡上滚下来又遇到一个同样坡度的斜坡，会发生什么现象？（图3）

图3

生：我觉得球可能会从另一个斜坡上滚下去。

生：我觉得球可能会滚到两个坡中间的地方就停下来。

生：我觉得球可能会滚到对面一半的位置停下来，然后再滚到坡中间的位置。

师：每个人的猜测都不一样，我们也来试一试。实验的过程中要让球自然滚下来，为了保证实验的效果，大家可以多试几次。

（学生分组实验。）

师：你有什么发现？

生：球从坡上滚下来到对面坡的高度和原来的位置差不多。

生：球滚到对面的坡上后又滚回来，但是高度比一开始的位置低了一点，然后又滚到对面，就这样来回地反复，每次反复的高度都比之前要低一点，最后停在坡道的中间了。

评析： 在前两次实验的基础上，从直道到弯道的改变，让学生在球滚动变化的实验中发现球运动的规律，渗透能量可以转换的思想。

（三）撞球游戏，边做边思，发现力能传递

师：刚才我们研究了球在斜坡上滚动的距离与什么有关？如果在球滚动的斜坡末端放一个同样大小的球，当球从高处滚下来的，碰到这个球会发生什么现象呢？（图4）

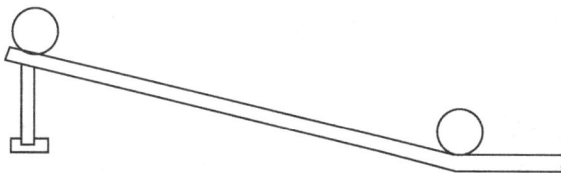

图4

生：两个球会一起滚出斜坡。

生：我觉得下面那个球滚出去，上面的球滚下来后会在下面球的位置不动。

师：如果把斜坡的末端增加到两个球，高处的球滚下来碰撞后会怎样？（图5）

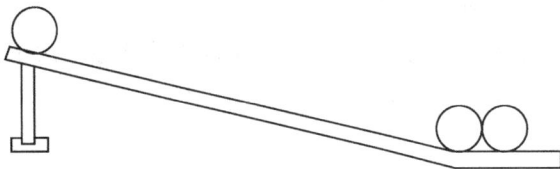

图5

生：三个球会一起滚出去。

生：坡末端的两个球会滚走，上面滚下来的球会留在坡的末端。

生：我觉得有可能只滚走最外面的那个球。

师：如果坡道末端的球增加到三个、四个呢？又会出现什么样的情况？下面我们就分组试一试，看看结果是否和我们猜测的一样。

（学生分组实验。）

师：哪个小组来说说你们的发现？

生：我们发现一个球从坡上滚下来撞击到另外一个球的时候，两个球都会滚出坡道，但是当一个球撞两个球的时候，滚出去的是最外面的那个球。

生：我们组发现一个球撞击三个球的时候，也是最外面那个球被撞走。

师：你能试着解释一下这种现象吗？

生：我觉得当球从高处滚下来，它所产生的冲击力就是一个球的力量，所以当它撞击三个球的时候，这个力量依次传到最外面的那个球，而最外面那个球没有物体阻挡，所以它就被撞走了。

生：我觉得好像有一种力量在球中间传递，上面的球滚下来的时候把它的力量传递给了下面的球，就这样传到最外面一个的时候就把球撞走了。

生：我发现不管增加几个球，最终都是弹走最末端的一个球。

评析：小学生的认识和思维往往源于动作和直观形象，通过实验操作，凸显学生利用斜坡撞球的操作体验，并让他们结合自己在滚球操作中的经验，体会力与物体运动状态的内在关联，利用脑"思"的活动不断调整着手的"做"，手的"做"也不断修正"思"的错误。

（四）联系生活，以做促思，解释牛顿摆的秘密

师：同学们观察得很仔细，解释得也很有道理。生活中也有类似的一种装置（出示牛顿摆，图6），这是牛顿摆，由五个质量相同的球体用吊绳固定组合而成。如果拉起一个球撞击另外四个球会出现什么样的现象？

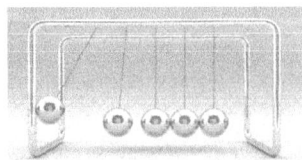

图6

生：会弹走一个球。

师：我们试一试（教师拉起一个球撞击另外四个球，弹走一个球），果然弹走一个球。如果拉起两个撞击呢？会出现什么样的情况？

生：弹走两个球。

师：我们也来试试（拉起两个球撞击另外三个球，弹走两个球）。大家猜得非常准。拉起三个球撞击又会出现什么样的现象？

生：应该会弹走剩下的两个球。

生：剩下的球比撞击的球少，可能五个球都会被弹走。

生：我觉得还会弹走三个球，因为我们之前实验中发现撞击球的数量和弹走球的数量是一样的。

师：大家猜的都不一样，究竟会怎么样呢？（拉起三个球撞击两个球，弹走三个球）你有什么发现？

生：有三个球被弹走了。

生：中间的那个球和在原地的两个球一起被弹走了。

生：我明白了，就像刚才球从坡上滚下来那样，用三个球撞击肯定会弹走三个球。

师：说得很好，大家通过自己的观察和思考做出了非常合理的解释，希望同学们用我们今天学习的方法去发现生活中更多类似的现象。

评析：科学知识源于生活、用于生活，将"力能在物体间传递"这一知识应用于生活，根据"撞球"实验的结论对生活中的现象进行合理的解释，既检验了学生对所学内容的理解，又使所学知识得到应用，促进学生由掌握动作技能向掌握心智技能转化，从而实现"做思共生"的教学境界。

总体评价：

《滚球游戏》是在"做思共生"这一教学主张下展开设计的，从整节课的教学设计来看，主要有以下几个特点：一是关注学生思维的起点，从提出问题、猜想假设、实验验证等环节，结合学生的前概念水平，从探究的主要过程出发，引导学生动脑动手，在层层递进的思维活动中，揭示学生关于力的原有认知，让学生在肯定—否定—肯定的验证过程中逐渐加深对"力能改变物体运动状态"的认识；二是关注学生探究的流程，在坡道滚球、弯道滚球、坡道撞球有梯度的实验中，引导学生对实验方案进行预测和设计，对实验过程进行控制和分析，对实验结果进行归纳与概括，让学生在做与思的过程中体会到变量控制与因果分析的重要性，并在系列化的动手实践过程中逐渐形成对探究流程的整体认识；三是关注"做思共生"的实践运用，从生活中来到生活中去，结合生活中"能量能进行传递"的现象进行解释应用，以"做"进一步催生"思"、以"思"进一步促进"做"，在实际的操作中促进知识的发生与形成。

在"做"与"思"的经历中体悟实验影响要素

——《摆》教学实录与评析

执　教　江苏省连云港师范高等专科学校第二附属小学　张小勤
评　析　江苏省连云港市教育局教研室　顾长明

一、设计理念

　　《摆》是苏教版小学《科学》"物体运动"单元的教学内容，学生在了解运动快慢及运动方式的基础上知道生活中有些物体的运动是摆动，但他们不一定清楚这种现象背后所隐藏的科学道理。在教学预设的过程中，考虑到四年级学生已有对比实验的基础，但如何控制好实验过程中变量与不变量以及收集有效的数据，对于他们来说还是有些困难的，因此，教学中教师对于变量控制的有效引导是必不可少的。本节课教学旨在引导学生探究摆的快慢与什么有关，经历"观察与预测—设计与实验—整理与分析—表达与交流"这一科学探究的过程，学会控制变量；同时帮助学生修正自己的想法，认识到摆的快慢与摆角的大小和摆锤的轻重无关，而与摆线的长短有关，并在学习和解决问题中培养学生的合作意识和探究能力。教学中坚持"以'思'导'做'，以'做'促'思'"的原则，学生在对摆进行研究前对结果的假设和实验方案的设计突出了以"思"导"做"；在对摆在一定时间内摆动的次数数据进行统计与分析的过程中，以"做"促"思"体现得更为明显。整节课中，学生真实地经历了在"做思共生"理念下的"提出问题、做出假设、制订计划、实验操作、搜集证据、处理信息、得出结论、表达交流、反思评价"的科学探究的全过程。

二、教学流程

（一）以实物引发思考，导出研究话题

　　师：（出示摆钟PPT）请看老师给大家带来了什么？

　　生：钟。

　　师：这是一个摆钟，摆摆动得快慢会影响摆动的时间。家里摆钟快了或者慢了，都会影响我们的作息时间。你想知道如何来调整摆摆动的快慢吗？

　　生：（齐答）想。

师：要想调整摆钟的快慢，我们就得先弄清摆摆动得快慢与什么有关。今天我们就一起研究摆。（板书：摆）

评析： 教学伊始，教师呈现出"摆钟"图片，此时，学生的原认知会很轻易地判断它是钟，教师在此基础上强调这是"摆钟"。教师这种没有判断的接话让学生在疑惑中产生更浓的研究兴趣，自然会关注摆钟的构造，尤其是中间的摆。"明明就是钟，老师为啥强调摆钟？"这样的内心发问无疑为摆的揭示做好了铺垫。紧接着，教师用带有解释与问题性的语言描述更是将学生的思维牵引至"摆"的世界。

（二）以演示作为引子，让学生认识摆的构成

师：这是一根棉线，把它挂在铁架台的横杆上；这是一个钩码，将它挂在这根棉线的下方，我们把这样的装置叫作摆（教师描述并操作）。想一想，生活中还有哪些物体也像这样，一根绳子下面挂个重物？

生：比如说工地里的吊车，它吊东西时就是这样的。

师：是的。

生：还有风铃，线下面吊着玻璃做的铃铛，风一吹它就会响。

师：好的。

生：还有平常戴的首饰，比如项链或者手链。

师：刚才大家说的这些物体都和摆有关。摆由两部分组成，上面这部分叫作摆线（板书：摆线）。现在摆线这么长，我们还可以短一些，再短一些，或者再长一些，那就是摆线可长（学生接可短）；下面这部分钩码，我们也给它个名字，叫摆锤（板书：摆锤）。现在挂的是一个钩码，还可以挂成两个、三个，甚至更多，或者还可以把它换成再小一点的物体，也就是摆锤可重可轻。我们再来看，自然状态下，这个摆本来是竖直向下的，要让它摆起来，就要把它沿水平方向轻轻拉开，然后自然松开。拉到这儿可以松开，拉到这儿也可以松开，这样一来，摆线与原来的竖直方向就形成了一个角，我们把它叫作摆角（板书：摆角），这个角也是可大可小的。

评析： 教师的操作让学生直观地认识了单摆，在此基础上教师引导学生说出日常生活中还有哪些东西也是绳子下面挂个重物。接着，在教师的描述与演示中学生认识了摆由摆线、摆锤和摆角三部分组合而成。教师在描述中有意识地渗透了摆线可长可短、摆锤可重可轻、摆角可大可小的因素，为学生进一步探究影响摆摆动得快慢的因素奠定基础。

（三）以探讨作为前提，让学生学会摆的测试

师：刚才我们了解了摆的结构，现在想知道这个摆10秒钟可以摆动多少次，我们得借助什么？

生：计时器。

师：也就是说我们需要一个计时的工具。老师带来了一个计时的钟（PPT呈现动画的计时钟），如果我请男生来计时，你们觉得从什么地方开始计时比较合适？

生：我认为应该从比较粗的点开始。

师：开始前应该有个准备，那男生应该先说"预备"，然后说"放"。我们到什么地方说预备好一点呢？（师看着钟和学生一起尝试：预备——放）

生：秒针快到整点的时候。

师：秒针往前走了，到哪儿停呀？

生：走过两个大格子。

师：男生，我们来试试。

男生：预备——放，停。

师：正好是10秒钟。那女生要数摆，怎么计数？

生：我觉得男生说"预备——放"就拉开，然后就开始数。

师：从什么时候开始数"1"？

生：摆出去再回来，才能算一次，这时候才能数"1"。

师：一个来回算一次，到我手里才算一次。好！我们来合作一次，男生看时间，女生数摆，男生说"预备——放"，我们就开始数。

男生：预备——放。

女生：1、2、3、4、5、6、7。

男生：停。

师：几次？

女生：7次。

师：这个摆10秒摆7次，那我们来推测一下，20秒会摆多少次？

生：我认为应该摆14次。

师：你是怎么想的？

生：10秒钟摆7次，20秒是它的两倍，就应该摆14次。

师：我们来测一次，还是男生计时，女生数摆。

男生：预备——放。

女生：1、2、3、4、5、6、7（停）、8、9、10、11、12、13、14。

男生：停。

师：几次？

女生：14次。

师：刚才为什么中间有人说停。

生：因为有些人忘记了，这次是20秒。

师：10秒钟摆7次，20秒钟摆14次，可见摆具有等时性。刚才我们共同做了摆，学会了测摆的次数。下面同学们就在小组内根据老师提供的材料做一个摆，再测一测你们的这个摆10秒钟会摆几次。完成这个实验任务，你们有什么想提醒大家的？

生：要注意合作。一个人负责计时，一个人负责摇，剩下的人数次数。

师：也就是有人计时，有人数摆。利用老师提供的实验器材开始合作实验吧。

（学生分组，做摆与测这个摆10秒钟摆的次数，教师巡视指导。）

师：来汇报一下你们组做的这个摆10秒钟摆的次数。第1组，你们的摆10秒钟摆几次？

生：我们组的摆摆了10到11次。

师：老师将你们记11次。第2组呢？

生：我们组的摆10秒钟大概摆了7次。

师：好的，其他组依次说出你们组这个摆10秒钟摆的次数。

生1：我们组的摆10秒钟大概摆10次。

生2：6次。

生3：我们第5组的摆摆的是7～8次。

生4：9次。

生5：8次。

生6：7次。

（教师在PPT上记下每个组10秒钟摆的次数，表1）

表1　10秒钟摆的次数

小组	第1组	第2组	第3组	第4组	第5组	第6组	第7组	第8组
次数	11	7	10	6	7	9	8	7

评析：这个环节中看似很简单的计时与数数两个任务，在学生的实际操作中却不是那么容易。这里教师不仅选择统一用一个计时钟，还强调计时的诀窍，为实验数据的真实有效做好准备，包括"预备——放"这样的细节在让学生思考其合理性中进一步明确实验的科学性。数摆的次数，如果教师不有意追问"从什么时候数'1'比较合适？"，引发学生思考，学生很容易出现两种错误：一是摆的次数会出现来回各算一次；二是刚出手就算一次，这样计数就会出现错误。学生在与教师的语言交流中思维逐渐走向高阶，在与教师的合作中学会了探究方法。

（四）以实验数据为依托，猜测影响因素

师：我们来看一下，同样是10秒钟，有的组摆了11次，有的组摆了7次，有的组10次，有的组6次，有的组9次，还有的组8次，这组数据说明了什么？

生：有的摆得慢一些，有的摆得快一些。

师：10秒钟摆的次数不一样，有的摆得快一些，有的摆得慢一些，说明速度不一样。那你们想想看，摆摆动得快慢可能和什么有关？

生1：我觉得和摆角有关，好像摆角越大，摆得就越慢；摆角越小，摆得就越快。

生2：我认为和摆线的长短有关。

生3：我感觉有可能和摆锤的质量有关。

师：刚才我们为什么说可能有关呢？

生：因为我们还没有做过实验，只是猜测而已。

师：对，我们要想知道摆摆动得快慢和什么有关，就要通过实验来验证。摆摆动得快慢与摆线、摆锤和摆角可能有怎样的关系呢？

评析：猜测是学生思维的过程，更是一个推理的时机，针对相同时间内摆的次数不一样的一组数据让学生提出进一步想研究的问题，学生自然会想到摆的速度与摆的三要素相关的问题。在这个基础上教师注意引导学生继续猜测有怎样的关系，将学生的思维向纵深处推进一步，同时为下面的变量实验做好探究的准备。

（五）以实验经历探究，验证影响因素

1. 教师引导实验验证摆角

师：如果认为摆摆动得快慢与摆角有关，会有什么样的关系？

生：我觉得摆角越小，它的幅度就越小，会摆得快一些；摆角越大，它的幅度就越大，速度会慢一些。

生：我认为摆角越大，它就会越快；摆角越小，它就会越慢。

师：将你的想法先放在心里记着，这里先呈现第一个同学的猜测情况。如果认为摆摆动得快慢与摆角有关，在这个实验中要改变的是什么，不改变的是什么？

生：需要改变的是摆角的大小。

师：那我们可以一次做角小一点，一次做角大一点。

师：这个实验中不改变的是什么？

生：不改变的应该是摆线和摆锤。因为我们要想知道是不是摆角的原因而导致它的快或慢，必须不动摆锤和摆线。要是都改变了，就不知道是谁的原因造成的实验结果了。

师：也就是说，我们这次只能改变一个因素，要保持另外两个量不动。我们先试摆角小一点的，再试摆角大一点的。这次女生计时，男生数摆。

女生：预备——放。

男生：1、2、3、4、5、6、7、8。

师：几次？

男生：8次。

师：记好了，刚才摆角小一点，那再做摆角较大的。女生计时，男生数摆。

女生：预备——放。

男生：1、2、3、4、5、6、7、8。

师：几次？

男生：8次。

师：这个摆在摆线和摆锤不变的情况下，摆角小一点10秒钟摆8次，摆角大一点也是摆8次，说明什么？

生1：我发现摆角大或小，摆动的次数都是8次。

生2：摆角小一点和大一点摆动的次数都一样。

师：在不改变摆线和摆锤、只改变摆角的情况下，发现摆摆动得快慢与摆角无关。

2. 师生合作实验验证摆锤

师：那与摆角没有关系，刚才我们还猜可能与摆锤有关。有什么样的关系呢？

生：我觉得应该是摆锤越重越慢，因为重的话，摆起来就会慢一些；越轻的话，摆起来就会快一些。

师：在这个实验中要改变的是什么？

生：摆锤的质量。

师：那不改变的是谁呢？

生1：不改变的是摆线的长短。

生2：我来补充，我们不仅要不改变摆线的长短，还要不改变摆角。

生3：我不同意。刚才我们不是试过摆摆动得快慢和摆角的大小没有关系吗？就不用考虑摆角了。

师：同意吗？

生：同意。

师：好，我们这次只改变摆锤。怎么改变摆锤的质量？

生：加钩码。

师：那我就把它挂在这个钩码的下面，可以吗？

生1：可以，因为它下面有个钩钩，可以挂。

生2：不可以，有可能会松开。

生3：一直往下挂，由于重力，横杆可能会倒。

生4：我觉得像我们这个组再往下加，摆锤就会打到桌子。

生5：摆线可能承受不了，会断。

师：大家说的这些都可以解决，只是我们这样接着往下挂，越来越长，摆线就变长了。确保摆线的长短不变，只变摆锤的质量，那我就挂旁边了，这样就更合理了。我们来试一试。我们先做一个摆锤重的，我邀请一个同学上来合作一下，你们帮他计时与计数吧。

生：预备——放。1、2、3、4、5、6。

师：几次？

生：6次。

师：刚才做了摆锤重一点的，现在拿一个钩码下来再试试。

生：预备——放。1、2、3、4、5、6（停）。

师：几次？

生：6次。

师：通过实验我们发现，摆锤重一点10秒钟摆6次，轻一点也是摆6次。这次你又得出一个什么结论呢？

生：摆的次数跟摆锤的质量没有关系。

师：在相同时间内，摆线长短不变的情况下，摆摆动得快慢与摆锤也是没有关系的。

3. 学生自主实验探究摆线

师：摆摆动得快慢到底和什么有关呢？还剩一个摆线。如果认为摆摆动得快慢与摆线有关，你的猜测是……

生：我认为摆线越长，摆得越慢；摆线越短，摆得越快。

师：在这个实验中我们要改变的是什么？

生：摆线的长短。

师：那摆角和摆锤呢？

生：另外两个量不用考虑，因为刚才的实验已经证实摆摆动得快慢与摆角和摆锤无关。

师：这个实验每个组都来试试，每个小组将刚才的摆线取下来，组长到老师这儿再领一根棉线，看好你刚才的摆线有多长，如果是长的就拿根短点的，如果是短的就拿根长点的，测一测这个摆10秒钟摆的次数，并和刚才的实验比一比，摆摆动得快慢是不是和摆线的长短有关？做两次更准一些哦。

（学生分组做摆与测这个摆10秒钟摆的次数，教师巡视指导。）

师：好，来分享一下你们组的实验情况与得出的结论。

生：第一次我们做的摆摆了8次，这次摆了9次，摆线长一点的是8次，短一点的是9次。我们得出的结论是摆线越长，摆动的次数就越少；摆线越短，摆动的次数就越多。

师：哪个组再来说一说？

生：我们也认为摆线越短，摆得越快；摆线越长，摆得越慢。第一次摆了9次，第二次摆了7次。

师：其他组是不是都是这样的结果？

生：是的。

师：通过刚才的实验我们知道摆摆动得快慢与摆线的长短有关，摆线越长，摆得越慢；摆线越短，摆得越快。

评析：考虑变量控制的难度系数对学生来说较大，教学中采取排除法，逐步引导学生探寻到最终的影响因子（摆线的长短）。虽然三个变量都经历了假设与验证的过程，但教师的扶放程度不一样，学生的参与度有所侧重。对于摆角的验证实验属于扶着做的过程，对于摆锤的验证就有了半扶半放的经历，在进入自主探究的摆线环节时，学生就合作得较为自如了。这里渗透的是教师要有意识地引导学生从科学经历逐步走向科学经验，使形成的科学概念得到深化与实践。学生在假设、设计与验证，在独立思考与合作交流中经历做与思的过程，也逐步探究出影响摆摆动得快慢的因素。

（六）直观感悟影响摆摆动得快慢的因素

师：刚才我们操作的都是10秒钟摆多少次的摆。这一次换一个时间，老师这儿还有一些长短不同的摆线，请每个小组拿一根，再做一个摆，测一测这个摆15秒摆多少次？

（学生分组做摆与测这个摆15秒钟摆的次数，教师巡视指导。）

师：请每个组组长将这个做好的摆提到黑板前，将其挂在相应的位置。

（学生派代表将摆挂至相应的位置，图1）

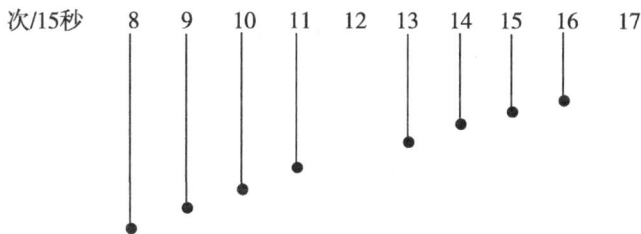

图1

师：这就是刚才我们每个组实验的结果，我们来看一下，都是15秒钟。它最慢，摆了8次，它摆了16次，刚才我们少做一个，15秒摆12次，没做这个摆锤应该在哪里？

生：它应该比11次短一些，比13次长一些。

师：大概在这个位置（教师随手画上一个摆锤）。17次呢？

生：比16次再短一点。

师：如果我们把摆锤所在的位置用线连起来，大概就形成了这样一条有弧度的线，这条曲线蕴含着一种规律，透过这种规律，我们可以对前面、中间或后面还没有得出的实验结果进行预测（图2）。

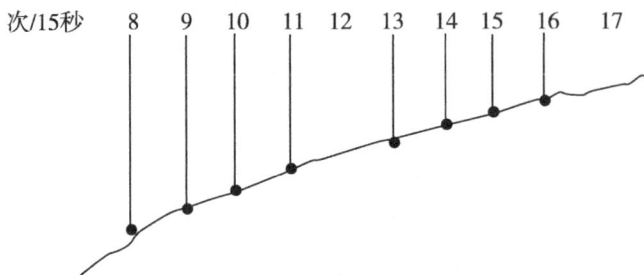

次/15秒　8　9　10　11　12　13　14　15　16　17

图2

师：另外，从这条线上我们也可以直观地看出，摆摆动得快慢与摆线的长短有关，上面是摆的次数，下面是摆的长短。摆线越长，摆摆动得越慢；摆线越短，摆摆动得越快。

评析：学生在教师给定的摆线下测出摆在15秒内摆动的次数，并将其挂在次数相应的位置，在12次和17次处有意设成空缺，让学生判断这个摆的大约位置，学生在其他8组数据呈现的基础上，很容易判断出12次和17次的位置，之所以不用"猜测"这个词，是因为学生前面的活动经历在这里已经提升为一种经验，而不是一种盲目的猜测。科学活动经验的积累是科学教学的重要目标，也是提高学生科学素养的重要标志。科学活动经验包括直接的、间接的、专门设计的活动经验等，不仅仅是操作的经验，更重要的是探究、思考、解决问题等方面的经验，它具有个体性、实践性、多样性、发展性等特征。

（七）以知识牵引事例，解决相关问题

师：学了知识就要在生活中运用。请看屏幕，在自然状态下，用哪个秋千比赛更公平？为什么？（图3）

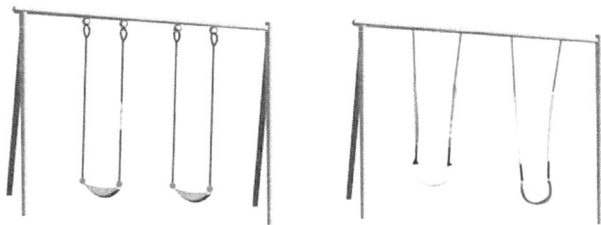

图3

生：用左边的比较公平。因为右边的两个秋千的长度不一样。摆得快慢是和摆线的长短有关的，所以用右边的秋千比赛不公平。

师：我们就用左边这个秋千比赛，如果把一个胖子放在这个秋千上比赛，相同时间内他摆得会不会慢呢？为什么？

生：不会。因为摆摆动得快慢和摆锤的轻重无关。

师：如果一个力气大的人在这个秋千上比赛，力气大可以摆得很高，摆角就大，摆得会快吗？为什么？

生：不会。因为摆摆动得快慢和摆角的大小没有关系。

师：是的。在自然状态下，摆摆动得快慢只和摆线的长短有关，与摆锤的质量、摆角的大小无关。大家还记得才开始上课时，老师留下的问题吗？家里的摆钟时间快了怎么办？慢了呢？

生：如果快了，我们就把摆线加长；如果慢了，就将摆线变短。（教师根据学生的描述通过拧摆钟上摆锤下端的螺母来调整）

师：大家运用得非常好！摆动是一种很常见的自然现象，意大利科学家伽利略在400多年前就对这种现象进行过研究。从研究摆钟开始，他发现了摆的等时性。后来，荷兰科学家惠更斯制作了一分钟摆60次的摆，把它用在计时方面，便发明了摆钟，方便了我们的生活（播放相关PPT）。

师：今天这节课，我们也进行了类似的尝试与探索。我们一起研究了摆摆动得快慢的规律，知道摆摆动得快慢与摆长有关。其实，摆还有很多规律，其他科学家对摆也进行过研究，我们来看一段视频。（播放视频：傅科摆的研究）

师：傅科的这个视频告诉我们摆还会发生偏转，摆为什么会发生偏转？摆的偏转可能与什么有关？在北半球和在南半球，它偏转的角度是一样的吗？这个问题我们留在课后研究。

评析：学生经历探究过程后对"摆摆动得快慢与摆角的大小、摆锤的轻重无关，与摆线的长短有关，摆线越长，摆得越慢，摆线越短，摆得越快"这样的知识要点已经牢记，在这种情况下判断秋千比赛公平性以及力气大与体重重谁会快的问题自然迎刃而解；首尾呼应的钟摆调整，学生也会得心应手；这时候教师对伽利略摆等时性和惠更斯1分钟摆60次的实验的简单介绍以及对傅科摆实验视频的介绍旨在为学生对摆的进一步思考提供有效素材。视频关于摆的偏转自然成为留给学生后续思考的又一话题。这样的拓展与延伸性环节设计也是从"做"与"思"的视角出发的。意在让学生明确在知识运用与迁移及再探究的过程中也始终会有"做"与"思"的相伴与追随。

总体评价：

一、对关键元素的重点关注

1. 器材的细致考量

器材的细致考量主要体现在"做前思"，即摆线、摆锤、横杆以及计时工具的选择上。摆线自身的编法决定摆的稳定性，两股绕的线容易打卷，摆动起来容易摇晃，后换成包芯的线；摆线打结的方法也有讲究，死结便于操作，活结容易将线结成的圈变小，甚至没有了；摆锤悬挂的便捷性决定选择钩码作为摆锤，事先将钩子的弯曲度调整好；之前横杆用铁钉，但长度不太合适，后改为铁棍，并将其一端用透明胶带缠裹出厚度，以保证摆线不至于滑落；考虑计时工具的统一与合理性，选择有Flash动画功能的秒钟。

这些做法都在最大限度地减少实验产生的误差。第二个体现的是做中思，即摆线与横杆的调换和多个摆锤的挂法。摆锤往下竖着挂实质是增加了摆线的长度，很显然，教师在教学中将摆锤的挂法影响摆线长度这一要素作为教学中的一个突破点。

2. 教材的适度统整

一是教材内容的合理变革。教材安排为全班10组，每组设计一个摆，使摆15秒摆动的次数分别为7、8、9、10、11、12、13、14、15、16。教师在反复尝试的基础上知道这样的探究对于学生而言难度较大，于是变革教材中的板块内容：将摆线进行了提前设置，学生测量出来后，把对结果进行进一步深入分析作为重点，在降低实验难度的同时拓展了学生对数据分析与预测的视野。二是探究过程的扶放结合。在进行教学设计的时候考虑变量控制对于四年级学生来说有一定难度，教学中采取有意排除变量的方法，逐步导引学生探究到摆摆动得快慢与摆线的长短有关这一要素。虽然摆角、摆锤与摆线三个变量都经历了假设与验证的过程，但学生的参与度不一样。对于摆角的验证实验属于教师带领学生做的过程，对于摆锤的验证采取师生合作的方式，摆线就安排学生以小组方式自主探究了。可见教师有意识地引导学生经历从科学经历向科学经验的嬗变过程。

3. 课堂的灵动驾驭

一是教师有意识地渗透影响因子。教师边操作边描述让学生认识了摆及其构成，在此基础上，联系生活说说类似的摆，将学生思维进一步具体化。在认识摆由摆线、摆锤和摆角三部分组合而成的时候教师借助具象思维有意识地渗透摆线可长可短、摆锤可重可轻、摆角可大可小的思想，学生下一步探究影响摆摆动得快慢的因素自然水到渠成。二是课堂的生成性问题灵活解决。学生操作过程中出现摆线的缠绕、摆锤的挂取、摆动中摆锤与铁架台的碰撞的干扰因素、时间的计量精准度、摆次数的统计等问题。教师在巡视的过程中进行了有效及时的解决。

二、做与思的适切融合

1. 做前思：实验前的思维碰撞

一是探究实验的假设。由摆的三要素，即摆线、摆锤、摆角的牵引，学生自然会预测摆摆动得快慢可能与摆线、摆锤和摆角有关。二是研究方案的制订，主要落在师生合作基础上的学生小组内的分工与合作。三是计时与计数的明确。看似很简单的计时与计数两个任务在学生的实际操作中却不是那么容易，这里教师不仅选择统一用一个计时钟，还强调计时的诀窍，为实验数据的真实有效做好了准备。

2. 做中思：实验中的反复斟酌

学生在师生共同合作研究摆摆动得快慢与摆角、摆锤是否有关的过程中，在与教师的对话研讨中视野逐渐放宽，在与教师的合作中感受了协作的重要性与成功感，为自主探究摆的摆动规律与摆线的关系积淀了有效的方法。在进行摆的测试中，学生不止一次地测试彰显出其对实验科学性的追求。在学生不同观点的表述中，可以看到学生的思维得到点燃与激活。

3. 做后思：实验后的分析演绎

课堂中有5次对实验数据的思考与分析。第一次是学生对本组制作的摆在10秒钟摆的次数的分析，这是组与组的数据对比，同样是10秒钟，每个摆的次数却不一样，由此引发进一步探究的问题：摆摆动得快慢与什么有关？第二次是在摆线与摆锤不变的情况下，通过对摆角小一点与摆角大一点在相同时间内摆的次数的分析得出摆摆动得快慢与摆角无关。第三次是在摆线不变的基础上，改变摆锤的轻重数据的对比，由此得出"摆摆动得快慢与摆锤无关"的结论。第四次是本组两次实验的对比，同样是10秒钟，摆线长与摆线短摆的次数不一样，由此推测出摆摆动得快慢与摆线有关：摆线越长，摆得越慢；摆线越短，摆得越快。第5次是用时15秒不同摆的呈现与剖析。学生在教师给定的摆线下测出摆在15秒内摆动的次数，并将其挂在次数相应的位置进行发现、验证与预测，从学生的回答中可以窥见这不是一种盲目的猜测，前面的实验活动经历俨然提升为一种经验。

第四章

基于STEEN的科学教学

在教育实践中构建"STEEN"科学教育生态体系

广州市教育研究院　马学军

广州市协和小学　　孙　宏

　　"STEM"（science、technology、engineering、mathematics，即科学、技术、工程和数学）是当前教育界最热门的一个词。在我国各地，STEM工作坊、STEM校本课程等活动正如火如荼地在学校铺开，《义务教育小学科学课程标准（2017年版）》也在课程内容中增加了技术与工程的内容，与物质科学、生命科学和地球与宇宙科学并列为一个专门的学习领域，并融入了STEM教育理念。

　　但如同其他舶来的理论一样，如果我们不加思考，不对其进行适合国情的改造而将其直接运用于小学科学课堂中，其实施的结果并不一定乐观。近十年来，我国许多地区的科学教学发生了巨大的变化，各地科学教师在教学实践中也在进行着不断的探索，逐渐形成了各具特色的教学思想。其中，广州市正在探索之中的融合自然、环境教育和科技、工程教育在内的STEEN（science、technology、engineering、environment、nature，即科学、技术、工程、环境和自然）教育就是其中一个实例。

一、STEEN——STEM教学理念学科化与本土化的诠释与创新

　　我们知道，STEM是一种典型的跨学科学习的课程形态，强调科学、技术、工程与数学四门学科的有机融合，让学生在面对真实问题时，综合运用科学探究、数学方法、工程设计和技术制作等知识与手段解决实际问题，提升学生的创新意识与应用能力。"跨学科"学习是STEM理念的核心特征之一，而在小学科学这门学科的教学实践中，应该如何在《义务教育小学科学课程标准（2017年版）》的框架下将STEM教育理念渗透其中，将其学科化改造？应该如何结合我国教育体制以及各地区的教育差异，在教学实践中进

行STEM教育理念的本土化应用？这些都是需要我们思考和解决的问题。

自2002年开始，广州市就开始了一系列的科学教育理论和实践的探索。2007年前后，结合当时正在修订中的小学科学课程标准所倡导的STSE（science、technology、society、environment，即科学、技术、社会、环境）教育理念，提出了以科学思维培养为核心，以科学探究、自然教育、环境教育和技术应用为学习主体的科学教学思想，引导小学生在真实的自然与生活环境中进行科学学习，并解决实际问题；2013年开始，在新一轮课标修订和教材编写与实验的大背景下，进行了更进一步的研究，结合STEM教育理念，在原有几个方面的基础上融入了工程技术领域的内容，倡导科学与工程实践，在真实情境中学习并解决问题。由此，逐渐形成了科学教育、自然与环境教育、技术与工程教育相融合的STEEN科学教育理念，并由此构建了以"科学—自然—环境—技术—工程"为学习内容的STEEN科学教育生态体系。在STEEN体系中，"自然"是科学学习的素材，"科学"是在寻求对自然世界的探索和理解过程中所运用的方法，"技术"是运用科学发现的知识和原理解决问题、满足社会和自身需求的手段，"工程"是通过设计和技术手段的运用形成解决方案和结果的程序。同时，在此过程中渗透"环境"观，提高环境意识和环保态度。在这里，虽然看起来没有强调"M"，但实际上已将数学作为工具和思维方法（逻辑思维）融入其中，而不是将其作为一个学科或学习内容进行整合。

二、STEEN教育理念的实践探索

自然和环境教育在我国一直非常受重视，但由于各种各样的原因，许多学生甚至成年人却对身边的自然界越来越陌生，与大自然的距离也越来越远。科学课堂上的自然观察往往停留在多媒体展示上，春、秋游活动也常常只是去游乐园、科技馆"游玩"。这样的科学教育往往造成一种教学现象——"实验室里的科学"。这样的科学教学不关心自然世界和生活实际，只强调按部就班地进行实验、开展"探究"。学生的探究活动停留在"动手"阶段，缺乏思维真正有效的参与，"动手有余、思维不足"的现象屡见不鲜，让人感到这是一种没有灵魂的科学学习。正如著名教育家陶行知先生所说："一年到头闷起头来照样画葫芦的干那刻板的实验，充其量不过是一套科学的猴子戏，这里面没有生命。"所以，不可否认自然与环境教育确实是小学科学教育中的一块短板。STEEN科学教育理念强调自然与环境教育，不仅仅是看到了小学科学教育中这方面的不足，更是广州科学教育团队多年来坚持的自然观察活动、专题探究活动等特色的科学教育实践的总结与升华。

美国心理学教授霍华德·加德纳认为，自然观察智能是人类多元智能表现中的一种重要智能，对自然环境的敏锐观察能力是儿童众多智能表现中重要的一环，是非常值得开发的潜能之一。为鼓励广大小学生走进自然，在跟大自然密切接触的过程中培养学生"人类与自然和谐共存"的意识，使各学校形成学科学、爱科学的良好氛围，广州市多年来有系统、大范围（近乎全覆盖）地在全市小学科学教师、学生中开展自然观察活动。每年教师和学生（包括很多家长）都要在大自然里进行鸟类观察、植物识别、星座辨认、地学实践等活动，有效地提高了广大师生的自然观察能力。此外，由广州市教研部门主导的始于2001年的"'科学小星星'科学专题探究"活动也进行了近18年。该项活动探究的问题来自生活，是学生感兴趣的真实问题；探究过程力所能及，可以通过探究活动解决；探究材料容易得到，方法简便易行；探究的过程科学性强，有实践意义。活动不特别关注结果，而是注重体现科学性、实践性和过程性。例如，"蚕的腹足研究""沙湾飘色的秘密""市场上为什么没有红豆芽卖""屋顶上的落地生根从哪里来"等，都是与生活实际密切相关的科学探究活动。这是一项适合全员参与的科学专题探究活动，影响甚广。它引导学生关心身边的自然世界，增强对大自然的好奇心，探究身边的科学现象。

正是多年开展自然观察、科学专题探究等特色科学教育实践活动的积累，以及在课堂教学中陆续开展的"科学课型与教学模式研究""PBL（项目式教学）"和"IBSE（Inquiry-Based Science Education，探究式科学教育）"等教学研究活动，既让广州市大多数小学生终身受益，也培养了一大批骨干科学教师和优秀的科学教育工作者。这一切都让我们深刻认识到在学科教学中开展自然与环境教育活动，对学生进行自然观察能力的培养，以及综合运用科学、技术与工程进行科学探究活动，使科学教育较好地与学生的生活实际联系起来，是打破学生"实验室科学"认知瓶颈的一个重要途径。这样不仅增强了学生对自然环境的认识和理解，也使其获得对科学、技术、工程和社会发展相关的科学价值观的理解，从而发展学生的科学思维。

《义务教育小学科学课程标准（2017年版）》（以下简称《课程标准》）指出，小学科学是一门实践性课程，科学探究是科学学习的重要方式。《课程标准》既强调了科学探究的过程性，也强调了科学实践的活动性。"过程"的重点在于结构、层次等要素，"活动"的关键是目的、任务、方法等环节。不管从内涵还是特点上来看，广州市多年来坚持开展的基于STEEN科学教育理念的自然观察、科学专题探究活动都是优秀的科学实践活动。

我们在小学科学教育中贯彻和落实STEEN理念，倡导从生活中常见的自然和科学现象入手进行学习，将科学教育、自然与环境教育和技术与工程教育融合在一起，尝试解决实际问题。学生在科学课程的学习过程中，不仅仅是为了学习科学知识，接受现成的科学结论，更重要的是通过科学课堂的学习，维持和培养他们对自然的好奇心，激发并保持科学学习的兴趣，在教师的指导和帮助下发现生活中的问题，探索科学现象，揭示其中隐藏的科学规律，并将其应用于生活实际；在这个"萌根发芽在课堂内、开花结果在课堂外"，或者说"从生活走向科学、从科学回归生活"的过程中，培养学生对探索大自然的乐趣，使学生自主地建构科学知识，形成良好的思维习惯，获得初步的实践能力，习得科学方法，培养严谨的科学精神。

参考文献

［1］马学军.本土化诠释科学教学理念［J］.湖北教育（科学课），2016（5）.

［2］马学军.将孩子们引向何处［J］.湖北教育（科学课），2009（5）.

［3］李克东，李颖.STEM教育与跨学科课程整合［J］.教育信息技术，2017（10）.

小学科学课程中工程设计的教学策略研究

——以粤教科技版小学《科学》为例

广州市海珠区宝玉直实验小学　余　晴

随着工程学在国家之间的竞争、个人的生存和发展中的作用越来越重要，将工程学纳入基础教育的范畴已成为当今世界教育界的主流行为。我国也在《义务教育小学科学课程标准（2017年版）》（以下简称《课程标准》）中首次增加了技术与工程领域，工程学成为小学科学教学中的重要内容。设计是工程实践活动的重要组成部分，对工程的实现起着至关重要的作用。在《课程标准》的主要概念中，有3条是技术与工程领域的，而其中就有一条是关于工程设计的概念："工程的关键是设计，设计是工程师运用科学和技术进行设计、解决实际问题和制作产品的活动。"这充分体现了工程设计是小学技术与工程领域教学的重要内容。开展关于设计与制作产品或产品模型的教学开始成为小学科学教学中的一种常态行为。工程设计对于广大教师甚至课程决策人员来说十分陌生，因此在小学科学教学过程中采取什么样的教学策略，才能有效落实《课程标准》中的相关目标，成为时下小学科学课程教学的一个亟待解决的问题。

有效的教学策略是建立在学生学习的认知规律的基础上的，用科学的教学方法从各个方面促进学生的学习，包括知识与技能的学习，也包括认知思维的发展、学习习惯的养成、情感价值观的建立等。在生活中，儿童也是技术与工程产品的受用者。因此，在小学科学课程的教学中，教师要在教学目标、教学活动、学习活动的指导等多个方面，引导学生像设计师那样去经历一系列的工程设计活动，习得工程设计的相关知识、技能和思维方式，并建立相关的学习习惯、情感价值观等。

一、教学目标的制订：凸显工程设计的学科属性，多维度培养学生的科学素养

教学目标引领着教学的方向，明确了教学的结果。有效的教学离不开清晰明确、可量化、能实施的教学目标。根据《课程标准》，设计与制作的课型教学目标的制订应从"科学知识目标""科学探究目标""科学态度目标""科学、技术、社会与环境目

标"四个维度进行设定。

根据《课程标准》的第18条核心概念——工程设计学科属性的特点表现如下：围绕着工程问题，进行以科学和技术为基础的系统性构思；设计的过程有一系列的基本步骤，包括明确问题、确定方案、绘制设计图、测试与改进等；工程设计要考虑可利用的条件和制约因素，设计需要根据实际情况不断改进和完善。教师在制订设计与制作类型的教学目标时，不仅要对这些工程设计特有的学科知识与技能进行明晰的表述，也应围绕着学生习得这些工程设计相关科学概念和技能所需的科学探究能力、科学态度进行培养。除了上述目标外，教师还应在教学过程中渗透关于工程、技术、科学与社会和环境的关系教育，以加深学生对工程技术本质的认识，帮助学生树立正确的世界观。

例如，粤教科技版四年级上学期《设计与制作：我的小乐器》一课涉及的科学知识包括乐器的设计原理、设计的基本步骤、设计的迭代特点等。学生在学习活动中要顺利习得这些知识就需要教师在教学过程中相应地培养和发展学生制订设计方案的能力、通过测试收集证据并得出结论的能力、多种方式表达设计的能力、自我反思评价的能力等多种科学探究能力。而要达成以上科学知识目标与探究技能目标，教师也需要培养和发展学生实事求是、敢于创新、乐于合作分享的科学态度，使学生在设计与制作的过程中善于与小组同学合作，乐于利用身边多种材料设计与制作多种多样的小乐器，并能根据测试的实际情况交流与分享他人对自己的小乐器发表的意见和建议，更加客观地认识自己的设计和学习能力，促进自我反思和评价能力的提高。通过一系列的设计与制作活动，学生自然也就知道了"生活中各种各样的乐器是应用了物体发声规律的科学原理"，从而使科学技术与日常生活建立了联系，落实了科学、技术、社会与环境的教学目标。当然，在教学过程中撰写教学设计并不是要面面俱到，每一课都要落实四个维度，教学目标的制订还要根据学生的认知基础和发展需求以及每一课教学内容的实际情况进行。

二、教学活动的设计：以小学生能够感知的、可操作、有意义且趣味性强的工程设计活动为主体，发挥学生工程设计学习的主体作用

工程学是通过设计、制造和维护人造物品及技术系统来改变自然环境的专业。工程不仅表现为具体的产品，更是一种过程，是过程和结果的统一。工程活动主要包括建造和设计。工程设计是工程活动的关键，工程建造的思维模型对建造过程和结果起着决定性的指导作用。工程设计包括问题分析、明确需求、构思方案、筛选方法、绘制设计图、制作实体模型、检验方案、评价并提交结果等环节。设计是一项创造性的活动，它要求设计者基于实际问题，综合多个学科的知识、技能，并考虑现有的资源和条件制约，最后形成可实施的、最适切的解决方案。从事工程设计专业必须具有较强的跨学科知识和技能，有着开放而严谨的系统性思维。在小学科学课程中，小学生是工程技术活动的实践主体，而小学生的生活经验、知识技能储备、思维能力还非常有限。小学科学的工程设计活动必须贴近小学生的生活，建立在小学生认知的基础上，并根据小学生的认知规律和思维能力去设计。在传统的解决"为什么"和"是什么"的科学探究课型中，科学教师能引导学生像科学家那样通过简单的科学探究活动而建构相关的科学概念，并习得相应的科学探究技能。那么，《课程标准》下的工程设计教学活动的设计也完全可以引导学生像工程师、设计师那样，通过体验简单的工程设计活动，激发学生综合应用已有的各科知识与技能去解决问题，在这个过程中让学生自主建构工程设计的相关科学概念、习得工程设计的相关技能、锻炼和提高工程思维。

基于小学生的认知基础和认知规律，小学课程中工程设计的教学主体活动应该设计得简易、有趣而有意义。这些课堂上的工程设计活动应能联系小学生的生活，能激发小学生综合应用已有的科学知识和技能主动探究工程问题，能让小学生在教师的指导或引导下独立操作，使小学生从中自主建构相关科学概念及习得相关技能。粤教科技版小学科学教材中的工程设计活动充分体现了这些特点。例如，一年级下册《小竹筏》一课的设计活动是利用竹筷子设计一个能载物的小竹筏；二年级上册《做磁铁玩具》一课设计的活动是根据磁铁同极相斥的特点，利用提供的材料设计制作一个蹦跳玩具；二年级下册《不倒翁》一课，是在探究不倒翁不倒的秘密后，模仿不倒翁的结构特点，选择身边合适的材料设计一个不倒翁。这些低年级的课程所呈现的工程设计活动都以"玩中学"的形式开展，非常有趣、易于操作。其中，《做磁铁玩具》一课中的设计活动是在学生充分感知"人们可以根据需要应用磁铁的特点做出各种好玩好用的磁铁物品"后，向学生提出"利用磁铁的特点设计一个蹦跳的磁铁玩具"的任务。自己设计与制作玩具，这对低年级学生来说是一个吸引力非常大的活动，学生的主体性自然马上被高度调动起来。而要完成这个任务，学生必须马上回忆所学过的磁铁的相关特点，并根据需要确定要应用到的是磁铁"相同磁极互相排斥"的特点，接着构思需要的材料和组装方式，甚至还要考虑如何有效进行小组分工合作等。在通过小组讨论、协商并确定方案后，他们用简单的图文表达小组的设计，并根据设计制作蹦跳磁铁玩具，然后还要通过测试的情况找到玩具的不足之处进行相应的改进。当设计通过自己动脑和动手最终物化成手中有趣的玩具时，学生从中获得了充分的成功感和自信心。在设计的展示与交流活动中，学生又锻炼了自己的表达能力和思辨能力，同时也拓宽了自己的视野，对自己的设计有更客观的认识和反思。

建立在学生认知基础上和认知特点上的工程设计活动，能很好地调动学生的学习主体性，激发学生的高阶思维，让学生积极地投入有效的工程设计学习活动，自主建构相关概念、习得相关技能。

三、设计过程的指导：以有效解决问题为核心，对工程设计活动的步骤进行有针对性的指导，并注重学生的工程思维发展

工程的目的是解决实际问题，满足人们的需求，所以工程活动都是围绕着有效解决问题这个核心而开展的。影响工程实现的因素很多，包括实施的方法是否符合科学原理，现有的技术手段和资源是否支持，还受经济、环境等因素制约。工程建造是一种非常复杂的系统性活动，其中哪个环节或因素出现问题都会影响工程的质量乃至成败。工程师在进行工程活动的同时运行着一套以有效解决问题为核心的高阶思维，这种思维即工程思维。工程设计是工程建造的思维模型，是工程思维的重要体现。它能促进工程师深入分析问题的根源，更好地利用现有的资源和技术，采取更有效、更合理的建造策略，建造出满足人类需求、符合人与环境和谐相处要求的产品。在小学生的工程设计学习中，我们也应初步培养学生的工程思维，使其初步具备一定的跨学科思维能力、统筹思维能力、创新思维能力，以及关爱人类、社会和自然的思维意识等。从工程设计步骤的角度来看，工程设计的教学过程主要包括问题情境导入、问题分析、明确需求、构思并优化方案、绘制设计图、制作与测试、展示与评价等。在教学过程中，教师要引导学生围绕有效解决问题的核心开展工程设计的学习活动，然后根据各个设计步骤的特点做出相应的指导，在初步培养小学生工程设计知识和技能的同时，发展工程思维。

在情境导入环节，教师创设的问题情境要有利于培养学生发现工程问题的能力。在教学过程中，教师可以为学生展示情境图片、视频或实物，然后通过提问学生"你观察到什么？""你对这种现象有什么想法？""他们遇到的问题是什么？"等，来提高学生观察情境的能力和工程问题的意识。当引导学生确定了工程问题后，教师要引导学生站在情境中人物的立场去思考他们的具体需求，并帮助学生归纳和罗列出需求的要点。明确了这些具体的需求，学生也就明确了设计的方向。在教师的引导下，学生就能很快地制订具体设计的标准。

在方案的构思方面，教师需要引导学生根据问题的本质和实际情况，应用合适的科学原理进行初步构思，并围绕着解决问题的有效性优化方案。一方面，教师要鼓励学生大胆地提出各种可以解决问题的方法，充分挖掘可利用的材料、工具等资源，思考能用于建造过程的技术方法。另一方面，教师要提醒学生综合考虑各种制约因素，对方案进行优化、筛选。各种制约因素包括材料是否经济、容易获得，以及安全卫生、环保等，还有制作过程中所用到的技术是否能达成，成品的成本、外形是否能够被消费者接

受等。设计方案包括口头、绘图、文字描述、模型等多种表达形式。撰写内容主要包括作品名称、工具、材料、设计原理、设计图、制作步骤、测试情况、评价与改进等。关于设计方案表达的指导，教师应根据该课的教学重点以及学生的认知基础和需求，做出相应的、细致的指导策略。一年级下册《做个小竹筏》一课，由于小竹筏的结构简单，制作步骤少，设计小竹筏的任务相对简单。但一年级学生的词汇表达、书写、绘图、操作等能力很有限，在认知上也非常依赖具体的现象和感知活动，所以本课的教学难点是指导学生清晰地表达出小竹筏的制作过程，特别是如何捆绑竹筷子的操作。因此，该课可以先提供实物让学生进行初步感知，然后再鼓励其口头描述自己的设计方案。在学生口头描述时，教师可以展示一些操作图片或微视频，提供一些相应的操作词汇辅助学生有效进行设计的口头表达。而对于六年级的学生来说，他们的表达能力、操作能力和思维能力、认知能力已经得到了很大的发展。例如，六年级下册《设计与制作：鸡蛋包装盒》一课，教师则可以引导学生用简单的图文方式比较完整地表达制作鸡蛋包装盒的设计方案，包括鸡蛋包装盒的结构、材料和尺寸等具体参数，还可以包括鸡蛋包装盒的评价标准和改进措施。在表达鸡蛋包装盒的参数上，教师可以指导学生用简图画出鸡蛋包装盒的纵切面、横截面和使用效果图，再用简单的图示标明相关结构的材料名称和尺寸。为让包装盒各结构的尺寸更加精准，教师可以给每个组提供一两个鸡蛋作为参考。

学生在制作模型前，教师除了要提醒学生按照设计进行制作，还要引导学生在预设操作过程中附加产生的问题及其解决方法。例如，操作过程中工具的安全使用、摆放、收纳，垃圾的合理处理等。在制作模型和产品的过程中，学生经常会发现设计方案中有些预设与实际情况不符，很难落到实处。教师要提醒学生根据实际情况对设计方案进行适当的改动，这实际上已经开始对设计方案进行更切合实际的改进。样品或模型制作出来后，学生会自发进行测试。教师应及时引导学生思考怎样的测试才是有效的，怎样做才能模仿真实的使用状态。测试时，教师要引导学生仔细观察并记录测试的结果，再将测试结果与设计的评价标准进行对照，找出不足及其原因，并进行有针对性的改进。毕竟小学生的认知基础和操作能力很有限，他们的设计难免会出现各种不足，教师要尊重他们的认知特点，耐心鼓励他们对原设计进行多次改进和完善，给予他们充分的机会感知设计的迭代特点。

综上所述，在进行工程设计教学过程中，教师应根据工程设计的活动特点，引导学生以有效解决问题为核心，在设计的各个步骤中对学生进行有针对性的设计指导和工程思维培养，促进学生在工程设计方面的自主发展，高质量落实相关课标。

参考文献

［1］中华人民共和国教育部.义务教育小学科学课程标准［M］.北京：北京师范大学出版社，2017.

［2］教育部基础教育课程教材专家工作委员会.义务教育小学科学课程标准解读［M］.北京：高等教育出版社，2017.

［3］何烈治，哈尔德，卡拉汉，等.教学策略——有效教学指南［M］.北京：中国人民大学出版社，2010.

［4］刘恩山.工程学在基础教育中的地位和作用［J］.科普研究，2017（4）：5-9.

［5］贾广社，曹丽.自然辩证法研究［J］.自然辩证法研究，2008（6）：71-75.

立足"STEEN"教学理念，发展学生科学素养

——《丹顶鹤生活在哪里》教学反思

广州市第七中学实验学校　成艳萍

一、教学背景

在第二届全国科学教学研讨会上，广州市马学军科学教育团队分享了"基于STEEN教育理念的科学教育"的专题研究成果，我有幸承担了其中的研讨课。我选择的是粤教版小学《科学》六年级下册第一单元《生物与环境》第一课《丹顶鹤生活在哪里》。本单元围绕生物与环境的关系，通过对学生熟悉的丹顶鹤进行研究，引导学生进一步探索环境中生物与非生物、生物与生物之间的关系，从而建构科学概念，进一步提高问题分析、实验探究和收集证据的能力，产生探索自然的欲望，以培养人与自然和谐相处、爱护家园的环境观和自然观，也使学生认识到保护大自然、维护生态平衡的重要性。而本课作为单元第一课起到的是单元任务驱动作用，通过熟悉丹顶鹤的身体特征，引发学生对生物与环境相关内容的探究兴趣和深刻认知。为了上好这节课，我根据《义务教育小学科学课程标准（2017年版）》（以下简称《课程标准》）的要求，对教材内容进行了深入的研究，并多次试教。

二、案例分析

（一）目标及对象分析

本课属于生命科学领域的六年级教学内容，其学习目标如下：

科学知识	了解丹顶鹤的生活习性和食物特点，以及适应沼泽地等湿地的身体特征；初步了解鸟类身体特征（主要是足）与生存环境有一定联系
科学探究	推断丹顶鹤的生活习性、身体特征与沼泽等湿地环境相适应；通过对不同鸟足的观察，推断分析其生活环境
科学态度	亲历解决问题的过程，产生探索自然的兴趣；培养收集证据的能力，养成实事求是的探究态度
科学技术与环境	认识到动物与环境的相互影响和相互依存关系

（二）案例问题一

对于广东的学生来说，这一课中提到的丹顶鹤并不是学生生活中常见的鸟类，它生活在哪里，大多数学生可能并不太关心。如果教学一开始就出示课题，学生就会产生"是你们要我学的""我学了也不知有什么用"等想法，对学习提不起什么兴趣。而以丹顶鹤为例，引出"鸟类的身体特征是与其生活环境相适应的"这一知识点是本课的重点和难点。我们应该采用什么有效策略提升学生的学习兴趣，解决这个难点呢？我尝试采用了两种策略进行教学。

1. 第一次试教

策略：通过科学与工程的结合，让学生通过模型进一步提升对鸟爪与环境关系的感知。

要使学生真正理解和接受"鸟类的身体特征是与其生活环境相适应的"这一概念，就要形象、生动、有趣地让学生感受鸟爪的功能，我尝试利用工程学教学的策略如下。

描述

师：课本上有各种鸟爪的图片，请你们认真观察，讨论并推测它们的生活环境。

（热烈讨论一段时间后。）

师：刚才同学们进行了充分的讨论，形成了自己的看法。下面请部分小组代表来说一说。

生：我们认为这种鸟爪有蹼，适于游泳。

师：这种鸟爪的形态很特别，应该与它们的生活环境有关。

师：其他鸟爪呢？

生：我们认为这几只鸟爪都是弯弯的，有尖尖的指甲，应该能生活在很多地方。

生：我发现书上各种鸟爪都是尖尖的。

……

师：看来，光看鸟爪图片，大家很难推测出这几只鸟的生活环境。老师这里有一些材料（扭扭棒、胶、线、大块的纸黏土），请你们利用它们模拟制作其中一只鸟爪的模型，教室后面有四个模拟的微型自然环境（湖泊、树林、湿地、平地），请你们感受一下它适合生活在怎样的生活环境中。

生：（积极投入制作）。

（一段时间后……）

师：大家通过制作和研究，发现了什么？

生：我们做的是腿很长、趾很细的鸟爪，我们现场试了一下，发现它不适合在树木上生活——腿太长，重心太高，站不稳。我们觉得它可以在沼泽地或浅水滩中行走，不容易湿身；脚趾与地面的接触面积较大，在黏糊软滑的地面，不至于深陷其中，可以生活在沼泽环境中。

生：我们做了个弯弯的鸟爪，觉得它应该生活在平地或者树上。

生：我不同意，鸟爪弯弯的，怎么站在平地上？怎么站在石头上？它们只能生活在树上。

生：我们做了个腿脚健壮的鸟爪，觉得它可以撑起一个比较重的身体，可以生活在山坡、田野上，当然也可以生活在树上。

师：可见，鸟爪的形态与生活环境有关，环境为鸟类提供了生存的条件，鸟类自身的身体特征也是适应生存环境的。

生：老师，我觉得扭扭棒做出来的鸟爪好像不像鸟爪啊！

师：是的，因为受材料、时间所限，我们制作鸟爪模型只能尽可能地接近真实，但从这个过程中我们也能探究出一些结果。

思考

当工程与技术进入《课程标准》后，工程教学受到了教师极大的重视。这里我的本意是让学生尝试用扭扭棒或者纸黏土制作鸟爪的模型，然后让学生利用制作好的鸟爪去感受抓树枝、捕食物或走路。然而受材料所限，学生的制作时间长、制作出来的模型与实际相差很大，所以当拿着模型去不同自然环境中感受的时候，学生的关注点主要还在做得像不像、有没有散架这些制作工艺上，并没有真正关注鸟爪与环境的关系，试教后效果并不理想，无法达成教学目标。

2. 第二次试教

调整策略一：采用最接近自然的标本，让学生观察一只鸟的身体外形，特别是足的形态，讨论并推测它的生活环境。不采用制作模型的方法。

调整策略二：根据收集到的信息，综合应用。

描述

师：丹顶鹤具有长嘴、长颈和长腿的外形，其他的鸟儿也是这样的吗？现在老师为大家提供各种不同种鸟类的图，请你们认真观察它们的身体外形（可用简单的文字说明），画一画它们足的形态，讨论并推测它们的生活环境。

生：（讨论、记录）。

师：刚才同学们进行了充分而热烈的讨论，形成了自己的看法。下面请部分小组代表上台来展示一下他们的探究成果。

生：我们认为鸭、海鸥的足有蹼，适于游泳，应该生活在湖泊、海洋这样的水面上。

生：我们认为老鹰的足锐利，具有钩爪，适于捕捉小动物，可以生活在山林里、草原上。

生：我们认为白鹤的腿很长，在沼泽地或浅水滩中行走，不容易湿身；趾细长，与地面的接触面积较大，在黏糊软滑的地面，不至于深陷其中，可以生活在沼泽环境中。

生：啄木鸟的足两趾向前，两趾向后，能抓握和钩挂在树上，适于在树上攀缘，可以生活在森林里。

生：鸡的腿脚健壮，具钝爪，更善于奔跑和挖掘，适于陆地步行，可以生活在山坡上、田野里。

生：百灵鸟的鸟爪前三趾后一趾适合抓握树枝，能轻松地在树枝上跳跃，不会从树枝上掉下来，适合生活在树林里。

师：通过这些观察发现你得出什么结论？

生：可见，鸟腿鸟爪的功能是为适应生存演化出来的，每种鸟都有自己的特点。环境为鸟类提供了生存的条件，鸟类自身的身体特征也是适应生存环境的。

师：大自然的环境千变万化，有茂密的森林、广阔的湖泊海洋，丰润的沼泽，无边的草原……8000多种鸟在不同的环境中生活。我们的课堂中，有一个"鸟类救助站"，收留了许多受伤后基本康复的鸟。请同学们仔细观察它们的身体特征，并以小组为单位进行讨论。你们能将它们送到适合它们生存的大自然中去吗？

（学生讨论，把鸟类放在不同的环境中。）

师：现在我们身处在不同的自然环境中，你们觉得这些鸟儿适宜生活在这里吗？

生：他们觉得池鹭生活在沼泽环境中，可我认为它也可以生活在湖泊、海洋的岸边。

生：大家都说野鸭生活在湖泊，但沼泽地里也有很多水洼，它也可以生活在沼泽里。

生：百灵鸟很适合生活在树上，那它应该也能生活在草原上，我去过草原，草原上也有树。

生：老鹰其实可以生活在沼泽、湖泊旁边、草原上、树林里，哪里都行，只要有猎物给它捕食，它可以捕完后飞走……

师：大家的说法都有充分的理由，是的，自然界的环境复杂，之间并不是绝对割裂的，还有许多交叉的环境，可见鸟的生活环境并不是唯一的。

（三）案例问题二

不少学生认为科学课就是"实验室里的科学"，认为科学是一门单一、严谨的学科。如何通过学科关联，拓展倡导跨学科的学习方式，提升学生的学习兴趣，让学生感受自然之美？这是本课科学态度教育的目标之一，我同样尝试采用了两种策略进行教学。

1. 第一次教学

策略：通过科学与艺术的结合，认识自然艺术绘画。

本节课以一幅表现鸟类及其生活环境的中国名画入手，驱动学生形成一个探究任务。我尝试引入以科学性为主的自然艺术绘画，从而进一步提升学生对自然环境的敏锐观察能力，提升学生观察的兴趣与热情，开发学生的多元智能。

描述

师：有了形形色色的鸟儿，我们的生活变得更加美好，书画家们用艺术的手法托物言志，而生活中，却有人用比摄影更严谨的态度来描绘动植物的结构、特征及周边的自然环境，展示生物的美好，这就是自然艺术绘画。让我们来欣赏一组这样的作品。

师：你们欣赏后有什么感受？

生：好漂亮！

生：它很细致，连被虫子咬过的缺口都详细地画了下来。

生：我觉得画得真像！我家养了一只鹦鹉，我觉得画得非常非常像它，就像拍出的照片一样，当然也画得很漂亮。

师：自然艺术绘画是科学与艺术的结合，希望同学们下课后也能了解这种手法，绘制一幅关于鸟的自然艺术作品。

思考

介绍自然艺术绘画，确实促进了学生学科联系，然而对于刚才学生通过两个递进式探究活动得出的"鸟类的身体特征是与其生活环境相适应的"这个科学概念并没有好好利用，而且没有让学生的思维进一步提升、让学生学以致用。如何在进一步提升思维的同时开展学科关联拓展，倡导跨学科的学习方式，提升学生对自然环境的敏锐观察能力，提升观察的兴趣与热情，开发学生的多元智能？在第二次教学中我调整了教学策略。

2. 第二次上课

调整策略：以我们身边的自然环境代入，引发学生观察自然的兴趣。

描述

师：我们松山湖中心小学周边有着8平方千米的淡水湖和14平方千米的生态绿地，这儿也是鸟儿的天堂，你觉得有哪些鸟儿适合在这里生活？

生：野鸭可以，它有爪有蹼，可以在湖里游泳。

生：我觉得丹顶鹤可以，这里有湖泊，它的腿很长，可以在沼泽地或浅水滩中行走。

生：我觉得丹顶鹤不行，虽然它的爪子适合在池塘边生活，但老师给我们的资料我注意到了，丹顶鹤生活在中国东北、日本、韩国等地区，这些地方都比较冷，我们东莞很热，它们应该不适应吧？

师：你们思考得很认真。是的，单从鸟爪来看，我们只能初步判断鸟儿的生活环境。但鸟的身体特征还有很多，如丹顶鹤的长颈、长嘴、体型，还有它们的生活习性，如对食物、对温度的要求等。所以只有对一只鸟的了解更深入的时候，我们才能更准确地判断最适宜它生活的环境。

师：怎样才能更深入地了解鸟儿？

生：去自然界观察，看资料，上网……

师：对，用我们科学课学到的知识，再带上我们善于发现的眼睛，去自然界中观察鸟类朋友。现在新兴起一种自然艺术绘画形式，人们用比摄影更严谨的态度来描绘动植物的结构、特征及周边的自然环境，展示生物的美好。希望同学们课后去了解一下自然艺术绘画，在生活中学以致用，让科学从课堂走向生活。

三、问题与思考

《丹顶鹤生活在哪里》是六年级"生物与环境"单元中的第一课，教材包括两个活动：①丹顶鹤的家在哪里？②适应环境的身体特征。第二个活动包括观察丹顶鹤的身体特征，分析它如何适应沼泽地；观察各种鸟足的特点，分析其生活环境等内容。目的是对丹顶鹤的特征进行了解，剖析其背后的科学规律，帮助学生建构"生物与生活环境之间有关联"的科学概念。

我们的科学学习是为了提升学生认识自然的兴趣，用科学技术改善生活的能力，促进科学思维的进阶及科学素养的形成。为了更好地达成这个目标，在本课设计实施的过程中，我对某些环节的处理进行了多次更改，以求达到更好的效果。

1. 以任务驱动导入促学生思维的深入

许多学生并没有见过丹顶鹤，对它没有什么了解。如果教学一开始就出示课题，学生就会产生"是你们要我学的""我学了也不知有什么用"，对学习提不起什么兴趣。我就想着要消除知识的冷漠外壳，以一种学生感兴趣的方式向他们靠近——任务驱动导入：一上课欣赏传世名画《松鹤延年图》，生活中以松鹤为素材的中国画随处可见，学生都见过，从对这样一个我们习以为常的画面的观察引发学生思维冲突："丹顶鹤生活在松树林里吗？"在与学生的简单对话中，引发学生知识经验与观察到的事实的冲突，诱发学生探究的欲望，让学生兴高采烈地进入学习，提高知识的"亲和力"，在不知不觉中形成知识与学生之间的对话。

2. 以自然为素材体现新课标的理念

在试教中，我尝试加入工程的元素，然而试教后效果并不理想。在反思、钻研的基础上，我觉得鸟是自然的一分子，自然是科学学习的素材，科学是寻求对自然世界的理解；学生学习科学，不仅仅是为了学习科学知识和科学方法，更重要的是维持和培养对自然界的好奇心，激发并保持科学学习的兴趣，发展多元智能。因此这节课应该更真实自然地来学习，虽然这节课到大自然中去亲身观察鸟儿会有最佳的效果，但是当教学场地受限时，用最接近自然的标本让学生感受自然之神奇，正符合我们广州多年来提倡的STEEN教育理念。所以这堂课就以STEEN育人理念为指引，探索融合自然、环境的教育的大方向。

3. 以递进的活动促进学生思维的进阶

"鸟的生活习性与身体特征是与其生活环境相适应的"（生物离不开居住的环境，但"环境"并不仅仅等同于生物所栖息的地点或它们生存的场所。生物的生活环境包括它们生活空间在内的各种影响因素。所有生物的生存都依赖于一定的环境条件，生物与环境之间相互影响、相互依存，有着密不可分的关系等）是本课学习的重点和难点。为了实现这一学习目标，我通过三次试教确定了整个活动分三个层次，进行思维的递进，学习的进阶。

首先从丹顶鹤这个范例入手，采取资料分析、进行推测的方法，通过探究丹顶鹤的生活习性、食物特点、身体特征来推测生活环境，得出丹顶鹤的生活习性、身体特征与生活环境有关联。

其次从个别到普遍，探究不同禽鸟的足也适应相关的生活环境。前面丹顶鹤的探究活动采取资料分析、进行推测的方法来实现，而这一环节则通过标本观察等形式来了解形态各异的鸟的身体特征。两个活动之间通过丹顶鹤足的特点进行内容承接和逻辑过渡，从丹顶鹤的足适应沼泽地等生活环境，导出不同禽鸟的足也适应相应的生活环境。这是帮助学生建构"生物与生活环境之间有关联"的科学概念，让学生由开始的无意注意转变为有意识开展科学规律的研究，由低关注水平到有兴趣探索科学规律。

最后根据所学知识送鸟回家，对知识进行迁移应用。让学生体会到科学判断，全面观察，深入分析，体现学生从科学现象深入到科学本质的认知升华过程，促进对学生思维的培养和发展。同时，有了科学知识的脚手架，会引起学生更大的兴趣，更丰富的自然观察角度，提升学生对自然的兴趣，打破学生对"实验室里的科学"认识的瓶颈，从而进一步提升学生对自然环境的敏锐观察能力，提升学生观察的兴趣与热情，开发学生的多元智能。

自然是科学学习最好的素材，通过科学课堂让学生对科学产生浓厚的兴趣，让他们喜欢大自然，将在科学课堂学到的知识拓展应用到生活中，并将这种兴趣保持到将来，这将成为他们终身受益的习惯与素养。

第二篇

花开有声
——优秀论文集锦

数学知识与数学思维在科学实践中的应用

湖北省宜昌市西陵区营盘路小学　杨凌云

笔者曾对五年级学生做过一次科学实践能力调查，将小组内学生运动前与运动后一分钟呼吸的次数记录下来，并进行数据的对比与分析。结果近80%的学生记录的方式与平时写作文的方式相似，数据对比与分析也只是用简单的文字来表示，没有利用专业工具和专业方法。这种现象背后一个很重要的原因是我们在科学教学中忽视了科学学科与其他学科的关联性教学引导，结合这个案例具体表现为科学教学中与数学学科的关联和引导不够，学生缺乏应用数学知识和数学思维来进行科学分析的习惯，数据处理、分析、模型建立等应用能力不够。那么，怎样引导学生利用数学知识与数学思维进行科学实践呢？

一、让学生经历计算的过程

在科学教学中，可以在学生收集数据后，让学生对数据进行计算，让学生经历计算的过程，通过计算来分析、揭示科学规律。鄂教版《科学》四年级下册第12课《小个子能不能跷起大个子》教学中，教师将学生实验中杠杆尺平衡时杠杆左右两边的臂长和钩码个数记录下来，并采用以下表格的形式把学生实验中典型的数据收集起来（表1）。

表1　实验中典型数据

实验数据	左		右	
	臂长（cm）	钩码（个）	臂长（cm）	钩码（个）
1	10	1	10	1
2	10	2	20	1
3	5	5	25	1
4	10	1	20	2
	15	2		

续　表

实验数据	左		右	
	臂长（cm）	钩码（个）	臂长（cm）	钩码（个）
5	5	1	10	1
	20	1	20	2
	25	1		
6	15	2	10	3

　　然后教师提出问题：仔细观察几组数据，每组数据都是杠杆尺平衡时左右两边的臂长和钩码个数，那么我们能不能用加减乘除的方法把左边所有的数据联系起来，再用加减乘除的方法把右边所有的数据联系起来，使左右两边计算的结果相等呢？请每组在黑板上任选几组数据算一算。

　　学生分组计算以后，教师反馈一些典型的方法（如下）：

左　　　　　　右

10+1　　=　　10+1

臂长+钩码个数　　=　　臂长+钩码个数（1）

10×2　　=　　20×1

臂长×钩码个数　　=　　臂长×钩码个数（1、2、3、6）

15×2+10×1　　=　　20×2

臂长×钩码+臂长×钩码……　　=　　臂长×钩码+臂长×钩码……（4、5）

　　学生反馈后，教师再引导学生根据算式推导杠杆尺平衡的条件，学生根据这些算式进行比较分析，可以归纳概括出杠杆尺达到平衡的条件：左边臂长乘以钩码个数等于右边臂长乘以钩码个数，从而揭示出平衡的科学规律。

二、借助统计工具引导学生分析

　　教科版五年级科学下册《用水测量时间》的知识目标是"认识水流的速度不一样，水位越高水流的速度越快，水位越低水流的速度越慢"，科学探究能力目标是"学会收集数据并进行整理和分析，能利用统计数据和折线统计图发现水流的速度的变化规律"。

　　在教学中教师首先让学生通过实验来测量水流入量筒分别达到20mL、40mL、60mL、80mL、100mL所需时间（表2是一个组的实验数据）。

表2　一个组的实验数据

记录水的位置（mL）	20	40	60	80	100
实际测量时间（s）	10	22	35	60	80

教师根据学生的实验数据提出：分析实验数据，你认为水流速度是一样的吗？学生通过对数据的初步分析，会认识到水流的速度不一样。教师再引导学生对数据进行整理、分析，提出研究的问题：水流的速度是怎样变化的？教师选择一个组的数据，引导学生把瓶子里每流入量筒20mL水所需要的时间算出来（表3为以上一组的实验数据为基准计算的结果）。

表3　计算的结果

水量	第一个20mL	第二个20mL	第三个20mL	第四个20mL	第五个20mL
每20mL所需时间（s）	10	12	13	15	20

同时教师引导学生利用数学课中所学的折线统计图，将表3中的数据在折线统计图上表示出来（图1）。

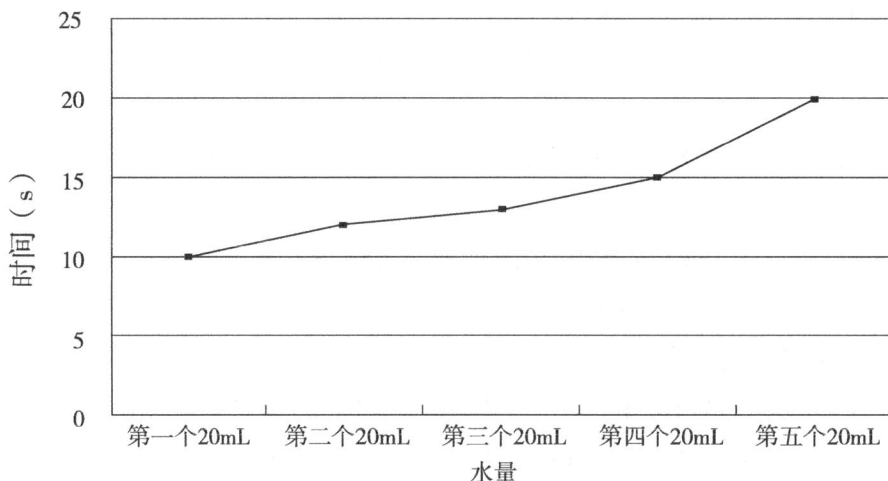

图1

学生完成数据统计表和折线统计图后，教师让学生观察分析数据和折线统计图，分析水流的速度是怎样变化的。教师在这里利用数据统计表和折线统计图引导学生比较与分析，学生可以比较清楚地认识到水流的速度是怎样变化的，能直观地认识到水流的速度越来越慢，能深刻地认识到水流变慢的速度并不是匀速的。

再如，引导学生分析"某地某年降水量变化特点"时，教师可采用条形统计图的形式来引导学生分析（表4是某地某月降水量统计表）。

表4　某地某月降水量统计表

月份	1	2	3	4	5	6	7	8	9	10	11	12
降水量（mm）	50	78	56	183	185	223	271	172	87	42	37	35

在引导学生对统计表中的数据进行分析时，教师可以引导学生借助学过的数学知识——条形统计图来帮助分析。学生在完成某地某月降水量条形统计图后会比较轻松、直观地认识到某地某月降水量的变化特点（图2）。

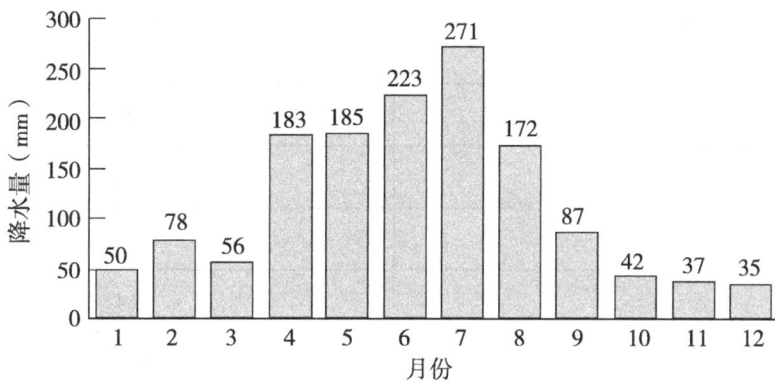

图2

三、用数学模型来揭示规律

在平时的科学教学中，有许多科学规律往往只是从表象去引导学生认识，缺乏一个深刻的认识过程与理解。如果我们在教学中能引导学生建立数学模型，通过数学模型来帮助学生来认识科学规律，那么学生的科学实践就有了深度。例如，在引导学生认识"我们的相貌是唯一的"这一内容时，教师首先借助专业工具引导学生记忆推导（图3）。

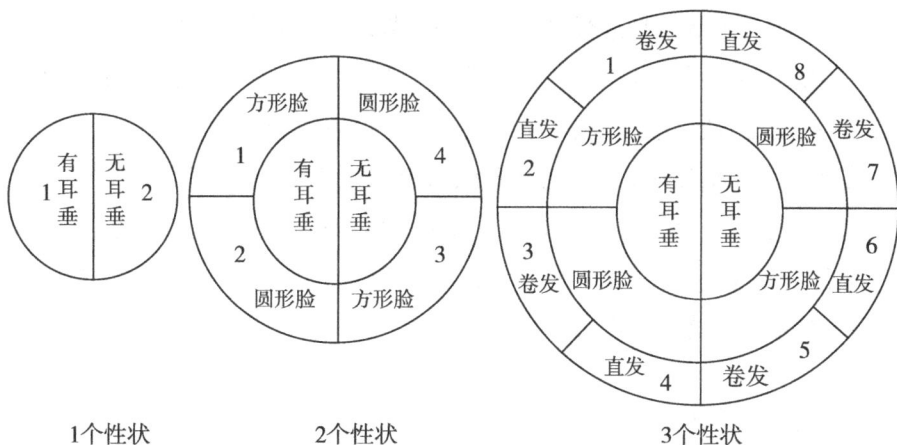

图3

然后让学生对上面的性状图进行分析，学生则会推导出人的性状个数与类别个数之间的关系，也就是"类别个数等于2的性状个数次方"，再让学生根据推导的数学模型进行计算（表5是学生利用计算器计算的结果）。

表5　计算器计算的结果

性状个数	分成类别数
1	2
2	4
3	8
4	16
5	32
6	64
10	1024
20	1048576
40	1099511627776

当从40个性状个数计算出人可以分出1099511627776（超过一万亿）个类别时，学生就完全可以用数学方法解释"我们的相貌是唯一的"这一科学道理了。

四、利用数学概念来引导学生分析

教科版科学书五年级上册《光是怎样传播的》一课，教学重点是验证光的传播路径。教学中有"设计检测工具进行检测"这一环节，先让学生观察3个双色板上的孔有什么特点，再利用3个双色板（图4）和一个托板（图5）来设计一个实验，验证从电筒照射到H点的这一束光是不是沿直线传播的。学生设计实验时，想建立一个由A、B、C三个孔组成的直线通道，看光能不能通过这个直线通道到达H点，在这个环节就需要学生借助数学中直线的概念，并用一个直线工具（直毛衣针）验证到达H点的光，所经过的3个孔在同一条直线上（图6），从而真正认识到光通过的路径是一条直线，帮助学生揭示"光是沿直线传播的"这一知识点。

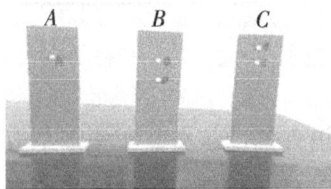

图4

图5

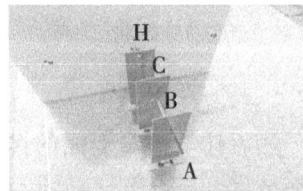

图6

在科学实践中建构解释

宜昌市点军区教研室　杨学军

一、含义及其意义

1. 几个概念的含义

建构：构建、建立（多用于抽象事物）。解释如下："就是在观察的基础上进行思考，说明事物变化的原因、事物之间的联系，或者是事物发展的规律。"

科学实践："科学"，反映自然、社会、思维等客观规律的分科的知识体系，或合乎科学的方法等。"实践"，人们改造自然和改造社会的有意识的活动。"科学实践"，这里是指学生构建科学知识、形成科学概念、领悟科学研究方法的各种活动。

2. 建构解释的意义

美国发布的《K-12科学教育框架》强调科学中"解释"的一种核心形式是因果关系的解释，能够识别事物潜在的因果关系。

《小学科学（1～6年级）课程标准》（2016年1月修订稿）指出：科学教育的终极目标——科学素养，由知识、方法、态度（价值观）三个部分组成。科学的目标包含建立能为物质世界提供解释的理论。在科学实践中建构解释，是学生学习科学课程、形成科学素养、实现科学教育目标的一种途径和方法，也是学生科学素养的一种体现。

二、解释什么

建构对科学的解释，要回答三个问题：一是世界是什么——客观地描述世界，二是为什么——客观地分析世界，三是做什么或怎么做——客观地改造世界（主要表现在技术与工程领域）。这三个问题在小学不同阶段，学生建构解释的侧重点也不一样，如图1所示。

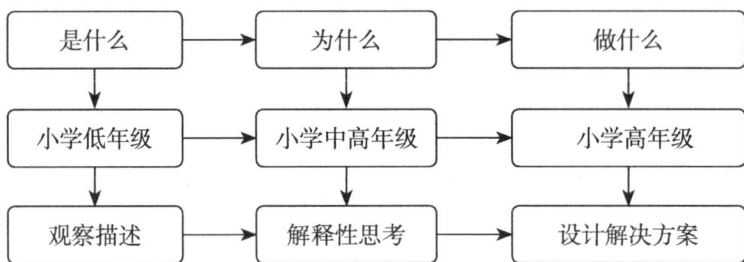

图1

对于小学低年级的学生，应主要进行"是什么"问题的探究活动，鼓励对学生对"为什么"问题进行思考；对于小学中高年级的学生，侧重于解释性思考，在解释性科学问题中，矛盾和问题不能太多，一般不要涉及超过2个变量的问题；高年级学生侧重于设计解决问题的方案。

三、怎么解释

1. 参与真实、有意义的科学实践

创设一个有意义的学习情境，一是将科学学习与学习环境之外的实践联系起来，有助于提高学生的学习动机，提升学生运用所学知识的能力，加深学生对科学实践各要素的理解；二是要创造出一种宽松的氛围，使学生在建构解释的过程中不怕犯错，能够充分呈现出自己的观点和对观点的思维过程。

2. 运用科学观察方法、使用科学测量工具及模型

学生通过使用简单测量工具，对一些量的特征进行测量记录，观察描述物体特征、材料性能和物质存在状态，从而对物体及其相关的联系进行解释。科学阅读与科学记录，可以看作一种间接的观察方法。

建构解释需要整合已有的科学经验和现有的科学知识，包含使用模型。模型是思想观念的外在表征，是对所表征的实体进行模拟和简化，包括图表、三维物理结构、计算机模拟、数学公式和类比等。

3. 进行推理辩论，形成最佳解释

建构解释的过程是一个争论的发展过程（图2）：

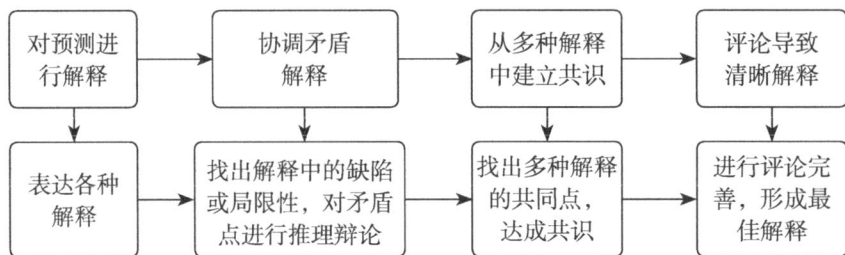

图2

学生对已知的数据等信息可用多种方式解释，产生不同的预测。对于多种解释或不同的预测，其他学生去发现各个解释的弱点和局限性，以及这些解释之间的矛盾点，进行推理辩论，理解错误观点的错误之处和设计缺陷的原因。经过推理辩论，找出多种解释的共同点，达成共识。最佳解释的确定要对共同点进行评论、梳理，使得解释更加详尽和清晰。

四、在建构解释中要注意的问题

1. 解释性的科学问题要小而少

让学生从自己的活动中提出问题，在体验中明确所要探究的科学问题。科学问题要循序渐进，对于"是什么"的问题所观察的对象要具体；对于"为什么"的问题所解释的现象要简化，变量不能太多。

2. 明确解释中的一些相对性概念

对于科学方面的专业术语或概念，教师要能明确其含义，严格区分。但对于学生则根据学生的知识经验状态，引导学生规范使用科学语言，如物体与物质、质量与重量、绝对与相对等。对于小学生而言，这些很抽象的概念只有让学生在科学实践中进行一定的对比体验他们才能有所感知和领悟。

3. 规范学生的科学语言

规范学生的解释用语可以使学生的解释更有条理，使学生更加清晰地表达观点，帮助学生建构准确完整的解释。

追求"实干"的科学课堂

湖北省宜昌市西陵区绿萝路小学　张　芳

《义务教育小学科学课程标准（2017年版）》的课程内容增加了技术与工程领域这个内容，明确指出：工程的关键是设计，工程是运用科学和技术进行设计、解决实际问题和制造产品的活动。围绕这一观点，我们选择同一个内容，在不同的年龄段进行了研究，追求一种"实干"的科学课堂。

一、各个年段"玩"科学

我们确定了一个项目，并分年级给学生布置一个任务，让学生在规定的时间、用规定的材料完成任务。针对这一任务，我们在低、中、高三个年段进行了研究。

低年段我们研究的是"做不同形状的物体"这一课。在这节课中我们给学生准备了橡皮泥、吸管、卡纸、毛线、剪刀、铅笔等不同的材料，先让学生画一画不同的形状，再利用手中不同的材料做一做所画的形状，最后相互讲一讲所做的物体。这节课中学生能够利用我们提供的材料和工具通过图示表达自己的设计与想法，并动手完成自己的创作，更可贵的是学生还能找出他人作品的优点和缺点。

中年段我们研讨的是"加固不同形状的物体"这一课。这节课我们给学生提供各种不同形状的物体，让学生先测试这些物体的牢固性，然后小组相互讨论怎样设计加固这些不同形状的物体，然后分小组领取材料进行加固，最后全班分享。这节课中我们能发现学生的任务很明确，就是要加固自己小组的物体，并且他们能对自己小组和其他小组提出改进的建议。

高年段我们选择的是"稳定框架"这一课。这一课中我们用4块胡萝卜、4根长竹签和8根短竹签给学生制作好了一个长方体框架。学生先小组讨论设计出稳定框架的图纸，然后利用胡萝卜和竹签按照图纸来稳定这个框架，让框架承受不少于500g的力，同时每增加50g的力加2分，每增加一根竹签或者胡萝卜扣10分。20分钟的时间，学生按照图纸施工、测试，找出问题，再修改图纸、施工、测试，反复修改、测试，稳定框架，尽量做到用最少的材料让框架的承载力最大。这节课中我们发现学生都能做到明确任务、考虑全面、朝着目标不断地努力。最重要的是在分享的环节，学生不仅能给其他小组提出修改的建议，还能说出自己小组的努力方向。

二、带着任务"做"科学

从这三节课的研究中我们发现：想让我们的科学课堂灵动起来，就要用实干代替脱离实际的纸上谈兵。教师就是要带着学生实实在在地"做"科学。"做"的前提是教师的任务要明确。我们这三节课就是基于这样的一种思想而诞生的，说它实干，主要从以下几个方面体现。

1. 围绕教学任务干一件实实在在的事

这三节课我们都做了同样一件事：学生自己设计。这个设计不同于手工制作课，也不同于以往的科学课。对于不同年龄段的学生来说，需要考虑的内容、蕴含的知识都有很多。低年段"做不同形状的物体"需要学生首先认识和了解不同的形状，其次要清楚不同的形状拥有哪些不同的特征，最后才能利用不同的材料制作出不同的物体。中年段"加固不同形状的物体"这一课，学生需要对自己想加固的物体做深入的研究，只有清楚它的基本特性，才能准确地选择材料进行加固。高年段"稳定框架"这节课是让学生综合运用已有知识，设计、制作、测试、发现问题、反复修订，经历一整套工程设计的思维过程，去解决一个实实在在的问题。从这三节课中我们可以看出，学生的学习不再像以往那样把一个个知识点从情境中割裂开来，而是紧抓任务，通过对一个实实在在的问题的研究，在研究中发现问题、解决问题，逐步认识、了解、运用其中蕴含的知识。

2. 实实在在地干一件事，达成教学目标

拿高年段"稳定框架"这节课来说，稳定框架这件事看似简单，但里面包含的内容有很多，如"怎样让框架稳定且保证内部空间""怎样尽可能节约材料""怎样才能搞好小组内的合作分工""怎样充分利用有限的材料完成从设计到制作的过程"……这里面有些是对科学知识的学习，有些是对学习方法的运用，有些是对思维方式的培养。如果要一一研究解决，每个问题都可以用一节课甚至更长的时间来学习，而且把它们分开"坐而论道"学生也不一定能接受。这一节课不可能把这么多内容都作为教学目标。教学目标要单一、实在、直达中心，因此这节课就是让学生实实在在做好一件事，从同一起点出发，想办法把这件事情做好，让他们经历从开始的无序到有序的思维过程，实实在在地把自己的设计慢慢变为现实，反思结果，感知、感悟其中的知识、方法。

一件简单实在的事情背后蕴含着众多不同的学习结果，人人参与其中，不同的学生有不同的收获，这是教学任务明确的结果。学习不再是纸上谈兵，不再分年龄，不再是仅仅停留于理论的研究和思考，也不再是抛开情境的坐而论道，而是明确目标任务，在解决实际问题的时候，产生研究科学知识的动力，在不断研究的过程中获取理论知识，

再把这些理论知识运用到解决实际问题中去对照、印证，这种"真刀真枪"的实干过程是真实有效的学习。

在这样的教学活动中，学生不仅仅是参与者，更是设计者，每次的活动都需要不断根据已有知识进行设计、测试，甚至是根据测试结果反复修改设计方案，从而改变设计，然后再次尝试。在问题中再设计、再测试、再改进是做好一件事的必经过程。这样的实干过程让学生体验了科学探索的复杂性，指导真正的探究过程是如此的丰富、曲折而富有成就感。让学生像做工程一样，实实在在地把一件事做下去，学生经历了实实在在地想的过程、做的过程、计算的过程、反思的过程，让学习更具综合性。

三、带着问题"看"科学

这三节课后，我们都针对任务设计是否合理对学生进行了课后调查。从学生对"稳定框架"这节课的反馈可以看出：

（1）学生普遍喜欢这样的科学课，其中他们最感兴趣的点主要有三个：一是关于稳定框架的施工，二是如何稳定框架，三是过程比较真实。

（2）有学生反映材料的科学性问题，说到胡萝卜块大小不一、放在桌面上不稳定等情况。有少数学生说到施工的时间不够，希望有更多的时间把框架稳定得更好。

（3）有的学生提出还想研究：

① 如何让框架更稳定？承重更好？

② 如何让搭建的框架更美观、更节省材料？

③ 从外观上研究搭建框架的种类。

④ 在确保框架稳定的情况下，如何让框架的内部空间更大？

⑤ 纸飞机。

综合调查了解可以发现，学生在"稳定框架"的科学学习中，思维并没有局限于简单的稳定框架，从工程设计到实验材料的选择，从框架的稳定性、承载力到框架的实用性都有了更深层次的思考，甚至想到了要解决其他类的工程问题（纸飞机），说明这节科学课的学习让学生的科学思维得到了发展，我们的任务设计是合理的、科学的。

当然在这样的课堂上，我们也能发现很多问题。例如，由于受以往的教学方式的影响，学生有从众、从师心理，缺乏对自己观点的坚持，不能理性地分析问题。再如，教师面对学生产生的众多不确定性问题的有效指导，活动中学生的差异性问题，如何通过活动生发聚焦学习成果等，都是值得我们思考和研究的问题。但是不管问题有多少，我们坚信，只要任务明确，不断培养学生的实干精神，我们的课堂就一定是值得期待的。

关注社会要素，落实科学实践

——例谈科学实践视角下社会和文化要素在教学中的体现

湖北省宜昌市夷陵区研训中心　向富民

当前，培养学生学科核心素养是学科教学的核心指导思想，经过多年的探索和提炼，部分科学教育工作者将科学学科的核心素养定义为：学生在接受科学教育的过程中逐步形成的适应个人终身发展和社会发展需要的必备品格和关键能力，主要包括科学观念与应用、科学思维与创新、科学探究与交流、科学态度与责任四个方面。在以往的科学教育中，对于科学观念与应用、科学思维与创新、科学探究与交流关注较多，但对于科学态度与责任的关注较为欠缺。

科学实践强调尊重人的发展规律，培养学生正确的科学态度和责任感是科学实践理念下科学教育的重要目标之一。科学态度与责任是学生在认识科学本质，理解科学、技术、社会、环境的关系的基础上，逐渐形成的对科学和技术应有的正确态度以及责任感。人的发展离不开社会，每一个学生都是"社会人"，尊重人的发展规律，就必须在学科教学中关注社会和文化要素，培养适应社会发展需要的"人"。《义务教育小学科学课程标准（2017年版）》明确地将"科学、技术、社会与环境目标"作为课程目标之一，为小学阶段科学教学融入社会和文化要素指明了方向。

在科学教学中融入社会和文化要素，要基于科学实践的总体要求，立足小学生的身心发展水平，重点关注环境保护、传统文化、科学伦理等方面的融入和渗透。

一、关注生态环境，扎牢人类发展的"根"

随着社会的不断发展，人类对环境的影响越来越大，同时，环境也正在成为影响人类生存和发展的重要因素。《义务教育小学科学课程标准（2017年版）》中对于不同学段的"环境目标"都有着明确的阐述和界定，要求在科学教学中关注环境，培养学生"热爱自然，珍爱生命，具有保护环境的意识和社会责任感"。

例如，在教科版科学二年级《做大自然的孩子》一课的教学中，根据低年级学生的身心发展实际，引导学生在生活中发现动植物与人类生活息息相关，让学生从小养成人与自然和谐相处的意识，培养学生在日常生活中保护环境的习惯和意识。

随着年龄的增长，学生的认知水平也在不断发展，环境教育"进阶"成为必然。在教科版小学科学五年级《维护生态平衡》一课的教学中，通过案例引导学生充分认识到地球上所有生物（包括非生物）之间存在着紧密的联系，人为增加或者减少（甚至灭绝）任意一种物种，都会引起生态失衡。特别要引导学生清醒地认识到，地球上的所有物种都有其自身存在的理由和价值，不能由人类的好恶来决定物种的生存状态。例如，有人痴迷于冬虫夏草、鱼翅的滋补和药用功能，因为个人需要导致乱挖乱采、乱捕乱猎，破坏生态平衡；还有的认为老鼠有害，就用药物等方式全力灭鼠，在我们眼界所能看到的范围内，灭鼠是没有问题的，但是我们不敢保证若干年后，如果老鼠真的灭绝了，不会给我们的生态带来意想不到的灾难。20世纪，为了解决电力不足的问题，笔者所在区域大力兴建水电站，很多河流上每隔一段就有一个小型水电站，但随着时间的流逝，这些小水电站对生态平衡的危害逐渐显露出来——河流断流、河床干涸、鱼类无法返回产卵场、水质变差……教师通过学生能亲身体验的案例，让学生切实感受到自然界的存在有其自身的规律，人类只能尽量去适应自然、改造自然，但不能去改变自然。

二、关注历史与文化，守护社会发展的"魂"

科学教育的发展与历史的发展是高度统一的，科学教育承载着推动社会发展的重任。在实施科学教育的过程中，要根据学习内容渗透历史文化，激发学生的民族自豪感和责任感，传承优秀民族文化，守护社会发展的"魂"。

例如，教科版教学二年级"材料"单元的《不同材料的餐具》一课，可以对教材进行适当延伸，引导学生通过观察对比各种不同的餐具，从现代的各种餐具引出中国的瓷碗和竹筷，了解瓷碗和竹筷的材质及其特点，关注中国传统文化的传承与变迁，激发学生的民族自豪感。在教科版二年级《书的历史》一课中，教师可以引导学生了解材料从最初的兽骨到竹简到纸的历史变迁，感知科学发展给社会和文化带来的巨大变化。

三、关注科学伦理，筑牢文明发展的"防火墙"

在科学实践的过程中，让学生关注科学技术发展的最前沿信息也是科学学习的重要任务之一：在让学生了解这些信息的同时，激发学生学习科学的兴趣，使其关注人类文明的发展。另外，科学研究或者科学教育所要追求的不能只是科学技术或者科学水平的进步和提升，更应该关注学生科学伦理的教育，追求科学技术对人类社会发展的正确导向和促进。例如，随着大数据、人工智能和信息技术手段的发展，人类隐私正面临巨大挑战，我们每一个人在保护好自己隐私信息的同时，也要严格自律，不去窃取、泄露他人的隐私信息。

据英国《每日邮报》2017年11月17日报道，意大利神经学家塞尔焦·卡纳韦罗当日在维也纳召开新闻发布会并宣布，经过长达约18小时的手术，他与中国哈尔滨医科大学的团队成功将一具尸体的头与另一具尸体的脊椎、血管及神经接驳。看到这一则消息，我不知道是该为科学技术的发展感到高兴还是该为科学伦理的沦陷感到悲哀。也许科学家的初衷是为了解决人类疾病，甚至是为了人类"永生"，但是细思极恐，如果人类可以用这种方式"永生"，"新生"的人的身份究竟是属于躯体还是大脑？人的生老病死本来就是自然规律，如果可以用科学保持"永生"，地球能否承载这么多人类的未来？由此可能衍生出来的一系列社会和道德风险谁来监管？谁来负责？科学教师的责任不仅是教书，更要育人，培育具有正确社会伦理的人。

科学实践视角下的科学教学不仅要关注科学观念、科学思维、科学探究、科学态度，更要关注科学教学与社会和文化要素的融合，培养学生正确的科学伦理和价值取向，让学生理解科学的本质，热爱自然，具有保护环境、节约资源、促进社会和人类可持续发展的责任感，这也是我们科学教育的"本"。

让儿童在技术与工程领域"做思共生"

江苏省连云港师范高等专科学校第一附属小学　王永青

苏霍姆林斯基说过："在人的心灵深处都有一种根深蒂固的需要，这就是希望自己是一个发明者、研究者、探究者。"每个儿童天生都是工程师，儿童眼中的科学课是一门神奇的、等待被发现的、大开眼界的课，是一门向儿童头脑中的无数问号前进的课。通过技术与工程领域的学习，儿童可以体会科学技术对个人生活及社会发展的影响，但反观现实的科学教学，教师希望牵着绳子往前走，"授人以鱼"，而忽略了儿童动手做并动脑思的过程。笔者的研究更侧重于"授人以渔"，提倡"做""思"相协调，提高儿童的宏观思维能力和解决实际问题的能力，真正由科学课表面的"浮华"达到内心的"升华"，让儿童心灵手巧，善于创造属于自己的童年。

一、手脑离身：当下小学科学技术与工程领域存在的问题

《义务教育小学科学课程标准（2017年版）》中新增了技术与工程领域，指出：技术是对科学加以巧妙地运用以适应环境、改善生活而产生的，技术的核心是发明；工程是人类为实现自己的需要，对已有的物质材料和生活环境加以系统性的设计、开发、生产、加工、建造等。具体技术与工程领域知识结构如图1所示。技术与工程领域体现着人类智慧的结晶，人类依靠技术与工程才造就了今日的人工世界，当然也希望培养儿童的技术与工程思想，让他们体会"做"的乐趣，养成动手"做"、动脑"思"的解决问题的习惯，不断地去创造新的世界。

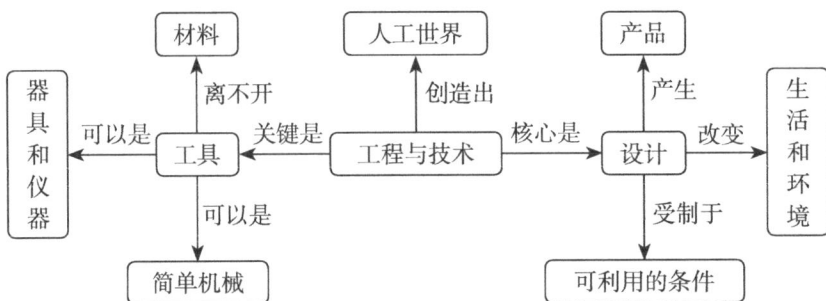

图1

我通过观摩多节科学课，并与同人交流反思发现，在技术与工程这一领域还存在着一些教学问题。

1."声势大，火花少"的教学声势

技术与工程领域将传统科学课讲授的过程变成一个以科学知识穿插在活动中的"骨架"，把技术与工程作为整体的图纸，让学生体会"做"的乐趣。但科学课堂教学中，教师喊"做"的口号声很大，并准备各种器材，但学生目的性不强，思考得少，往往不能达到预设的效果。有些教师认为这种"声势大"的科学课学生感兴趣，只要感兴趣，就达到了让学生学习的目的。

2."不动则已，一动就乱"的教学组织

技术与工程领域的教学多为实验课，但有些教师在实验前指导学生思考不到位，如没有讲清研究目的、器材的选取、方法使用、时间限制、小组的分工等。学生热情是高涨的，但教师指导不到位就会导致学生"不动则已，一动就乱"，课堂混乱，很难完成教学目标。

3."走过场，轻交流反思"的教学行为

传统思想的桎梏使有的教师只注重实验结论，实验只走走过程，学生知道结果就行。这使得学生对科学的学习并不全面，他们认为的答案具有唯一性，对于质疑和多维的思考欠缺，甚至不会去进一步改进。

4."丰满的需求，骨感的现实"的教学材料

技术与工程领域教学更趋近综合性活动，因此需要器材，而有些学校不具有完备的器材和场地。教师常常用视频或直接讲授代替学生动手"做"、动脑"思"的过程，这使技术与工程领域的教学进入误区。其实技术与工程领域教学器材并不是固定的，它的器材可以来源于生活，只要达到异曲同工之妙即可。因此材料很容易得到，实际生活中大的或更精密的难得到的材料也可以通过建立模型来得到，场地也可以因地制宜。

二、手脑具身：小学科学技术与工程中"做思融通"的实施策略

"做思融通"即学生动手与动脑"学科学"的理念，"做"即动手的过程，"做"的科学活动如观察、动手操作、科学实验、收集数据、参观访问等；"思"即动脑的过程，"思"的活动偏重于思维、思考、提问、结论与反思等。"做"与"思"渗透于教学活动的每个过程，如图2所示。通过"做"形成表象，通过"思"内化知识，进一步指导"做"，循环往复，使知识与能力不断地形成。

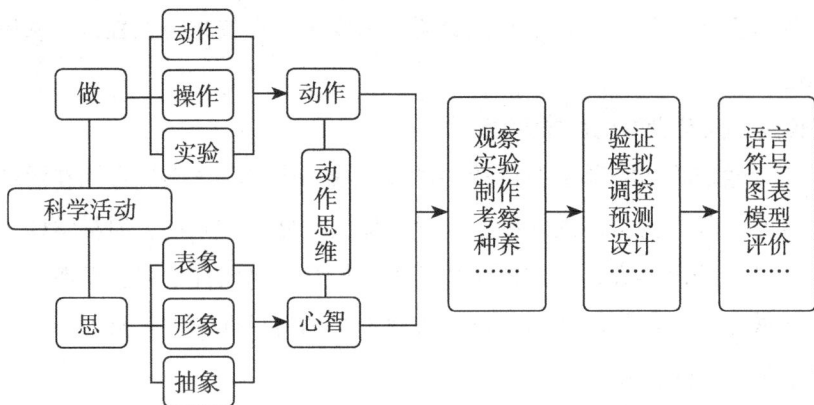

图2

（一）以动作技能为外显，以心智技能为内隐，让学生做个有激情的人

1. 创设情境，对接生活，拉近"思"的距离

小学生对周围环境及各种事物的感知会更敏锐、迅速，会主动积极、富有创造性地完成。好奇心会推动学生积极地观察世界，展开创造性的思维活动。使用工具及明白其中的道理，是学生强烈的求知欲所驱使的。教师通过科学课指导学生对常见工具和器具的操作与使用，学习简单的加工方法，初步认识生活中常见的简单机械（杠杆、滑轮、斜面、轮轴等）以及身边可以操作使用的轻便机器，意识到人们的生活离不开各种生产工具，工具是人的力量的一种延伸。

例如，粤教科技版六年级上册《晾衣架上的小轮》一课，授课者以"早上家里的衣架倒了"为情境引入，引发学生对衣架的研究兴趣。师生观察思考，交流衣架的结构，经历由"做"到"思"的过程。再用思考所得知识指导材料的选择、结构的构思。学生通过"思"指导"做"，做成成品后分小组交流，交流后知道自己的不足、别人的长处，继续"做"，即改进作品。

通过这节课的学习，学生了解了衣架的结构，知道了重心低可以增强衣架的稳定性，懂得了最大化地利用材料。情境的取材来源于生活，使学生更加亲近生活，"做"的动力更大，"思"的知识面更广，锻炼了学生解决问题的能力。

2. 趋向行动，尝试体验，简化"思"的难度

学生的抽象思维能力比较薄弱，建立模型可以将抽象或宏观或微观的事物具体化。通过模型让学生具体形象地接触到现实中难以直接接触的事物，方便理解。让学生根据具体模型，联系生活中的相关事实、现象，学生会更感兴趣，利于激发学生的问学动力，使其"想"提出问题。

例如新教版小学科学五年级下册《造一艘小船》一课的教学片段。

师：同学们，老师把一根铁钉和一块泡沫放在水里会怎样？

生：铁钉沉入水中，泡沫浮于水上。

师：那是不是铁的东西都会沉入水中？（图3）

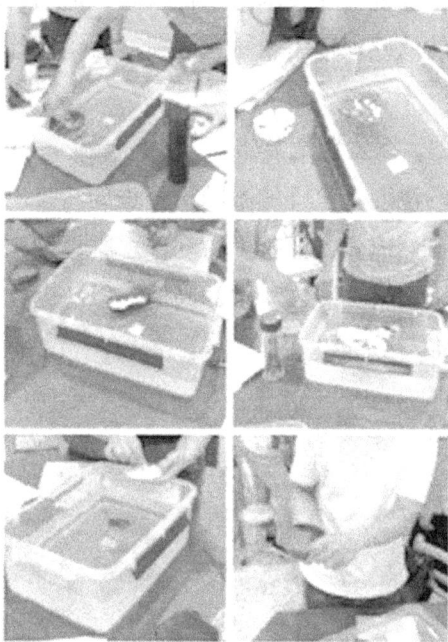

图3

生1：不是，巨轮是钢铁做的，但浮在水面上。

生2：为什么？

学生思考，其中生1答：因为它们的形状不一样。

（一语点醒梦中人，学生觉得有道理。）

生2：老师，哪种形状的船能承载很多的乘客？

生3：老师，那哪种形状的船开得更快呢？

师：老师给每组提供80g的橡皮泥、一盘石子、天平、盛有水的水槽。你们可以用橡皮泥做小船，看看哪组设计的橡皮泥船载重最大。

（学生设计实验，做船模并测量。）

学生自己尝试、失败、反思问题，再尝试、失败、反思，再尝试、成功、总结经验，再改进。学生自主探究，虽然不是所有组都达到最佳的载重量，但笔者欣喜地看到那么多不同的作品：有的做成圆形，体积最大以致载重最多；有的非常漂亮，像个艺术品；有的具有流线体，应该很利于航行。通过建模，学生的思维产生了不可思议的冲击力，一下子打破原有的思维模式，创新也随之萌发。科学课并不是要告诉学生多么深奥的道理，而是要让学生对科学产生兴趣，展开思维，主动探究，因为"敢做始于敢问，敢问始于敢想"。

（二）以动作思维为支撑，以操作表象为纽带，让学生做个有方向的人

科学教学中有些教师忽视动作思维的指导、逻辑性的梳理，经常导致课堂混乱，达不到预期效果。经验总结发现，在技术与工程领域，适当的动作思维指导是非常必要的，教师可以对学生操作前的原理运用、注意事项、易错点等进行点拨，语言精练，直击要害，事半功倍。

1. 激励语言，适度留白，萌发创意灵感

学生的成长需要感情的浇灌，教师的激励语言正如清泉滋润学生的心灵。当然，适度的留白更加顺应学生的自然成长，让学生的动作思维更健全，让学生更有效地向着自己追寻的方向努力。以激励语言去装饰科学的高塔，以适度留白去健全思维的高度，让学生做个有目标、有方向的人（图4）。

■ 做你想做！　　　■ 改你想改！　　　■ 创意无限！

图4

例如苏教版小学科学一年级下册《玩泥巴》一课，学生问我："老师，我们要用黏土做什么？"我说："做你想做的。"过了一会儿，他告诉我："老师，看我做的手榴弹！"我说："同学们做好防御准备，王澎的手榴弹做好了！"大家哄堂大笑。这种问学氛围好像激发了他的创作欲望，他接着问："老师，可以改造吗？"我说："改你想改。"不一会儿，他捧着他的作品告诉我："老师，看我的小丑鱼！"我惊叹道："真像！你真是我们班的百变大王。"其他学生投来羡慕的目光，并且呼喊道："我也可以！"不一会儿佳作一个接一个完成，到汇报时，这个"百变大王"抱着他的"大象"作品来了，学生报以热烈的掌声，王澎接着说："我还可以接着变，把大象的长鼻子去掉就是树袋熊啦！"

一节课下来，学生的表现远远超越了我的预期，我甚至觉得在低年级的科学课上，学生的创新意识更能充分地发挥。教师无须多言，把学习的权利交给学生，进行正确方向的引导，学生就会回报你以斑斓的画卷。

2. 巧设疑云，借助外援，引领探究方向

对于苏教版六年级上册《登月之旅》一课，教材上的课程主要是完成月亮知识的收集和分享，体验国际及中国航天事业的发展。这对于六年级的学生而言，实在是简单而没有挑战性，属于"记忆、理解"的低层级活动，学生对此设计也没有多大的兴趣。

特级教师吴向东老师给这节课注入了信息工程技术，使这节课真正活了起来。首先，他以"美国登月是造假吗？"为标题，将学生吸引过来。又以Google月球虚拟软件来提供月球的知识，为后续批判性思考和质疑做铺垫。知识目标已有科学概念分析对登月的各种质疑，属于"分析、评价"等高级思维活动。同时，教师提供各种质疑：NASA网站上的登月照片，Discovery"流言终结者"节目拍摄《登月疑云》，中国登月总工程师欧阳志远的文章《惊世骗局？伟大壮举！》，宇航员月面活动网络视频。这些问题都需要学生利用小学阶段所学知识去判断、去验证。"分享"部分则为以证据为基础的科学推理提供"通过表述个人意见或观点捍卫自己的判断"的场所，更鲜明地反映出对学生综合思维能力和批判性思维能力的培养。

吴向东老师的课让我们感受到了科学教育的要义和特点。比较他的《登月之旅》和教材中的不同，我们看到工程理念的融入改变了科学课的最原始结构，学生敢提出疑问、寻找证据，大胆交流和阐述自己的观点，真正去思考，去主动学习。

（三）以智慧学习为发轫，以深度学习为目标，让学生做个有深度的人

1. 了解童智，寻找科学素养"全息性"和科学内涵"模糊性"的平衡点

技术与工程领域所涵盖的是综合性的知识，教师要了解学生的生理、心理、基础、经验等情况，选择相对适合的方式教给学生。在活动中，学生需要的不仅仅是一种知识，更是运用所学的所有知识和方法去研究，并且此活动具有可重复性和整合性，这样更有利于学生真正意义上学会解决实际问题的方法。

例如苏教版五年级科学《建桥梁》一课，比较拱桥、斜拉桥、平板桥的承重。这是涉及力学的比较深奥的知识，学生无法通过原理公式来理解，但是我们可以通过控制变量法将具体的公式理论"模糊化"，通过动手"做"只改变一个变量，让学生看到三种桥梁不同的承重，进而"思"，分析拱桥类似玻壳结构，将力均匀地分布。但拱桥、斜拉桥、拱桥又有不同的用处，学生可以结合桥的结构和现实的问题，具体问题具体分析。

教育是一个非常复杂的系统，具体到一节课中，一种能力的培养、一个问题的解决、一句话的评价等都是很复杂的，硬要去明确具体地理解，只会把问题复杂化，小学教学更多的是在精确性和复杂性之间寻找平衡，也就是在"全息性"和"模糊性"之间寻找平衡点。

2. 迎合童心，注重多维度的评价

传统教育中，教师的职责是教书，把书本知识如实传达给学生；学生的职责是学习知识。教师只重视结果，忽略过程，没有给学生充足的空间，使充满创造性头脑的学生越来越少，这是中国传统教育的弊端。新课程改革所倡导的自主学习、合作学习，探究学习在工程技术与科学教学的融合下更充分地得以实现。

教师从传统课堂中知识的传授者成为学生学习知识的指导者、促进者甚至是同伴，这让教师在课上有时间与学生互动、回答学生的问题和进行个性化指导。这时，师生之间、学生之间就会彼此帮助、相互学习和相互借鉴，把原来枯燥的知识传授变为快乐合作、主动学习的过程。学生的交流互动大大增强，我们能够看到每个同学身上都有值得学习的闪光点，增加自己的成就感和自信心，使自己更加喜欢去创造、去解决问题、去探究未知的知识。

技术与工程领域的学习可以将科学知识综合化，让学生学会最基本的生活本领，让学生关注周围技术世界的发展，体验科学技术对个人生活、对社会发展的影响。"做"与"思"携手共进，让学生在技术与工程领域的学习由离身到具身，将开展技术与工程的实践的行使权真正归还给学生，让学生学会发现问题、提出问题、解决问题，并会反思问题，培养学生的创新精神和终身学习能力。

参考文献

［1］顾长明.建构做思共生科学课堂内涵与路径［J］.新课程研究，2017（4）.

［2］李建明，曾华锋."大科学工程"的语义结构分析［J］.科学学研究，2011（11）：9–14.

［3］吴向东.数字时代的科学教育：鸢尾花（IRIS）数字化探究之旅［M］.广州：华南理工大学出版社，2012.

［4］蒙台梭利.有吸引力的心灵［M］.薛杰，译.北京：中国发展出版社，2002.

［5］陈文斌.重谈全息性与模糊性［J］.科学课，2018（1）.

生活小实验在低段科学拓展型课程
开发中的实践应用研究

浙江省杭州市教育局　俞 涛

一、问题的提出

从2001年课程改革，到2017年秋季正式施行小学科学课程标准，科学课程发生了巨大的变化。《义务教育小学科学课程标准（2017年版）》（以下简称《课程标准》）指出，小学科学课程是一门集综合性和实践性于一体的基础课程，旨在培养小学生的科学素养，为他们的终身学习打好基础。因此，在来势汹汹的课改背景之下，各校都在思考和尝试科学拓展型课程，尤其是在低年段的一、二年级，在《课程标准》暂未颁布实施的时候，科学拓展型课程的教学目标、教学内容和评价手段没有明确规定，因此，如果采用抽取中高年段科学的内容，将其简化，分割实验，降低知识性目标等方式来实现，容易使学生接受的知识呈现碎片化，同时造成这些学生到中高年段时上课提不起兴趣。如何根据学情设定教学目标，合理选择教学内容，优化教学策略，让科学拓展型课程真正提升学生的科学素养成为一项有意义的研究。

（一）研究意义

1. 教育环境趋势

在拓展型课程建设的大背景下，在《课程标准》要求面向全体学生，倡导探究式学习的大趋势下，改变以往学科教学模式已经成为必然要求。让学生多样化学习、多元化体验、个性化评价是现代科学教育的走向。因此，相应的研究可以为今后的教育变革和发展提供现实依据与参考价值。

2. 教育现实要求

现在的家长文化素质普遍较高，对孩子的期待也比较高，他们对孩子在科学的学习上有着更高的要求，对孩子的知识面、动手能力、创新意识有着更具体的目标，生活小实验得到了家长的普遍认同，将生活小实验系统化、课程化成为家长对学校教育的期许和要求。

3. 学生未来需求

长远来看，科学素养的形成是一个长期的过程，知识的堆积并不足以支撑起学生今后的学习和生活，未来他们需要终身学习的能力。就近而言，在低段创设生活小实验这样的拓展型课程，能够让学生更好地适应中高段的科学学习，能够培养出良好的观察习惯和科学的表达能力，动手能力也会有很大的提升空间。因此，此项研究有助于学生今后的发展。

（二）研究现状

利用实验开展科学探究一直是科学教学的重要环节，在科学课改的进程中，对科学实验的改进和创新从未停止。在小学科学领域，实验时间是每一位科学教师在设计科学课时都需要考虑和权衡的问题，不仅仅是课堂实验，将实验延伸到课外的例子也不在少数。陈耀在2006年将家庭实验室的概念展现在人们眼前时，大众对科学实验和家庭实验有了全新的认识。目前采用家庭实验室作为科学课堂延伸的学校不在少数，将实验放到课后，作为一项作业，让学生借助家长的力量自行探究的类似模式在很多学校成为一种流行趋势。然而，对生活小实验或者家庭实验室如何服务、支撑、建设科学拓展型课程的研究却寥寥无几。

（三）研究方法

（1）比较法。

（2）分析法。

（3）案例法。

二、整体设计

1. 核心概念

生活小实验利用生活中唾手可得的实验材料，根据教学要求进行探究实践，结合一定的评价手段，使其成为学生课内外科学探究的载体。生活小实验面向全体学生，充分尊重学生的认知水平和能力，旨在培养学生发现问题的能力，让学生充分体验、亲身实践与生活有关的科学事实，积极观察，合理利用观察手段和工具，全程体验从问题发现、证据收集、分析归纳到解决问题并产生新的疑问。生活小实验有别于传统的科学课堂，它更加放开，教学场地也不局限于教室和学校，教学关系也不仅仅是师生关系，还可以是学生之间、学生和家长之间、学生与多媒体之间的关系，更可以是学生自主学习。生活小实验可以让学生充分利用碎片化的学习时间，化整为零，同时可以充分利用学校、社区和家长资源。

2. 架构图（图1）

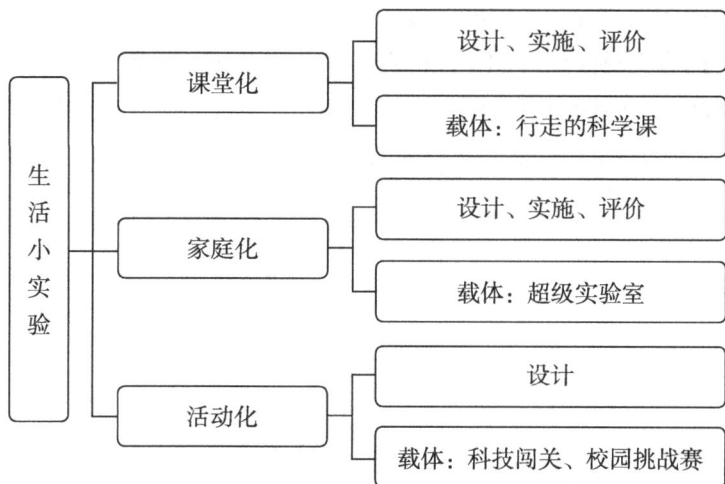

图1

3. 整体思路

生活小实验的整体设计思路主要划分为三个层面，即课堂、家庭和活动，使生活小实验在时间、空间上得到延伸。在生活小实验的实践过程中，充分依据《课程标准》中有关科学的课程界定，即基础性、综合性和实践性，在低年段学生认识水平的基础上，让学生观察、调查、比较、分析来了解生活中的自然现象和实际问题，培养学生的好奇心、批判意识、创新意识、环保意识、合作意识和社会责任感。同时，让学生的学习开始于日常生活，研究各种玩具和现象，让科学不再凌驾于学生的经验之上，而变成学生看得见、摸得着的形象事物。生活小实验还是一门综合学科，是学校课程整合的产物，以生活小实验为主要载体，融合各个学科的知识和特点，强调知识之间的相互渗透和相互联系，注重自然世界的整体性，发挥不同知识领域的教育功能和思维培养功能，着力提高学生的综合能力。

4. 理论支持

杜威在19世纪提出"教育即生活"和"学校即社会"的实用主义教育思想。杜威认为，生活就是发展，而不断发展，不断生长，就是生活。因此，最好的教育应该是"在生活中学习，在经验中学习"。教育应该给儿童提供充分的条件。在他看来，教育不应该强迫儿童去吸收外面的东西，而是要使人类与生俱来的能力得以生长。教育过程在它的自身以外无目的，教育的目的就在教育的过程之中。生活小实验的课堂化与杜威的"教育即生活"不谋而合。

同时，生活小实验的活动化和家庭化建立在杜威的"学校即社会"的教育理念上。杜威指出，在学校里，应该把现实的社会生活简化到雏形状态，应该呈现儿童的社会生活。他强调：一是学校生活本身必须是一种社会生活，具有社会生活的全部含义；二是校内学习应该与校外学习连接起来，两者之间应有自由的相互影响。因此，生活小实验的活动化和家庭化是让学生在一个既定的具有社会性的环境下进行模式化的生活，在掌握科学知识和技能的同时遵从儿童世界的社会规则。

生活小实验的课程目标以小学科学课程的总目标为蓝图进行设置，旨在培养学生的科学素养，为后续的终身学习奠定良好的基础，让学生通过该课程的学习，保持和发展好奇心与探究热情，了解和认知与学生认知水平相适应的科学知识，体验科学探究的基本过程，发展学生的探究能力、思维能力、实践能力和创新能力，让学生尝试用科学语言与他人交流和沟通。

三、实践研究

（一）生活小实验课堂化

1. 设计

生活小实验的课堂化是我校开展科学拓展型课程最先思考的问题，面临的问题是教学内容如何设定。要设置教学内容，首先需要明确课程目标，对于学生而言，从幼儿园开始就已经有所谓的科学课，因此，我们首先需要调查幼儿园都开设了哪些科学课程，学生掌握程度如何。为此，我们走访调查了本学区的几个幼儿园，对幼儿园的科学课程开设进行了一次摸底调查。结果见表1。

表1　调查表

调查对象	每周课时	课程内容	教师反馈
1号幼儿园	2课时	手工为主，剪纸、贴花、绘本	孩子科学兴趣浓厚，专注时间不够，喜欢动手做
2号幼儿园	1课时	手工和游戏相结合	提问比较多，喜欢上科学课
3号幼儿园	3课时	绘本、小实验	学科融合的成分比较多，科学辅导有时呈现现象

为了进一步了解学生的实际情况，我们对新入学的一年级新生进行了科学知识抽样调查，结果如图2所示。

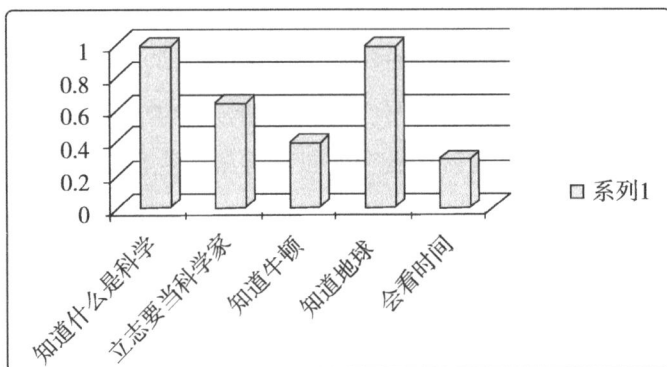

（a）

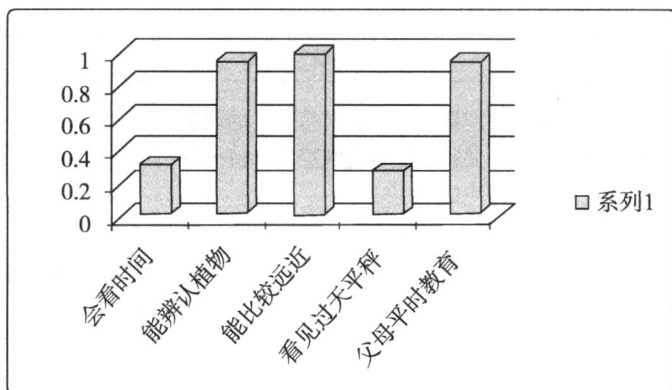

（b）

图2

以上调查结果显示，进入小学之前，儿童对科学具有了一定的认识基础，知道科学课是干什么的，虽然可能说不出什么叫科学，但是知道哪些事情是跟科学有关系的，对常见的科学知识有了相应的了解，知道某些科学名词。同时，儿童对科学兴趣浓厚，有强烈的科学探究欲望，且普遍有良好的科学意识。

鉴于以上调查数据，我们制定了如下低年段科学拓展型课程教学目标：

（1）观察，描述常见物体的基本特征，如物体的大小、重量、形状、粗细、光滑程度、坚硬度，在水中的沉浮情况，并能简单测量和表述。

（2）辨别生活中常见的材料，如木头、塑料、金属等，简要说出它们的特征。

（3）认识周边常见的动物和植物，可以简单描述它们的基本特征，学会用画简图的方式表现它们整体或局部的特点。

（4）利用身边的材料和简单工具动手完成简单的制作与有趣的实验。

课程内容见表2。

表2 课程内容

一年级上册	一年级下册	二年级上册	二年级下册
比较和测量	固体和液体	平衡	昆虫
天气	生物体	材料	变化

以人教版二年级上册"平衡"单元"玩转陀螺"和"走钢丝的娃娃"两课为例简述我校课程目标界定（表3、表4）。

表3 "玩转陀螺"目标

课题	"玩转陀螺"
知识目标	1. 知道陀螺是围绕着转轴旋转的。 2. 了解影响陀螺稳定和持久的因素有质量、重心高低、接触面光滑程度等

续 表

课题	"玩转陀螺"
过程目标	1.利用材料设计实验来研究影响陀螺旋转持久性的因素。 2.观察和总结实验现象，并得出影响陀螺稳定和持久的结论。 3.利用实验结论设计改进陀螺
情感态度价值观	1.通过类似的研究逐步形成观察、提问、思辨、实验、总结、运用延伸的解决问题的能力。 2.逐步意识到目前的实验可能并不能解决所有问题，当实验不能得出准确结论的时候要学会反思和改进

表4 "走钢丝的娃娃"目标

课题	"走钢丝的娃娃"
目标	1.尝试多种体验活动，如走独木桥、挑扁担等，体会平衡在我们生活中的重要性。 2.通过不断地思考问题，提出解决方案，尝试建构出走钢丝模型，在研究模型的过程中，发现平衡的调节规律。尝试着小组合作，有序安静地进行调节平衡的实验。 3.尝试使用记录单记录实验结果，并针对记录单进行有效的分析，得出两边不一样重时，调节平衡杆的规律

即便课型不同，目标和内容设置也有共同的特性——趣味性、探究性、生活化、重体验。

2. 实施

（1）课时保证

为了保证低年段科学拓展课程的开设，学校从社团活动课时间每周抽出一节专门用来开设科学课，时长40分钟。

（2）师资保证

为了保证从设计到实施再到评价整个过程的专业性，学校在低年段科学拓展型课程中全部安排中高年段专职科学教师进行授课，一律不涉及其他学科教师兼课行为，做到专职、专业。

（3）器材保证

所有学生所需材料，除基本的测量工具、马克笔、A4纸等办公用品以外，其余材料全部统一采购，仪器室专用柜保存。所有材料的进出按照实验使用规范操作和管理，做到及时归还，所有耗材消耗都要登记。

（4）教学形式

鉴于低年段学生爱玩的特点，课堂活动形式多样，重体验，采用实验、比赛、汇报、表演、展示、评比等方式。以课堂导入为例，几乎每一堂课都从体验开始（表5）。

表5 "平衡木"体验课

课题	"平衡木"	
	教师活动	学生活动
体验活动，趣味导入	邀请学生走独木桥，第一次走手贴身体两侧，第二次走手随意放置。采访学生前后两次走独木桥的感受	尝试走独木桥（预设：手贴两侧的时候不平稳，张开双手的时候平衡）。学生在走独木桥的过程中，感受什么是平衡，以及手臂对平衡的重要作用

对于教学形式的受欢迎程度，我们对一、二年级500名学生做了调查，结果如图3所示。

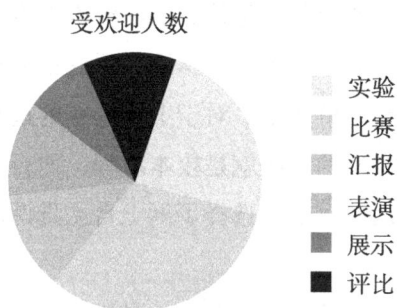

受欢迎人数

- 实验
- 比赛
- 汇报
- 表演
- 展示
- 评比

图3

由此可见，实验和比赛普遍受欢迎，这也比较符合学生爱动手实践、竞争心理强的特点。

3. 评价

（1）师评

师评主要分成三块：第一块是对小组合作的评价，主要关注小组间课堂纪律，实验操作是否规范，是否及时记录，是否能整理实验器材等。第二块主要是针对个人科学兴趣、基础知识掌握程度、课堂参与度和实验技能的掌握程度。这两项主要是过程性评价，主要监控学生整个学习过程。第三块主要是成果性评价，主要评价内容包括过关性实验能力，阶段性成果汇报，小制作或科技海报的科学性、艺术性等。

（2）互评

互评穿插在教学过程中，主要是对于某个问题或观点的生生互评，或是对某件作品的评价，主要评价形式是贴赞、贴心、民主投票等。教师记录评价结果作为期末总评的参考。

（3）家庭评价

父母会对孩子在学校所学科学知识进行定期询问，或者通过与教师的沟通，或者通过参加家长开放活动对孩子的科学学习过程进行总体评价，对科学兴趣、知识掌握、动手能力进行简要评价。

4. 行走的科学

（1）概念

行走的科学以生活小实验为教学载体，融合其他学科特点整合而成。其设计理念来源于《课程标准》有关科学课是一门综合性学科的界定。它的设计和实施是由其他学科教师完成的，通过寻找本学科和科学课堂在知识点、教学目标上的相似点进行无缝拼接，强调各学科领域知识之间的相互渗透和相互联系，注重自然世界的整体性，借此发挥不同科学领域的教育功能和思维培养功能。

（2）自主选课

行走的科学是生活小实验课堂化的延伸，各学科教师设计的课程在内容、目标、形式上存在诸多差异，同时学生的喜好也各有不同，因此如何尊重学生个体差异，保护学生的兴趣成为我们思考的焦点。事实上，对于上课内容的选择，在国家课程和地方课程上目前很难做到，唯有可能实现的课程就是校本教程，而行走的科学在内容和学生需求上都满足自主选课的条件，因此，最终选择了网上自主选课的模式，让学生第一次完成了课表自定。

在自主选课前期，收集教师的课题、简介，导入自助选课系统，设置好每一堂课的地点、人数上限等基本信息，将选课链接制作成二维码发送给学生和家长，在约定的时间开始统一选课，低、中、高三段可以实现跨班级甚至跨年级选课，真正做到每一位学生的课表都是根据他的意愿私人订制的。

（3）内容

以2016年为例，前期将科学教学目标下放给其他任课教师后，低年段教师设计的走班融合课程如下（表6）：

表6　走班融合课程

地点	第一节		第二节	
	上课教师	拓展课题目	上课教师	拓展课题目
101	A	观察物体	1	包装盒上的科学
102	B	从地球到太空	2	古诗词中的科学
103	C	动物的世界真奇妙	3	弯道跑中的科学
104	D	动物本领强	4	桥梁建筑师
105	E	生活中的对称现象	5	大自然中的数学
106	F	给我一个支点，我可以撬起整个地球	6	科学绘本阅读交流

地点	第一节		第二节	
	上课教师	拓展课题目	上课教师	拓展课题目
107	G	生活中的科学	7	起跑线上追逐科学
108	H	通信发展史	8	转啊转纸陀螺
109	I	小动物闯天下	9	生命的奥秘
110	J	神奇动物在哪里	10	厨房中的科学
201	K	认识宇宙	11	科学家的故事
202	L	假如在野外迷了路	12	了解、探讨自然界动植物的有趣行为和现象
203	M	声音的奥秘	13	奇幻沙漠
204	N	香薰片制作	14	从地球到太空
205	O	一粒种子的旅行	15	《星空》——神奇的盐
206	P	转啊转纸陀螺	16	神秘的太空运动
207	Q	指南针的妙用	17	乐音与音乐
208	R	身体物语	18	世界十大未解之谜
209	S	空气科学室	21	香蕉球的秘密
210	T	神奇的动植物	22	动物界的速度王

在具体课中，以数学A老师的"观察物体"为例，目标设置为：

① 使学生能辨认从不同位置观察到的简单物体的形状，并能根据看到的形状正确判断观察者的位置；

② 通过观察、比较、辨认、想象等活动，使学生体会到从不同位置观察物体，看到的物体形状可能不同（也可能相同），培养学生辩证、缜密的科学思维习惯；

③ 使学生在观察物体的过程中发展初步的空间观念，发展数学思维，让学生感受数学与生活的联系，提高解决问题的能力；

④ 培养学生合作与科学探究的精神。

在教学过程中，教师让学生从不同角度观察同一个盒子，画下简图进行横向比较，再通过观察小狗来与之前的盒子进行纵向比对，交流判断是从哪个角度来对小狗进行观察的，培养学生通过比较和观察发现事物规律的能力。通过接龙拍照、你猜我答等有趣的活动让学生不知不觉融入生活小实验，使学生乐在其中，学有所成。这样的课堂，其教学效果是传统课堂无法比拟的，课堂氛围也是以往课堂遥不可及的。

（二）生活小实验家庭化

1. 设计

（1）初衷

生活小实验家庭化旨在迎合家长需求。学校地处高新技术开发区，家长的知识层次普遍较高，对孩子的教育更加重视，对孩子的学习有更高的标准和期许，注重孩子综合能力的培养，而且愿意花时间陪伴孩子。但是面临一个问题，那就是家长和孩子在一起时除了陪他们看书、运动之外，缺乏动手实践能力的训练。鉴于这样的现状，结合重视学生科学素养的形成，早于2012年就开启了家庭生活小实验项目。

（2）内容

家庭生活小实验取材于生活中最常见的物体，如牙签、气球、吹风机、洗洁精、吸管、纸等，而这些材料要能用于科学学习，一定需要合适的实验指导。为此，我们根据学生的喜爱程度，编写了生活小实验指导用书，以二年级家庭生活小实验指导用书内容为例（表7）。

表7　实验名称

周次	实验名称	周次	实验名称
1	旋转的碗	9	让水走钢丝
2	彩虹塔	10	毛豆平衡器
3	水火相容	11	瓶中笔
4	松弛的附着力	12	随手转转盘
5	清洁力比赛	13	令人惊讶的硬币
6	鹰和麻雀	14	树叶贴画
7	神奇的倒置瓶	15	种植花卉
8	肥皂造成的沉船	16	自制小杆秤

每节内容都以图文结合的形式呈现。下面以"彩虹塔"为例进行说明。

实验材料：纸杯7只、水、白糖、糖匙、七色的水彩颜料、大玻璃杯、筷子。

实验步骤：

① 往7只纸杯里倒入等量的水，分别放入7种颜色的颜料。

② 在红、橙、黄、绿、蓝、靛、紫纸杯中分别放入12、10、8、6、4、2、0匙白糖，并搅拌。

注意： 这里的白糖匙数只是大概的匙数，糖匙大小和水量不同，结果也会有一些不同。

建议： 先在红色颜料中溶解最多的白糖，记下是几匙，再逐个等量递减，根据红杯来判断之后是减1匙还是2匙，紫杯中不放白糖。这一步很关键。

③按照红、橙、黄、绿、蓝、靛、紫的顺序将糖水逐杯慢慢倒入大的直筒玻璃杯里。

注意：倒入糖水时，糖水慢慢引流到玻璃杯中。

备注：本实验需要用到多种颜色的颜料，若家里没有，可以灵活运用家里有的材料，利用密度大小不同的原理制作出几个分层来。

2. 实施

家庭生活小实验建议每周开展一次，利用QQ群和家校联系平台下发实验指导，家长和学生利用课余时间收集实验材料，整理实验步骤，准备实验所需器材或工具，再进行亲子合作实验，在实验过程中用照片或视频的形式简单记录实验现象。对于一些需要长期观察和记录的实验则由教师事先设计记录单。科学教师定期收集学生的实验记录单并展出，供学生在课间观摩学习和评价。

3. 评价

教师对家庭亲子实验的评价分为非现场评价和现场评价。

（1）非现场评价

非现场评价主要通过QQ群照片和纸质实验记录单来实现。教师在每周下发实验指导时在QQ群建一个相册，根据实验内容进行命名。学生完成实验后由家长往对应的相册上传照片，教师根据照片进行评价，主要考评指标为：

① 准时性。每一次生活小实验的完成周期为一周，到新的实验指导单下发为止，教师根据传照片的记录来考核学生完成的准时性，作为整个总评的参考。

② 完整性。通过照片对实验结果进行评价，主要看实验效果是否明显，实验材料是否得当。本项内容同样作为期末总评的参考。

（2）现场评价

除了照片和记录单的考核这样的非现场评价外，实验能力还通过具体实验进行现场考核。主要考核指标为操作规范、实验现象明显、材料整理得当。抽取实验指导手册中的某个实验，适当改进，由教师提供材料现场实验，现场打分，作为平时成绩的组成部分。

4. 超级实验室

超级实验室以家庭生活小实验为基础，用表演的形式面向全年级展示家庭亲子实验，对实验的选择、现象的呈现、表演讲解都有较高的要求，属于选拔性展示。超级实验室虽然是亲子实验，但是家长主要负责实验道具的准备、器材的搬运等辅助工作，实验主体还是学生自己。

由于超级实验室具有选拔的特征，在一定程度上激发了孩子的竞争心理，尤其是男孩子，争强好胜的男孩特点表现得特别明显。经过几年的实践发现，男孩家长的参与比例在逐年增加。超级实验室男孩家长参与比例统计如图4所示。

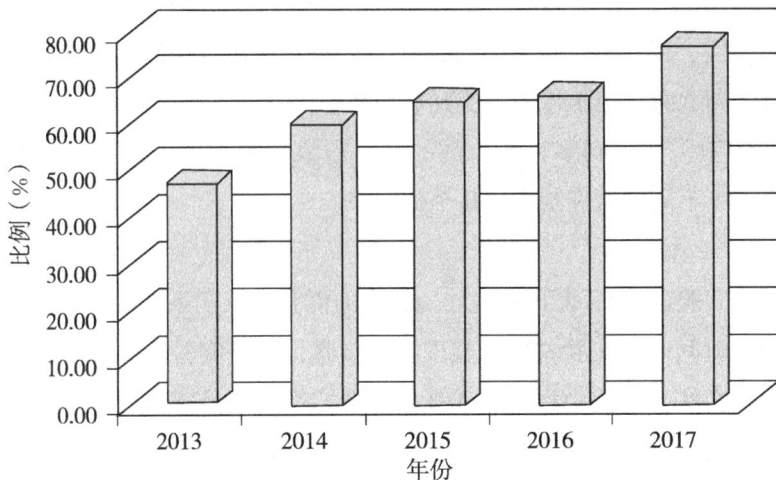

图4

由此可见，我校男孩家长参与孩子科学教育的占比逐年增加。现代教育中，爸爸起到的作用常常被诟病，超级实验室的举办，在一定程度上为爸爸们提供了一个家庭教育的平台和载体。几年中，也发生过一些感人故事，如2016年的一次超级实验室活动，有一个令孩子们印象深刻的化学实验"星星点点"，××班徐同学的爸爸得知自己孩子想要参加超级实验室的愿望后，远在日本出差的他和孩子通过视频连线一起商量实验内容和材料，相互对台词，而且爸爸风尘仆仆出现在当天的超级实验室现场。原来爸爸在比赛前一天放下手头工作买了机票连夜回国，出了机场就直奔学校。我在想，现在的孩子可能真的缺乏这样的亲子合作平台。

5. 实施过程

（1）人员推荐

每班进行预赛，报名学生将演示实验拍成不超过3分钟的视频，班内预选。根据民主评议结果，每班确定参赛人员为3组家庭。

（2）实验要求

实验要有观赏性，舞台展示效果明显。以家庭为单位进行演示，要有解说。可以设计现场互动环节。

（3）表演要求

所有参赛家庭按班级顺序上场，表演和互动总时间不超过4分钟。实验道具和器材自行准备。

（4）硬件辅助

考虑到某些实验的现象在700座的剧场里看不清楚，借助手机的AirPlay功能将实验同步投影在大屏幕上。具体方法是：利用笔记本（要求Win7及以上版本）或外设的无线网卡配置无线热点，将手机网络连接到设置好的热点，形成局域网，在电脑端打开AirPlay，设置成待连接状态，打开手机的AirPlay功能，等待搜寻设备，等电脑端出现配对设备时选择手机镜像，此时手机界面同步到电脑屏幕上，打开手机摄像准备界面，即可完成。

（5）评价

超级实验室从两个角度设置评价，即专业评价和大众评价。

专业评价者为科学教师和艺术教师，考查内容包括实验的科学性，原理解释是否到位、易懂，实验是否适合大部分家庭以及舞台效果、观赏性和现场气氛等，综合科学性和艺术性，主要是对实验本身进行评价，具有较高的专业性。分值占比40%。

大众评价则是选取一部分学生代表进行不记名打分。根据学生主观意愿进行选择和判断，分值占比60%。大众评价能很好地体现该实验在学生中的受欢迎程度。

这样的评价模式是经过几年的实践总结得出的。在第一届超级实验室活动中，我们只采用专业评价进行打分，结果出来以后很多学生很惊讶，因为有一些原本在科学性和艺术性上表现很好的实验并不受学生的追捧和喜爱。这也在一定程度上说明原来的评价方式忽略了对学生的尊重。低年段学生对于生活小实验在选择性上有自己的判断依据，这也对后续的超级实验室的评价方式产生了一定的影响。

（三）生活小实验活动化

1. 设计

生活小实验如果只是发生在课堂上和家庭中，其实际起到的作用是有限的，如果在这两者之间再建立一个桥梁，把这两个项目串联起来，则可以让学生的科学学习变得有序和顺畅。根据以上对生活小实验课堂化和家庭化的论述，不难看出，学生在课堂上的学习和在家庭的学习存在一定脱节，学生自主选择的空间比较小，活动和竞争性少，让一部分学生产生了一定的厌倦心理。到了中高年级，学生对生活小实验的完成比例逐渐下降。同时，教师提供的实验指导手册对一大部分学生而言已经不能满足其探究能力和兴趣，学生渴望"新鲜花样"，学生对科学的兴趣也在发生分化。鉴于以上实际情况，我们开展了生活小实验游园项目和校园科技吉尼斯挑战赛，以满足不同层次、不同兴趣的学生的需求。

2. 科技闯关

（1）概念

科技闯关是指以闯关的形式进行生活小实验能力竞赛，可以作为能力评价的一种形式。将一个年级甚至全校打通，由每个班级选取或设计课内外生活小实验项目（需要避免重复），并准备足够的实验材料供学生使用，在空旷场所搭建类似摊位的实验挑战区，学生则带着闯关单自行选择实验进行挑战，每挑战成功一个实验，由实验区管理员在其闯关单上盖章以示成功，挑战者再到其他区域继续挑战。

（2）经验

经过几届的实践，我们发现对于这样的大型活动，低年段班级最好安排一部分家长志愿者进行实验管理和纪律维持，而高年段班级学生完全可以胜任实验管理员和纪律维持员等职务。在时长安排方面，以2017年为例，38个班级，每个班设置两个不同的实验项目，每个实验设置两个平行挑战区，总计76个实验挑战项目，152个挑战区，共计1212名学生参与挑战，完成30个以上实验挑战的学生占比80%以上。因此，这样的规模，安排半天时间是非常必要的。

（3）意义

校园科技挑战是学科评价模式的创新和变革，受到了学生的欢迎，在尊重评价重要性的同时，兼顾了学生的自主选择和游戏心理需求，让学生从害怕评价向喜欢、期待评价转变，这是生活小实验活动化最重要的意义所在。

从资源优化和共享的角度看，校园实验挑战让一个实验的受众面从一个班级变成了一个年级甚至全校学生。

从教学效果来看，学生从活动中不仅收获了动手能力，同时也参与了一次大型的社会性活动。对低年段学生来讲，与不同的实验管理者交流，与不同年级的同学排队、交流实践心得，这些都是活动本身生成的、具有典型情境的教育资源和契机。这也让科学学科的综合能力培养价值得到最大限度的发挥。

3. 校园挑战赛

为了兼顾学有余力的学生，以自制或现成玩具为比赛工具，制定相适应的比赛规则，让学生自主报名参加，利用课余碎片化时间学习和探究。几年下来，这个项目集聚了一大批小粉丝，让来自不同班级、不同年级的学生走在一起研究，学生自发举行了很多规模大小不同的民间挑战。学生喜欢把学校正式比赛比喻成终极挑战，里面高手云集。每年的擂主成为下一届挑战者的目标。

以"纸飞机穿越海峡"为例：

比赛要求：

（1）现场制作、试飞后比飞行距离。参赛选手除带一支笔外，不带任何工具。不得有同学帮忙。

（2）制成的飞机只能由A4纸构成，不能另加任何材料。制作及调试时间为15分钟。为避免混乱，选手要在纸飞机上写上自己的名字。制成的纸飞机必须是典型的飞机造型，至少有双翼，不能用纸团等造型。是否符合典型飞行造型由裁判确定。

（3）纸飞机由选手投出，相关犯规动作与投掷实心球时相同，即双脚在任何时候不能越线或踩线。犯规无重飞机会。

（4）测量以飞机最尾端为准。

再以"陀螺转转转"为例，规则制定如下：

（1）陀螺自带，启动方式不能为电动。

（2）启动后中途不能施加外力。

（3）记录启动到完全静止的时间。

（4）每位选手测试三次，取最长时成绩。

看似简单的玩具却蕴含了很多科学知识和值得探究的问题，如陀螺的重心高低、陀螺的质量、接触面的光滑程度、陀螺的内部结构等因素都有可能影响陀螺旋转的持续时间。因此，学生在不断练习的过程中提出了很多的问题，并求助于父母、网络、老师等。很多问题都是科学教师不曾想到的，这也给科学教师提供了课程设计的问题来源，这些来自学生的现实问题有可能是平时教学过程中不会出现的，给了教师启示。针对"陀螺转转转"过程中出现的各种问题，笔者设计和执教了一节拓展课——"转弯陀螺"，带领学生研究影响陀螺旋转持久性的因素并设计了一个能持续时间很长的陀螺。本节课获得了很大的成功，这也要感谢学生发现的问题给了笔者设计思路。

四、研究效果

1. 学生层面

生活小实验的开展为学生提供了充分的科学学习资源和平台，让学生有了更多的选择空间和选择权利，提升学生科学素养的同时也让他们的综合能力得到了训练和提升。这是传统科学不能做到的。同时，在活动和实践过程中，学生会自然而然地遇到各种问题，好奇心会促使、激发学生通过各种方式解决，而这样的教学情境是自然产生的，并不一定是课程设计者强加给学生的，这在一定程度上决定了生活小实验课程受学生欢迎的程度和能否持续进行下去。

2. 教师层面

对整个科学教研团队来讲，从设计课程内容、活动方案到统筹实施，本身就是一件很有意义且能快速提升团队科研能力、执行能力、团结协作能力的事情。对于课题组成员而言，这样的教研课题，让教师们得到了各种机会和锻炼平台，无论是论文还是课，各成员都有所斩获。几年下来，整个教研团队从一个由新教师组成的年轻团队逐渐成长为一个肯干事、效率高、有想法的骨干团队，成员也逐步成为校级、区级科学教师骨干。

同时，家庭化和活动化让教师对学生的评价手段不断改进和优化，评价手段更加多样，评价角度更加全面，对学生的评价也更加准确。

3. 家长层面

整个课程建设在设计之初就得到了家长的认同和支持，事实证明，家长对学校在科学拓展型课程建设中取得的成就评价非常高。也正是科学课程的拓展，让学校成为一所科技特色学校，它是学校的一张金名片。家长同样享受着这份自豪和自信。这样的良好氛围也在家长中慢慢酝酿和扩散，让原本忽视孩子学习的家长也被带动起来，形成良性循环。

总之，本研究让学生、教师、家长等多方面受益，这样的模式可以为其他学校在科学拓展型课程的建设上提供一定的参考和借鉴。

参考文献

［1］中华人民共和国教育部.义务教育小学科学课程标准（2017年版）［M］.北京：北京师范大学出版社，2017.

［2］张红霞，郁波.小学科学教师科学素养调查研究［J］.教育研究，2004（11）.

［3］张红霞.建构主义对科学教育理论的贡献与局限［J］.教育研究，2003（7）.

设计空调冷凝水探究实验的几点思考

广东省中山市石岐中心小学大信学校　刘冬冬

中山市"小小科学家专题研究活动"是以实验为基础，围绕着环境保护的大主题，让学生在探究过程中获得科学体验的一个竞赛项目。在今日环境问题日益凸显的情况下，从家庭到学校，再到公共场所，放眼全球，环境问题越来越受到人们的关注，为了给子孙后代留下一片绿，我们在向地球索取资源的同时，也应该思考如何节约资源、节能减排。那我们应该选择什么样的内容来研究呢？

（一）确定研究内容

首先，我们应遵从小学生的认知水平。选题的内容要尽量贴近学生生活，如节水、节电等问题。随着夏季的来临，家庭、办公室、商场为了降温都会打开空调，虽然空调功率大小不同，但是空调压缩机在工作过程中都会产生一些冷凝水，这些冷凝水从排水管直接流出，没有经过任何回收处理。这个回收冷凝水的问题首先符合学生的认知水平，学生明白水流走就是浪费了，同时又跟学生自身的生活相关，如果我们回收了冷凝水并通过实验验证冷凝水是否可以养殖，是否可以种植，是否可以饮用等相关问题，那回收冷凝水就是有意义的。由此确定了选题。

其次，实验过程容易操作。学生的动手、动脑能力还是有一定的局限性，在探究实验的过程中还需要教师的指导，因此不宜让学生做相对烦琐的实验或带有危险性质的、易燃易爆的实验。冷凝水探究实验相对简单易做，材料有烧杯、量杯、计时器。将空调排水管接入烧杯并计时，10分钟后将回收的冷凝水倒入量杯，并记录下回收的冷凝水体积。

（二）实验方案的设计思路

实验方案要符合科学道理及规律，明确实验目的，有层次、有步骤地展开。经过仔细研究，我们第一步先调查了学校空调使用情况，记录开机时间，选取24小时开机的电脑机房作为研究对象，进行定时的冷凝水回收统计。第二步统计全校空调数量，估算一天全校产生的冷凝水总量。第三步进行使用冷凝水饲养、种植、使种子萌发对比实验。

（三）设计实验表格和整理相关数据

根据实验目的，设计不同的实验。

实验一：我们要验证10分钟大一匹空调可以回收的冷凝水体积是多少，结果见表1。

表1 空调冷凝水收集调查表

日期：4月24日	地点：信息中心		空调温度25℃	
空调品牌匹数	大一匹			
收集时间（min）	1	3	5	10
回收冷凝水体积（mL）	12	34	65	117

我的发现：1+3+5+10=19（min），12+34+65+117=228（mL），228÷19=12（mL/min），平均每分钟收集12mL冷凝水。12×60=720（mL/h），720×24=17280（mL/d）。

相关图及统计表如图1、图2所示，见表2。

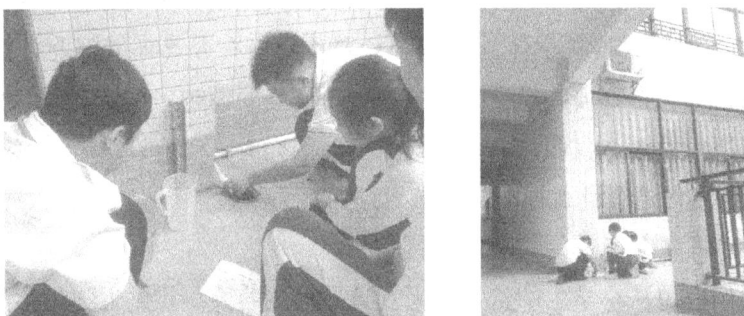

图1

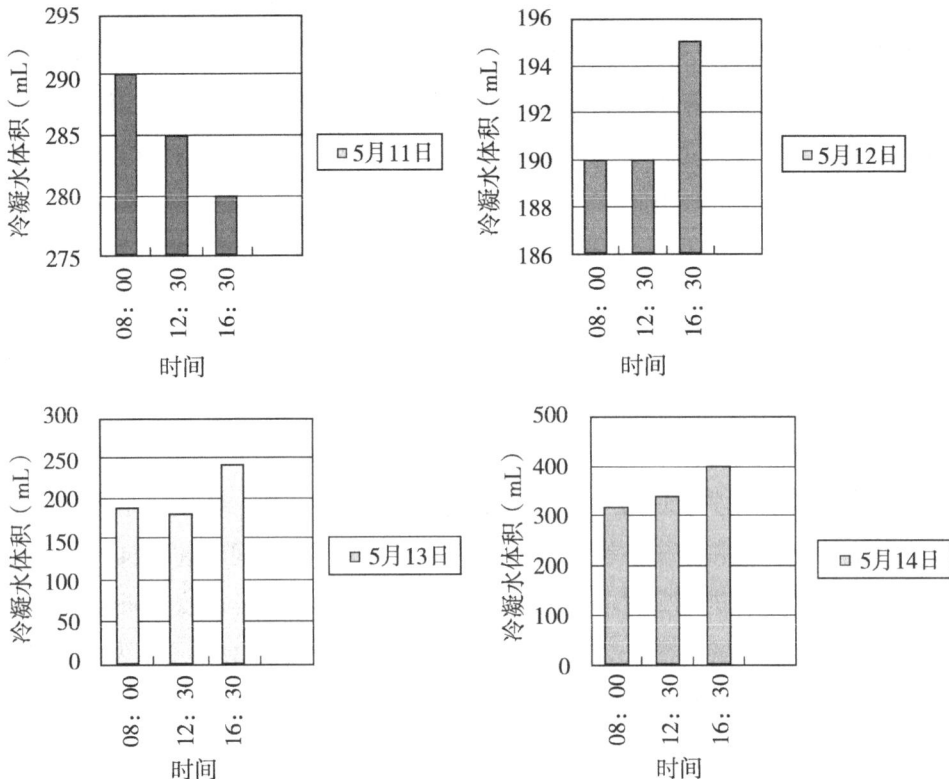

（a）

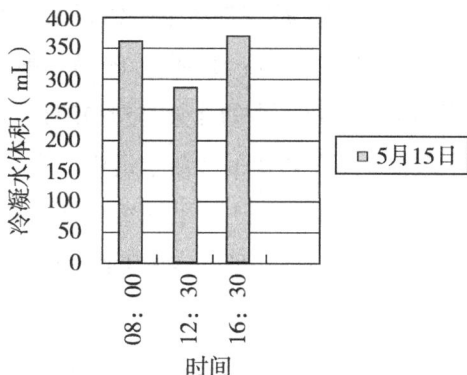

（b）

图2

表2　空调冷凝水回收统计表（5月11—15日）

日期		5月11日	5月12日	5月13日	5月14日	5月15日
监测 时间 10 min	08：00	290	190	230	320	360
	12：30	285	190	185	340	290
	16：30	280	195	240	400	370
冷凝水（mL）		855	575	615	1060	1020
平均值（mL）		285	191.7	205	353	340
预估8 h（mL）		13680	9201.6	9840	16944	16320

空调冷凝水回收条形统计图（5月11—15日）如图3所示。

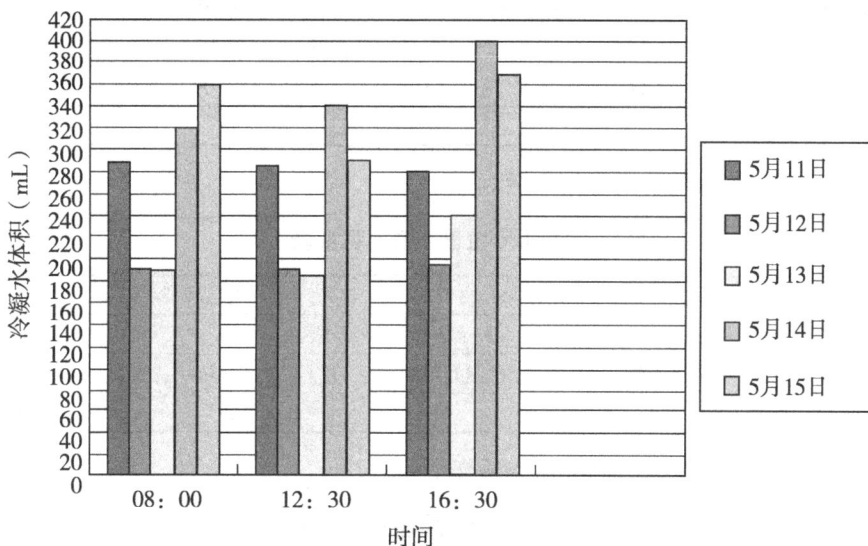

图3

通过观察，我们发现从5月11日到5月15日所收集的空调冷凝水很清澈，没有一点杂质，但是把这些冷凝水放进大红桶几天后，会有一些黑色的东西，这是蚊子的幼虫——孑孓。

5月13日早上收集的冷凝水是全天中最少的，下午最多，上午适中。早上学校没有多少人，空调开的台数不多；中午师生都在午休室午休，由于人多，会排放一些温室气体，导致很热，空调开的台数也多；下午1：00到4：00是一整天中最热的时候，但是只有两节课，空调开的台数不多不少。接下来的几天与5月13日一样，都是早上收集的冷凝水最少，中午收集的冷凝水最多，下午收集的冷凝水适中，水是清澈的。

5月13日早上10分钟共收集冷凝水230mL，平均每分钟大约收集23mL，每小时收集1380mL，一天下来收集33120mL，可见这大一匹的空调工作时产生冷凝水的量还是挺大的。

实验二：证明冷凝水是否可以养殖鱼类。

自来水与冷凝水对比饲养鱼类实验，分为4组，分别有金鱼、虎皮、锦鲤、热带鱼等（图4，表3~表5）。

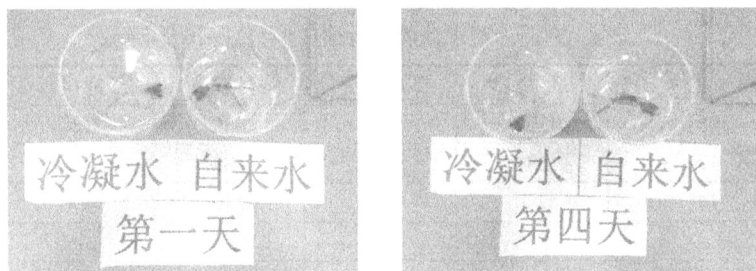

图4

表3　冷凝水养殖鱼类情况观察表（1）

日期：4月24日	地点：仪器室		水温：24.5℃	
名称	金鱼			
观察时间	9：00	11：00	15：00	17：00
鱼儿情况	优	优	优	优

我的发现：鱼在冷凝水里正常生活。

表4　冷凝水养殖鱼类情况观察表（2）

日期：4月27日	地点：仪器室		水温：24.5℃	
名称	金鱼			
观察时间	9：00	11：00	15：00	17：00
鱼儿情况	良	良	良	良

我的发现：水变得浑浊，鱼儿游动缓慢。

表5　冷凝水养殖鱼类情况观察表（3）

日期：4月28日	地点：仪器室		水温：25℃	
名称	金鱼			
观察时间	9：00	11：00	15：00	17：00
鱼儿情况	差	差	差	差

我的发现：水非常浑浊，换一次冷凝水，鱼儿正常生活。

通过实验我发现：定期更换冷凝水，鱼儿可以正常在冷凝水中生活。

实验三：证明冷凝水是否可以种植绿色植物。

自来水与冷凝水对比养殖绿色植物实验，分为3组，分别有绿萝、番薯、洋葱等（图5，表6~表7）。

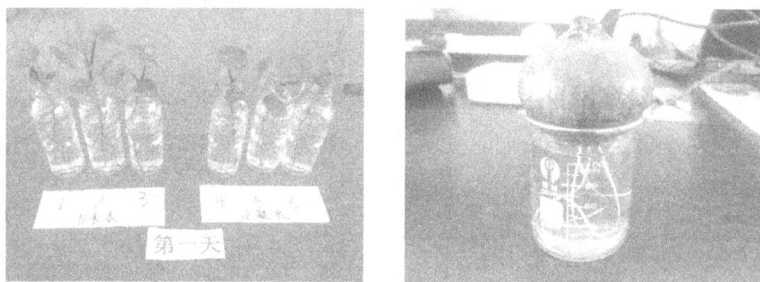

图5

表6　冷凝水种植水生植物情况观察表

日期：5月29日	观察员：杨婧		观察地点：仪器室	
水的种类：冷凝水	气温：29℃		水温：29℃	
植物名称及编号	洋葱			
1	叶片数量	植株高度	根	其他
	0	18.5cm	4	浑浊

表7　自来水种植水生植物情况观察表

日期：5月29日	观察员：杨婧		观察地点：仪器室	
水的种类：自来水	气温：30℃		水温：30℃	
植物名称及编号	洋葱			
2	叶片数量	植株高度	根	其他
	0	21cm	5	清澈

我的发现：冷凝水也可以使洋葱生根，水质较浑浊。

经过多次实验，我们发现，原来空调冷凝水是可以种植洋葱的。首先，我们将一个洋葱种在自来水中，接着，我们再将另一个洋葱放入冷凝水中，我们先观察到自来水中会出现一点点气泡，而冷凝水中却没有。就这样我们连续观察了几天，最后，我们竟然发现用冷凝水种植的洋葱长了一片叶子。通过这个实验，我知道原来空调冷凝水是可以种植洋葱的，这表明空调冷凝水也可以种植其他植物。

实验四：冷凝水可以使种子萌发吗？（图6、表8）

图6

表8　冷凝水种子萌发情况观察表

日期：＿＿＿＿＿　　地点：＿＿＿＿＿　　观察员：＿＿＿＿＿

种子种类	种子变化及发芽情况	
	种子变化示意图	简单说明
绿豆		
黄豆		
芸豆		
红豆		

我们用冷凝水做了种子萌发的实验，分别萌发黄豆、红豆、绿豆和芸豆。经过一上午的浸泡，种子已经充分吸收了水分。将它们均匀分布在9个盘子里，等待种子萌发。

以上几组实验几乎涵盖了水的全部用途，但每一个实验都有不同的实验目标，根据实验需要设计相关的实验表格。因为实验现象是要靠实验数据体现的，因此：首先要使表格设计目的明确；其次要记录清晰，这是保证实验结论科学、准确的关键；最后要能根据实验数据得出相关的实验结论。根据实验现象和回收数据我们发现，冷凝水完全有回收再利用的价值，有两点理由：①回收的量比较大，一台大一匹的空调可以回收的冷凝水达到每小时720mL；②可以用于生活中的全部用水，如清洁、养殖、种植等。如果想要使冷凝水变成饮用水还需要进一步处理。

摸着石头过河

——《设计与制作：我们的小乐器》一课研究历程

广东省东莞市寮步镇香市小学　李 玲

技术与工程领域课程是《义务教育小学科学课程标准（2017年版）》（以下简称《课程标准》）中新增的内容。《设计与制作：我们的小乐器》是粤教科技（修订）版小学科学四年级上册第三单元"声音"第20课，属于技术与工程领域"设计与制作课"课型，是一种新的课型。本学期笔者担任四年级科学教师，因此研究本课显得尤为迫切。修订版教材《设计与制作：我们的小乐器》一课与旧版教材一课《制作"小排箫"》有什么区别？如何设计《设计与制作：我们的小乐器》才能真正满足学生学习需要？下面笔者将结合三次执教《设计与制作：我们的小乐器》一课的情况，从课前定位、课堂执教、课后反思三个方面进行阐述。《设计与制作：我们的小乐器》以下简称《我们的小乐器》。

一、课前定位，从迷惑不解到深刻理解

对教材的理解、对教参的学习是教师教学设计的基础。对比新旧教材和教参的变化，能更好地把握《课程标准》下教学理念的转变，能更科学精确地定位《我们的小乐器》一课。

1. 新旧教材的对比

2015版旧教材如图1所示，2017年修订版教材如图2所示。

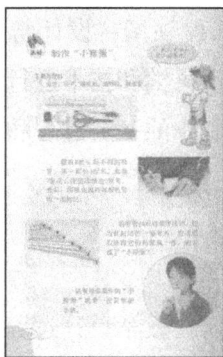

图1

图2

对比2005年版旧教材和《课程标准》理念下的2017年修订版教材，发现旧教材仅仅把《制作"小排箫"》当作一个拓展活动，而新教材中《我们的小乐器》则独立为一课（表1）。

表1　新旧教材的对比

2015年版教材	2017年修订版教材
2015年版旧版教材中，《制作"小排箫"》是四年级科学上册第三单元《振动与声音》的第11课中的拓展活动部分的内容。 《制作"小排箫"》属于拓展活动，主要内容是根据教材中出示的材料和步骤提示，动手制作"小排箫"，并能吹奏简单的小曲	2017年版新教材中，《我们的小乐器》是四年级上册第三单元"声音"的第20课。 《我们的小乐器》属于"设计与制作"课，主要内容包括设计、制作、演奏、改进这四个部分，要求能够运用所学知识设计、制作小乐器，完成制作后演奏评价，并进一步改进

2. 新旧教参的对比

通过对比新旧教参，发现旧教参《制作"小排箫"》拓展活动旨在使学生通过实践加深对声音产生、高低等问题的理解，培养学生的实验制作能力，而新教参《我们的小乐器》一课则通过设计和制作一件小乐器，让学生知道设计、完成作品的基本过程（表2）。

表2　新旧教参的对比

2005年版教参	2017年修订版教参
第100页［友情提示］中指出对于学生制作"小排箫"，不应要求过高，让学生根据书中的提示，动手制作"小排箫"，并能吹奏简单的小曲。 这个活动的目的是使学生通过实践加深对声音产生、高低等问题的理解，并在制作过程中注重培养学生的实践制作能力	"教科书说明"第三部分主要特点中第1点用"任务驱动"形成学习目标。第4页指出教科书没有具体指导学生如何制作乐器，而是通过一系列的问题引导学生思考如何根据所学声音的知识，运用有关知识，制作小乐器。 第129页［友情提示］中指出，本课属于"设计与制作"课，侧重于运用已经掌握的科学知识和技能，进行应用性的科技制作和工程设计

3.《课程标准》中本课的定位

《我们的小乐器》是《课程标准》中新增的技术与工程领域"设计与制作"的内容，本课指向主要概念："工程的关键是设计，工程是运用科学和技术进行设计、解决实际问题和制造产品的活动。"因此，让学生经历设计与制作的一般过程和基本步骤显得尤为重要。

二、课堂执教，从被动选择到主动挖掘

在深入理解《课程标准》和解读新教材的基础上，如何在教学设计过程中体现新改变呢？以下笔者结合三次执教《我们的小乐器》一课的情况，阐述探索历程。

（一）第一教：依托教材，紧扣四步

按照教材的设计思路，让学生经历设计、制作、演奏和改进的过程。

1. 教学流程：提供材料，研讨设计图，自制小乐器

在认识提供的材料的基础上，学生讨论交流完善设计方案，并根据设计图选择合适的材料，完成制作，最后进行演奏和评价，并对制作提出改进意见。

（1）提出问题：在播放的一段用木板琴、小鼓等演奏的视频情境中提出问题——如何利用废旧材料设计并制作一个小乐器？

（2）确定类型，完成设计：学生根据自己的喜好，选择合适的工具和材料，完成初步设计，并通过充分讨论交流，确定最终设计图，如图3、图4、图5所示。

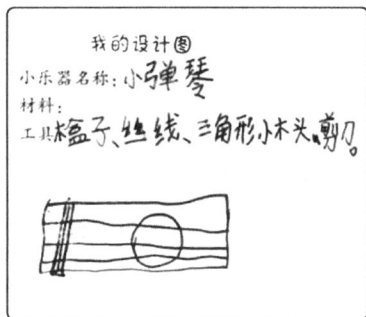
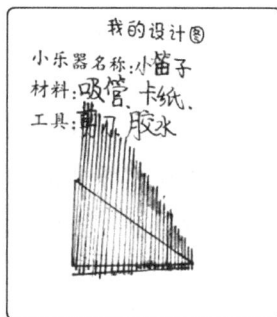
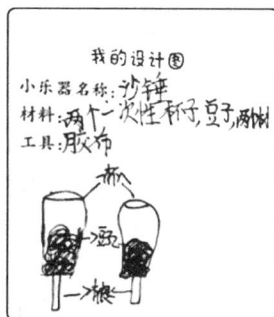

图3　　　　　　　　　图4　　　　　　　　　图5

（3）完成制作：根据设计图和提供的铁罐、吸管、纸盒、瓶子、塑料粒、黄豆、橡皮筋、细铁丝、橡皮泥、双面胶、透明胶等材料和剪刀、尺子等工具，选择合适的材料完成一种小乐器。

（4）简单演奏：要求演奏出《两只老虎》中"1231"这几个音。

（5）评价改进：小组间相互评价，提出改进的意见，课后继续改进。

2. 课后反思：时间不够，演奏效果不好

（1）由于选择制作的乐器不同，学生不熟悉对方的设计和制作，评价和建议不够深入。

（2）制作过程中，选择弦乐器的学生出现失误较多，如把橡皮筋固定在盒子上制作弦乐器时，有的学生选的盒子较大，橡皮筋弹力小，容易断。

（3）设计和制作不够精良，演奏的效果不好，如盒子上用相同的橡皮筋绷得一样紧，如图6所示，不能发出高低不同的声音；大头钉容易脱落，细铁丝绷不紧，如图7所示，造成发声不稳定；吸管末端没有封橡皮泥，如图8所示，发出的声音比较小，不容易区分。

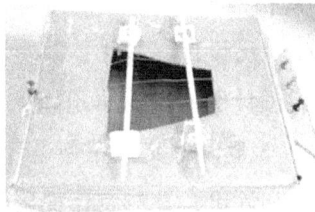
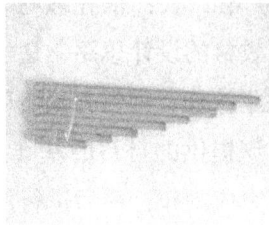

图6　　　　　　　　　　图7　　　　　　　　　　图8

（二）第二教：材料筛选，自制敲击乐器

如何让小乐器演奏的效果更好？敲击乐器更容易发出高低不同的声音？第二教课堂聚焦自制敲击乐器，从材料上进行筛选。本课提供了以下材料和工具：同一型号玻璃瓶、试管、滴入黄色色素的水、模型小木棍、竹片、空心铝管、小木板固定架、试管架、砂纸、剪刀、尖嘴钳、钢锯、白乳胶。

1. 教学流程：筛选材料，研讨设计图，自制敲击乐器

对比第一教，课前导入改为认识敲击乐器活动，出示从学校管乐室借到的两种乐器，如图9、图10所示，让学生敲一敲，说一说为什么它们能发出高低不同的声音。

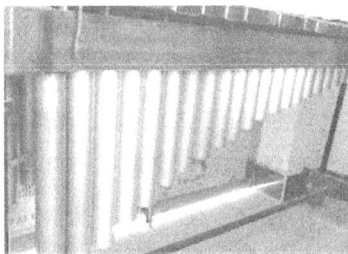

图9　　　　　　　　　　　　图10

（1）提出问题：在敲击乐器的过程中，认识它们发声的特点，提出问题——如何利用提供的材料设计并制作一个敲击小乐器？

（2）确定选材，完成设计：学生根据自己的喜好，选择合适的工具和材料，完成初步设计，并通过充分讨论交流，确定最终设计图，如图11、图12、图13所示。

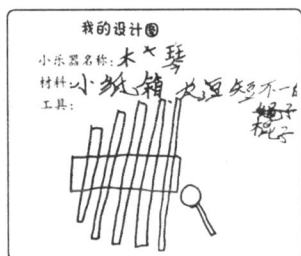
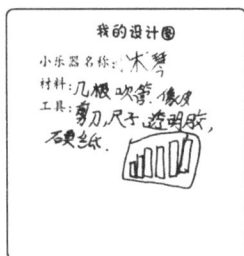
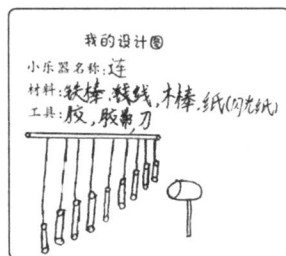

图11　　　　　　　　　图12　　　　　　　　　图13

（3）完成制作：根据设计图，选用提供的材料完成一种敲击乐器的制作，如图14、图15所示。

图14　　　　　　　　　　　图15

（4）简单演奏：要求演奏出《两只老虎》这首音乐，如图16、图17所示。

图16　　　　　　　　　　　图17

（5）评价改进：开展"演奏会"表演，相互评价，提出改进的意见，如图18、图19所示。

图18　　　　　　　　　　　图19

（6）课后拓展：仿照本课学习的方式，与家长一起设计并制作一种弦乐器，下节课分享。

2. 课后反思：研究深入，效果明显

（1）由于本课中对敲击乐器有了初步的介绍，学生把通过观察实物获取的直观印象和经验迁移到自主设计和制作上，大部分学生能够完成设计并制作出来。

（2）虽然选择制作的材料不同，但敲击乐器的原理是一样的，能够清楚对方的设计和制作，在相互评价的时候，能提出更多有利于改进的意见。

（3）通过学生在"演奏会"上成功表演《两只老虎》，发现敲击不同长度的竹板、木条、铅笔、空心铝管，以及敲击同样瓶子中不同高度的水，都能发出"1234567"这几个音，比第一次执教时演奏不成曲调好了许多。

（4）本课学生经历了设计、制作、演奏、改进敲击乐器的过程，获取了一些成功的经验，为课后拓展制作弦乐器提供了技术和信心。在检查拓展活动时发现，学生参与度高，个别学生的制作水平有很大提升，如图20、图21、图22所示。

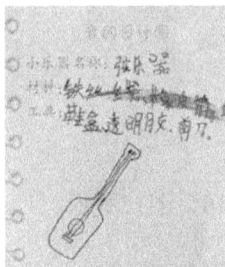  

图20　　　　　　　　　图21　　　　　　　　　图22

（三）第三教：分两课时，亲子与师生共建

通过前两次执教发现，学生在学校的第二课堂和课余时间都会参加一些乐器兴趣班，音乐课上学生全部都会吹竖笛，对简单的小乐器都不陌生。第三教课堂聚焦设计和自主准备材料与工具，分两课时进行。学生是本次小乐器的设计师，其中完成可行性的设计图是关键，与家长一起筛选、寻找身边的废弃材料来制作，使制作出的小乐器更具个性，也更贴合当初的设计。

1. 第一课时教学流程：二次改进，完成设计

（1）提出问题：提前邀请班上懂得乐器的学生组建一支乐队。上课开始时请这支乐队给其他同学表演《小星星》，提出问题——如何利用身边的废弃材料设计并制作一种小乐器？

（2）小组讨论，初步构思：围绕你们想设计的打击乐器，准备使用哪些材料和工具来完成制作？小组间交流，汇报要求包含以下内容，见表3。其他小组从优点和需要改进两个方面进行评价，并提出建议。

表3　汇报要求

打击乐器名称	
使用材料	
使用工具	

（3）完成设计，填写设计图：根据刚才的汇报和评价建议，完成"我的小乐器设计"，见表4。

表4 我的小乐器设计

（   ）年级第（   ）组   日期

设计要求	1. 利用自助区提供的材料做一件小乐器。 2. 先完成设计，再制作。 3. 根据建议二次改进设计。 4. 根据设计完成制作。 5. 尝试用自制的小乐器演奏一曲	
小乐器名称		
所需材料		
使用工具		
设计图		
改进方法		
评价 每符合一项， 把☆描成★	☆能发出高低不同的声音 ☆能发出强弱不同的声音 ☆乐声优美，获得大家认可 ☆外形美观、制作精致 ☆材料环保、成本低廉 总评：☆☆☆☆☆	

（4）交流评价，二次改进设计：根据各小组汇报的设计图，其他小组进行评价并提出修改建议，学生根据建议二次改进设计，完善、改进小乐器设计图。

（5）拓展延伸，课后作业：通过"微课掌上通"与家长沟通要求，如图23、图24所示。例如，把"我的小乐器设计图"周末带回家与家长分享，请家长帮忙修改，并根据修改的设计图，邀请家长一起寻找适合制作的材料和工具，并在下周上课前带回学校。

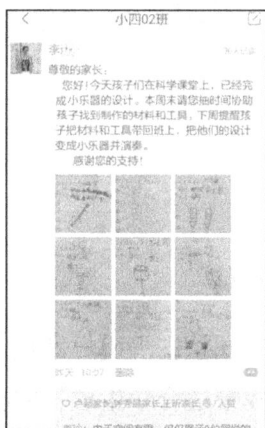 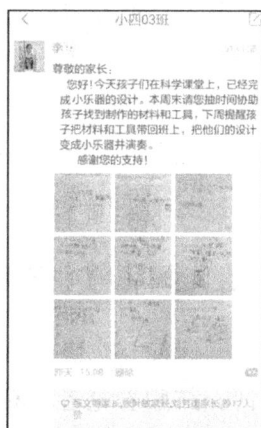

图23   图24

2. 第二课时教学流程：自带材料和工具，完成制作和演奏

（1）课前检查：检查学生带回的设计图、材料和工具，并要求分类摆放在桌子上。笔者也提供一些补充的材料和工具，放在讲台的自助区供需要的学生取用。

（2）交流和分享：根据二次改进的设计图，交流汇报，重点分享准备怎么制作。

（3）根据设计图，制作小乐器：通过"微课掌上通"把制作小乐器的部分过程展示给家长看，如图25、图26所示，让家长了解孩子的制作情况。

图25

图26

（4）开"演奏会"：可以个人演奏或组乐队合奏，要求演奏前，先介绍乐器的名称、发声方式和演奏乐器的名称；演奏结束后，先自我评价，然后其他学生进行评价，提出优点和建议。

（5）拓展延伸：回家演奏一曲给家长听，请家长一起帮忙改进小乐器。

3. 课后反思：尊重学生的天性，适合个体成长

（1）由于本课对教材的课时做了调整，变为两个课时，让课堂讨论、制作和演奏的时间更充裕，学生能更加从容、放松地参与活动，深入思考设计、进行二次改进等。

（2）学生经历了完整的设计与制作小乐器的过程，不仅仅是在课堂上，更在课后收集材料，进行亲子的二次改进。教学过程中尊重学生的天性，把材料和工具的选择权交还给学生，这种体验和感受更能促进学生的成长。

（3）通过"微课掌上通"，让家长也能参与这个自制小乐器的活动，有助于制作活动的开展。

三、总结反思，在学习思考中摸索前行

《我们的小乐器》一课的三次修改教学设计、三次执教过程，是学生的进步促进笔者不断摸着石头过河，鼓励着笔者不断寻找最适合学生成长的教学方式。笔者相信"宝剑锋从磨砺出"，不断深入探索和研究，将会擦出创新思维的火花。

参考文献

［1］中华人民共和国教育部.义务教育小学科学课程标准（2017年版）［M］.北京：北京师范大学出版社，2017.

［2］教育部基础课程教材专家工作委员会.义务教育小学科学课程标准（2017年版）解读［M］.北京：高等教育出版社，2017.

［3］韦钰.科学教育的原则和大概念［M］.北京：科学普及出版社，2011.

［4］刘颂豪.科学教师教学用书（四年级上册）［M］.广州：广东科技出版社，广东教育出版社，2013.

走向深度学习的"做思共生"科学教学实践与思考

江苏省连云港市殷庄实验学校　姜正亮

一、理论分析：科学的深度学习与"做思共生"

1. 传统学习观念的简析

通过查阅文献和对照现实教学，我们可以发现，有三大传统学习观念占据主流：一是知识记忆观，认为学习是一种简单机械的记录，知识的获取是通过随时待命的、"空白的"、始终专注的大脑来进行的，学习被看作知识传递和记忆的过程；二是条件反射观，认为学习就是学习者形成条件反射的过程，教师将任务分成对应不同活动的几个部分，设计一些问题以促进学习者的成功；三是个体建构观，强调个体自发的需求和"天然"的兴趣，通过自由表达、应变、自主探索去发现和建构知识与概念。

我国小学的科学教育课程建设经历了从《常识》到《自然》，再到《科学》的变革。这其中包含了从关注知识与概念到重视双基（科学知识与实验操作能力），再到"三维"（知识与技能、过程与方法、情感态度与价值观）的课程目标的拓展，也基本演绎了上述三大传统学习观念（从"讲授—记忆科学知识"学习到"概念讲述—验证实验"学习，再到"科学探究—建构"学习），体现了对科学本质认识和学习深度的不断推进。

第八次课程改革后，"科学是探究意义的经历""科学需要证实与证伪"等对科学本质的论述和"探究式学习是学生学习科学的重要方式"的学习观已经成为广大科学教师的共识。但在具体教学实践中出现了探究过程线性化、程式化，探究要素练习与运用浅表化的倾向，具体表现为"做"与"思"游离，科学思维不能达到应有的深度。

2. "做思共生"是科学深度学习的状态和实现路径

首先，深度学习总体上应指向学科核心素养。新课标对科学素养的定义为"了解必要的科学技术知识及其对社会与个人的影响，知道基本的科学方法，认识科学本质，树立科学思想，崇尚科学精神，并具备一定的运用它们处理实际问题、参与公共事务的能力"。这在一定义上体现了新时代对每一位公民的科学素养的要求，也确定了小学科学的课程特质，即基础性、实践性和综合性。

其次，深度学习是在学科关键能力上求发展、求突破。科学学习的关键能力是科学实践和科学思维。"亲身实践"和"动手实践"是学生最根本的科学学习状态。如何"动手动脑学科学",从而达到"知行合一"和深度探究?"做思共生"是我们培养学科关键能力,进而实现提高学生科学核心素养的必然选择。

二、教学实践:基于科学特质的"做思共生"的深度学习

1. 基于学情:打通教师的教与学生的学的通道

现在,更多研究学习的专家转向关注学习者,高呼"知识是建构来的"。科学教学中,与建构主义相匹配的是探究式教学法。维果茨基的社会建构主义学习理论的一个关键概念是最近发展区,定义为"实际的发展水平与潜在的发展水平之间的差距,前者由独立解决问题能力而定;后者则是指在成人指导下或与更有能力的同伴合作时,能够解决问题的能力"。最近发展区是指在恰当的教学条件下,学生可能达到的学习量。因此,确定了最近发展区就确定了学生学习的深度。

建构需要基础和生长点。基于学情的科学教学首先就要明晰学生的前概念和最近发展区,然后安排合理的学习进阶,通过教学支架和交互式教学实现学生"做思共生"的深度学习。例如,苏教版《声音的产生》一课的教学,通过"制造声音"的活动可以揭示学生的前概念:声音是通过拍、吹、敲打、撞击等产生的。这是一种非概念本质的行为认识。这时,就需要教师搭建教学支架。按照学习进阶,教师通过问"同样是敲打,为什么听到的是鼓声,有的是锣声?"引导学生由关注声音产生的行为转向关注发声的物体。再通过发问"在敲鼓和敲锣后,你们发现它们有什么变化吗?你有什么感受吗?"引导学生由关注发声物体转向关注物体发声时的状态。学生通过讨论与实践活动进行验证,以科学思维为核心的脑活动和肢体活动有机结合,达到手与脑的互动、"做"与"思"的统一。

2. 通过情境建立学生的外部活动与内心世界之间的确信

辩证建构主义认为,知识产生于人与其周围环境的互动,知识的建构不是一成不变地与外部世界相连,也不完全是内部的心理活动。相应地,知识反映了个人与环境互动而产生心理矛盾的结果。这种情境认知观为实现"做思共生"和科学探究的深度学习指引了实践方向。

一是通过情境,由落实假想的探究结构走向应对真实的教学发生。我们知道,动机是与教学息息相关的。好的情境创设能够激发学生的学习动机。比如粤教版科学《空气中有水吗?》一课的教学目标是认知水的凝结,即水蒸气受冷后可以变成水。一位教师利用课件展示玻璃上的水珠、草叶上的露珠导入"这些水珠从哪里来的呢",通过学生的假想引出课题"空气中有水吗",继而进行程序化的线性探究。另一位教师则采用学生操作导入——"让学生分组领取碎冰块放入桌上的铁罐",稍后铁罐壁上逐渐出现了

水珠。教师根据现象提问："铁罐壁上的水珠是从哪儿来的呢？"较前一位教师而言，这一问题是通过实境创设而来的，学生的前概念衍生丰富，学习动机强烈。

二是把握探究的取向，由"线性"活动走向"网状"活动。强烈的学习动机会促使学生寻找适合自己的有效的学习环境。"水珠是通过罐壁渗出来的"还是"罐内的水汽飘出到罐壁上变成的"，需要学生自主制订方案并制造实验环境与装置来证明。待都被证伪后，"空气中有水吗？"成为唯一的问题选择。若有，怎样证明？为什么只有罐壁上有水珠呢？说明什么？怎样证明？这样，学生在真实的情境中思考，在证伪与证实中逐步建立内心的确信。

3. 利用现象：形成学校经验与生活经验的联结

认知和社会文化维度的学习本质研究认为，学习是一种意义转变，同时也是个体对复杂的自然、文化环境的融入。人获取知识（或创造知识）是为了在社会中实现自己的规划。因此，要实现"做思共生"的深度探究学习，必须将社会现象引入教学，运用教学解决现实问题，从而形成学校经验和生活经验的联结。

例如，一位教师自编教材《搭引桥》并开展了研究。首先引入生活现象：在建造了高大的桥梁之后，怎样让汽车从地面到桥上呢？然后让学生动手用纸板搭引桥，在情境中体会斜面的作用；接着引入实际情境，学习运用斜面工具解决问题：这座桥梁现在需要搭一个人行通道，如果让你们来爬有什么感受？你们能不能根据引桥的特点与规律，在不改变起点和终点的前提下设计一个上桥更轻便的办法？还需要思考哪些方面的问题？怎样设计？最后是学习在社会环境中运用斜面工具：（出示图片）这座高山顶上有一处风景，现在我们需要从山顶修建一条人行通道，你认为设计时要注意哪些问题？

在本节课例中，教师引导学生在实践中"知道"斜面的作用，在知道的前提下经历"工具使用"的过程，由此关注"利用和改造"中的社会问题。教学的逻辑由关注知识走向关注人的生活与发展，体现了将科学、技术、工程设计融合的跨学科学习方式，学生由"课堂人"走向了"社会人"。

科学场馆："做思共生"学习的广阔天地

江苏省连云港市马站中心小学 卢华伟

近年来，伴随非正式学习理念的崛起，场馆学习逐渐从教育研究的边缘走向中心，成为当今社会一种崭新的学习方式。它是一种基于科技场馆真实情境的学习，学习过程强调"边做边学、边学边做"的重要性，并会产生多元的学习结果。而"做思共生"科学教学正是基于科学学习的结果、过程和方法，统整学生的感性经验和理性经验，其实践源点和主脉就是"做中学、学中做"。场馆学习的真切体验正为科学教学而服务，给我们开辟了科学学习的新天地，少年儿童在场馆里享受着科学元素的大餐，思维被场馆不断挑动着智慧点。

如何让场馆学习在科学学习"做思共生"的理念下深度发生？笔者以所在学校为例，分享场馆学习在科学领域里的资源建设、团队整合、课程开发等方面的校本化实施情况。

一、场馆学习的校本思考

1. 基于未来：学生的科学学习需要更大的课堂

现行的科学教学局限于室内、书本，且学习呈现出专门化、客体化、教材化、符号化和表征化的特点，对提高学生的自主探究能力及动手能力也有很大的局限性。人工智能引发的全球范围内各种思想和文化的剧烈碰撞与交融，对学校科学教育提出了更高挑战：未来已来，该怎样面向未来，顺应时代的进步和社会的转型而改变？我们应该基于21世纪给予学生更多的生命空间，满足他们放飞想象、好奇和探究的需求，顺应学生的天性，建立生活的厚度，让心灵自然绽放。我们更应该认识到，少年儿童时期是培养人文科技素养和兴趣的关键期，学会一些基本的知识和客观的概念，形成一些科学的思维方式和习惯，可以促进少年儿童多元智能的全面发展。

2. 基于认知：小学科学的学习需要亲身体验

当下科学知识的获取更多的是"课本上"的"表征化的概念"，"在课堂上"解决"教材上"的问题，不是回到认知发生的"现实"，回到知识发展的"时空"，回到知识演替的"场景"，不是在学生亲身体验中去建构活性的知识，解决真实情境中的问题。而场馆里丰富的教学资源让学生不出门就能进行亲眼看到、亲耳听到、亲手触摸等亲身体验。在苏教版五年级下册科学课《不用种子也能繁殖吗》中涉及的植物繁殖的方式很多，但学生只是从图片中认识繁殖的方式是不够深刻的，于是，教师带领学生来到学校的场馆之一——"数字化农植园"。这里有上百种植物，有无土栽培的、基质栽培的、管道栽培的等，学生看到场馆中活生生的、立体的教学资源，教材中的植物繁殖方式立刻鲜活地呈现在学生眼前。这样的带有立体感的学习场所产生的学习效果岂不比在教室内好上千百倍？

3. 基于传承：寻找农村小学科学教育的"课程味道"

我们始终在科学"做思共生"的理念下来理解场馆学习、践行场馆学习，带领师生向"做思共生"最高处展翅翱翔。与城市相比，农村虽然缺少足够的设备、材料、师资等条件，但是具有自己的独特优势，教师应把握好这一点，将其特色融入校本课程的建设。笔者教学的学校位于绣针河畔、黄海之滨，独特的区位优势为学校开展场馆学习提供了丰富的资源。从1997年开始的以兴趣小组形式开展科技实践活动从最初第二课堂的"绣针河科技兴趣小组"到活动化的"科技综合实践活动"，再到现在课程化的"少儿科学院"场馆学习体验项目，我校二十余年矢志不渝，有条不紊地坚持科学教学的理论研究与实践探索，走出了一条学校"乡土科技"特色项目—学校"科学教育"办学特色—场馆文化建设的探索之路。

我校在场馆建设中更加注重发掘、建立场馆的"课程味道"，用基于场馆的物型课程引领学科发展。首先是抓时令，与农村生活相贴近。例如，春季是农民耕种的季节，教师可将犁作为素材，与锄头部分相结合，研究力学原理。同时还可以将犁的发展历史选为课外阅读材料，增强学生的学习兴趣，使其视野得到拓宽，培养自主探究能力。其次，要找到特色所在，对其中的科学内涵进行挖掘，比通过挖掘农村特色景点、物品的科学内涵具有更高的教育价值。比如带领学生研究《家乡灶具研究》的内容时，引导学生系统调查灶具的起源、种类、特点等，使学生在了解科学的同时，也能更加全面地认识自己的家乡。

二、场馆学习的校本表达

（一）物型场馆：彰显"做思共生"的育人理念

场馆中的资源环境是学校教学资源的重要补充，可以为学生提供真实的、与实际生活相联系的学习情境，帮助学生获得直接的体验以及实践探索的机会。学校以"少儿科学院"为主阵地的科学"场馆学习"，在一定程度上弥补了教室之内科学教学的先天不足。

学校建设有"六园一廊一广场"和"三院九所一空间"。"六园一廊一广场"即问天园、晓星园、逐月园、梦溪园、真园、善园、科技教育文化长廊、飞天广场。三院指的是科创院、社科院、农学院。科创院成立于2008年，目前有航模研究所、机器人研究所、3D打印研究所，共有小院士100名，建有室内活动场所"六室三区两馆一场"。社科院目前有乡情研究所、环保研究所，共有小院士160名。农学院目前有柘树研究、果林研究、蔬菜研究、动物研究4个研究所，共有小院士200名。一空间即小能人创客空间，基于学生的兴趣与爱好，以注重学生提出问题、创意激发、动手实践、协作解决和快乐分享等原则开展活动，设有打印天下、创造梦想、做客未来、搭建世界四大区域，涵盖科学、技术、工程、艺术和科学等知识。

　　丰富的场馆具有多元性和丰富性，大大拓展了学生的学习空间，搭建了互动的学习平台，形成了具有浓郁课程文化氛围的教学环境，更自由、更丰富、更有参与度、更有体验性，促进了学生自主学习、快乐学习的发展。

（二）场馆课程：建构"做思共生"的课程体系

　　"让课程变得丰富，让课程更受学生喜欢，让课程惠及更多的孩子"是学校课程的价值追求。基于物型课程的理念，学校积极发掘场馆的物型课程价值、资源，开发具有教育性、针对性、适切性的场馆课程。场馆课程定位为长周期的综合性课程，是进行基础型课程、拓展型课程、探究型课程有机整合的新思路，也是融合校内外教育的新实践，更是开阔学生视野、丰富学生学习经历的新载体。

1. 基础型课程

　　基于科学课程内容，开发与教材内容相关的知识性、实证性的学习项目，包括知识拓展的基础类课程、实践运用的提高类课程，如先后开发了"自制弹力球""制作纸火箭""设计制作3D眼镜""超级肥皂泡"等多个参与式的场馆学习项目。

2. 拓展型课程

　　学校整合了科学、信息技术、劳动技术、科技教育、综合实践等课程的相关内容，开发了趣味性、综合性学习项目，编撰了校本课程《我爱发明》《指尖上的科学》，建构起具有本校特色的拓展型学习课程体系。其中，《指尖上的科学》在全省中小学优秀校本案例评选中获省二等奖（表1）。

3. 探究型课程

　　依托校内、校外课程资源，以科技创新教育为契合点，开发具有设计性、体验性的学习项目。此类课程强调技术与工程的结合，培养学生的创新精神和与创造能力，是探究型课程体系的重点内容。学校地处绣针河畔，沿岸的风土人情、历史文化、物产资源等都成为场馆教育资源，学校将"绣针河资源"整合，围绕这个大主题制订了每年一个小主题的体验性场馆课程实施计划。该课程的实施充分利用了学校周边的场馆资源，开辟了快乐活动的新途径。通过每一年的不同主题体验，学生已经形成了一套完整的学习方法，提高了各项综合能力，培养了将来为自己、为家乡、为社会服务的意识。

表1 1997—2017年绣针河系列科技活动获奖统计

时间	活动主题	获奖情况	时间	活动主题	获奖情况	时间	活动主题	获奖情况
1997年	"中草药研究"	国家二等奖	2004年	"桥梁调查研究"	国家一等奖	2011年	"最爱家乡水"	省二等奖
1998年	"贝类研究"	国家一等奖	2005年	"河水保护研究"	省二等奖	2012年	"土壤调查研究"	国家一等奖
1999年	"鸟类研究"	国家二等奖	2006年	"环保研究"	省一等奖	2013年	"节能调查研究"	省二等奖
2000年	"昆虫调查研究"	省一等奖	2007年	"树木研究"	国家一等奖	2014年	"灶具研究"	省一等奖
2001年	"珍爱野生动物"	省二等奖	2008年	"水治理研究"	省二等奖	2015年	"柞树研究"	省一等奖
2002年	"居民研究"	国家二等奖	2009年	"大气污染研究"	省一等奖	2016年	"无土栽培研究"	省一等奖
2003年	"树种调查研究"	国家二等奖	2010年	"垃圾调查研究"	省二等奖	2017年	"大蒜的研究"	省一等奖

在课程实施过程中，我们根据场馆的资源、学校实际、教师专长以及学生的反馈等，选取最合适的内容，生成新的课程内容。多年来，我们一直走在不断丰富和完善场馆课程的研究之路上，逐步构建起了较为完整的场馆课程体系。

场馆小天地，科学大课堂。一路走来，我们见证了场馆学习的成长、发展，走出了一条"感知模仿—实践体味—立本衍生"的校本化实施道路。我们深知场馆中到处都有科学教育，科学教育也时时存在于场馆中，只有科学与场馆完美融合，才能带给学生无尽的享受。

（三）范式探索：建立"做思共生"的教学模型

1. 建构"场馆学习"基本教学模型

根据具身认知理论、经验学习理论、场域理论，建构"L-T-S"基本教学模型。其基本思想是，在具体的学习场域下，通过动手操作组织场馆学习。其中，"L"（learning field）是指学习的条件——学习场域，"T"（tactile learning）是指学习的方式——动手操作，"S"（science class）是指教学的学科——科学。"L-T-S"基本教学模型以合作学习为中心加以组织，以共同体活动为中心加以展开，其结构模型如图1所示。

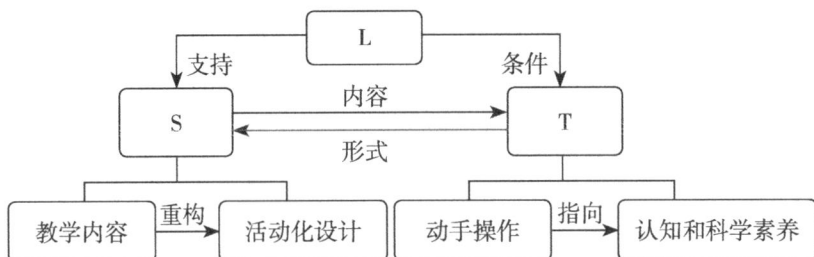

图1

2. 建构"场馆学习"课堂教学范式

（1）验证型场馆学习

验证型场馆学习一般是从科学结论（或猜想）出发，让学生通过动手操作、观察模型、试验分析等手段进行证实或证伪的一种科学学习形态，具有操作简单、直观明了、思维起点低等特点，其一般结构如图2所示。

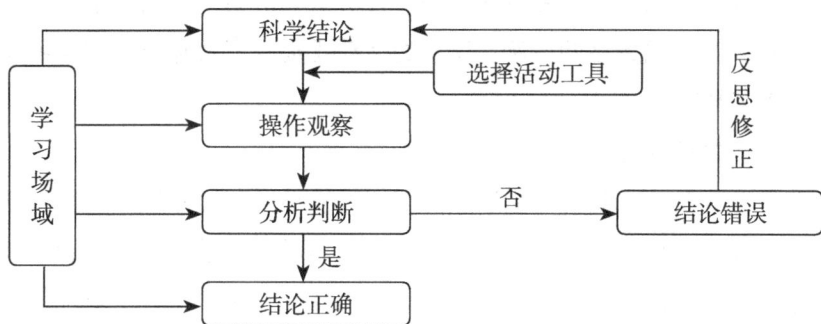

图2

在验证型场馆学习中，学生通过操作活动，观察活动过程中的科学现象而获得感性认识，同时对结论的真伪做出判断。如果出现错误，则通过反思实验过程和再实验，修正结论，直至获得正确结论。

（2）发现型场馆学习

发现型场馆学习一般是学生在教师设置的问题情境中，通过动手操作、观察、验证、类比、归纳等方式，发现全新科学结论的科学学习形态。其特点是过程开放、探索性强、生成度高，其一般结构如图3所示。

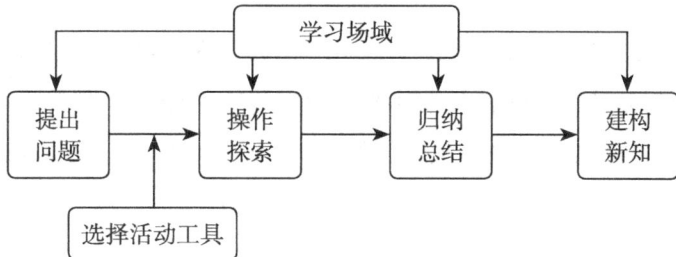

图3

在发现型场馆学习中，学生在教师的指导下，通过分析、比较、归纳、概括等一系列思维活动，发现相应的科学结论，从而明确科学知识及其蕴含的思想方法的来源。

（四）师资建设：打造"做思共生"的育人团队

教师队伍建设是学校发展的命脉，场馆学习能否落地、生根、开花、结果取决于教师的发展。然而，场馆学习对教师提出了更高的要求，教师原有的关注意识、知识结构、思维方式、组织交往能力等诸多方面都面临挑战，造成课程实施的瓶颈。作为一所农村小学，教师本来流动性就很大，科学方面的人才更是屈指可数，我们没有等待，而是想方设法全方位来整合教师团队，培养一批场馆的教师"共同体"。

1. 线上教研，思维冲浪

考虑到乡村小学之间相距较远，教研活动不宜频繁组织，我们就提前一周布置场馆学习活动主题，让教师精心组织材料，在每周二晚上8时至9时，一个小时的QQ教研沙龙在网上在线集体研讨和交流，并达成共识，再对研究的结果在场馆学习活动中进行检验，进行二次加工，形成最终的案例。这样的活动既提高了教师对场馆学习理念的进一步理解，又节省了教师的时间。

2. 线下走教，共享课堂

把场馆学习融入我校"共享课堂"，并与之有机结合，每月活动一次。学校下属七所乡村小学，有多年坚持参加创新大赛的教师，他们对场馆学习一直有着切实体验，借着"共享课堂"的展示课或者微型讲座，让大家都慢慢对场馆学习从陌生走向熟悉。本部的专职科学教师下村小走教，将场馆的物品、活动主题都带到村小的班级上，让村小的学生不出校门就能够亲身体验到本部场馆学习的乐趣。这种线下走教的形式加强了校际场馆课程的交流与共享，进一步促进了校际学习，让更多学生在同一片天空下分享优质课程资源，携手成长。

3. 翻转实训，螺旋推进

重视和强化实践性培训是加速教师发展的有效手段。学校推行的"翻转实训"在观念上翻转"教"与"学"，强调按需施训、贴近一线、案例教学、真实课堂、情境体验、现场诊断、互动参与、反思实践等灵活的培训模式，不但满足了教师参训的需求，还让学生积极参与活动策划与实施。在校本培训会上，学生来讲课，教师坐在台下，小小培训师借助课件，利用讲解、互动、演示等形式，向老师展现了他们在场馆学习中的经历和收获甚至疑惑。教师在参与体验中也显得空前激动，学得专心致志，真正地"玩"起来了。"翻转实训"真正唤起了教师的主动性，引起了与学生的共鸣，实现了空间和心灵上的翻转，促进了学校校本研训螺旋式推进。

三、场馆学习的展望

场馆学习为学生科学学习打造了广阔的天地。站在新的科学教育高度，场馆学习可以从以下几个方面进一步完善。

1. 场馆学习的教学内容要持续更新

社会和科技的迅猛发展，以及学生对场馆教育期望的提高越来越要求场馆成为一个接受和体现变化的场所。那些展览内容陈旧、展出方式老套的场馆，则会令中小学生失去热情。

首先，场馆必须结合自身特色，针对不同学生充分挖掘现有展品的教育价值，如开发出适合不同年级的学生年龄阶段的展品与活动设计。其次，场馆应不断开发具有时代性、创新性的临展，提高场馆展品和活动的更新率，增强其对学生的吸引力。最后，展品展出的方式也应不断更新，如改变已往以"学科分类"或"编年史"方法划分展区的方式，尝试以"主题"或者"故事线"等思路来呈现展品，通过多样化的展现方式充分发挥现有展教资源的教育价值。

2. 场馆学习的教学范式要更趋多样化

目前，我们已经建立了"L–T–S"场馆学习基本教学模型，并探索出验证型场馆学习和发现型场馆学习两种教学范式。随着实践的深入，场馆学习的方式也应更加丰富多样，以充分发挥场馆教育的直观性、情境性、开放性等特点，强调教与学的互动，注重参与、体验和探究。场馆等校外教育机构组织针对青少年的教育方式大致分为两类：一类是角色扮演、戏剧表演、主题活动等以团体形式开展，强调互动交流、增强学生情感体验的教育方式；另一类是科学实验、学术探索、项目活动等强调学生的动手参与、实践体验，提高学生主动学习意识的教育方式。通过多种教育方式的有机结合，场馆教育在提升学生综合素养的同时，能够更好地激发学生的学习兴趣。

3. 场馆教育与学科教育走向深度合作

推动场馆教育与学科教育的深度合作，可以采用以下三种合作形式：第一，"先校后馆"，学生在学校学习相关知识后进入场馆，以实物为载体进行亲身参与和互动体验，在运用与实践中深化拓展所学原理；第二，"先馆后校"，教师先组织学生进入场馆，学生在得到丰富的体验与经历后，带着自己的疑问与独特的感受回到学校，学习相关知识和原理；第三，建设校本课程，即场馆教师和学科教师形成课程开发共同体，共同设计一门集学校和场馆优势于一体的特色课程，供学校学生长期学习。

陶行知说："要把教育和知识变成空气一样，弥漫于宇宙，洗荡于乾坤，普及众生，人人有得呼吸。"场馆学习正是基于这个理念的教育新探索、教学新实践。因其基于物质而又超越物质，基于传统而又超越传统的复杂性，它的研究与实践还需不断深化，进而绽放出更精彩的教育魅力。

参考文献

［1］伍新春，曾筝，谢娟，等.场馆科学学习——本质特征与影响因素［J］.北京师范大学学报（社会科学版），2009（5）：13–19.

［2］赖红梅.浅论杜威"从做中学"的理论内涵及对我国基础教育的启示［J］.当代教育论坛，2014（8）：32–34.

［3］杨秋.杜威"从做中学"的理论内涵对我国博物馆教育的启示［J］.科技传播，2011（5）：64.

［4］杨艳艳.学习单支持下馆校衔接学习活动设计的研究［D］.上海：上海师范大学，2013：10.

［5］张宁.基于科技馆的校本科学课程（7—9年级）开发研究［D］.北京：北京师范大学，2008.

小学"做科学"的校本实践与探索

江苏省东海县温泉第二中心小学　刘　东

　　当下科学教育普遍存在的问题是只注重学生大脑的思考，而忽视学生身体的体验与认知。小学"做科学"校本课程重点加强对学生四个方面的教育：一是科学素养，即运用科学知识（如物理、化学、生物科学和地球空间科学等）理解自然界并参与影响自然界的过程；二是技术素养，也就是使用、管理、理解和评价技术的能力；三是工程素养，即对技术工程设计与开发过程的理解；四是数学素养，也就是学生发现、表达、解释和解决多种情境下的数学问题的能力。小学"做科学"指向学生核心素养中的科学精神、学会学习、实践创新三大方面，让学生在"做科学"中学习、理解、运用科学知识和技能，发展理性思维和批判质疑、勇于探究的思维品质；形成自主学习的意识与方法，并能对学习过程进行评估调控；让学生在日常的科学实践活动、实际问题解决中逐步形成劳动意识、创新意识和技术应用与动手实践的能力。

一、小学"做科学"的现状分析

　　"做科学"课程的提出，基于科学课程教学中的"身脑"分离、"知行"分离、"教学"分离等现象，通过深入探究问题的现象，追寻问题背后的根源，为提出具体的实施策略提供有效的参考。

1."身脑"分离

　　"身脑"分离是指重视"脑"的思考，轻视"身"的参与。现行的应试教育以考试为主，以学生获得的知识为重，以用知识解决书面问题为目标，忽视了学生身体部分参与学习，认为学习是学生脖颈以上的事情，与学生的身体各部分的参与没有关系。这恰恰与认知理论相违背。在此背景下培养出的学生，成为动脑的"高手"、学习的"高手"，但却失去了具身发展的机会，失去了发展健全人格的机会。

2."知行"分离

　　"知行"分离是指重视知识传授，轻视践行的作用。国家的教材内容编排系统而全面，为教师的教学提供了坚实的知识基础。教师却把精力放在对知识的广度拓展上，放在对知识的深度挖掘中。一味追求教学知识的广度与深度，就会在无形中走入超纲的误区，把学生引入无边的学海，直接导致学生缺乏在实践活动中运用知识解决生活中问题的能力，让学生失去了自主创造学习的机会。

3."教学"分离

"教学"分离是指重视教师的"教"，轻视学生的"学"。教学应以教师为主导，以学生为主体，而在实际教学中，教师却只顾"教"的精彩，忽视了学生"学"的兴趣。例如，在生活中，有很多沉溺于《王者荣耀》的学生，却很少有浸润在科学探究中的"小科学家"。这是因为科学没有魅力，还是因为游戏的"魔力"太大？这种现象，恰恰折射出教师教学方式的刻板与老套，没有从学生的视角探寻科学的学习方式。

二、小学"做科学"的价值构建

小学"做科学"校本课程的开发基于国家科学课程，目的是培养学生的科学精神、自主学习、实践创新等核心发展素养。

1. 在具身的"做"中追求科学精神

在小学"做科学"校本课程学习中，在不断地自主尝试完成科学课程内容的过程中，凸显学生的"学习、理解、运用科学知识和技能等方面所形成的价值标准、思维方式和行为表现"，激发学生科学探究的潜能，培养学生创新思维的能力，培养学生科学的探究精神。

2. 在具身的"做"中学会自主学习

让学生结合"做科学"校本课程中的物质与能量、生命与生长、工程与制造、环境与自然、物联与创客等主题内容，结合"微课"课程、"做科学"主题学习在线课程等学习资源，促进学生的学习方式从被动获取转向主动求索，让学生在探索科学的过程中学会自主学习。

3. 在具身的"做"中体验实践创新

让学生在"做科学"校本课程学习中，发展理性思维和批判质疑、勇于探究的思维品质；形成自主学习的意识与方法，并能对学习过程进行评估调控；在日常的科学实践活动、解决实际问题的过程中逐步形成劳动意识、创新意识和技术应用与动手实践的能力。

4. 在具身的"做"中打造"共享资源"

学校营造浓郁的科学课程文化氛围，提升、拓展科学实验室和科技场馆基地活动室等实践活动阵地科学文化的内涵，创设物质条件与文化气息相配套的"做科学"校本课程育人环境；构建以物质与能量、生命与生长、工程与制造、环境与自然、物联与创客为主线，以科普宣传、科技制作、发明创造等科技实践活动为基础的"我做科学"课程资源体系，不仅为一个班级的学生提供了科学活动的资源，也为一个年级、一所学校、区域学校提供了共享资源。

三、小学"做科学"校本实践策略

"做科学"校本课程的具体实施要符合教育的基本规律，营造氛围浓厚且独具特色的校园文化，开发轻松有趣的科学校本课程，形成行之有效的教学范式，构建互动的学习空间，促进学生科学素养的提升。

（一）优化"做科学"校本实施环境，突出文化标识

完备的"做科学"课程实施环境是开展"做科学"课程的物质基础，也为学生探索科学活动提供了丰富的活动空间。

1. 在具身的"做"中，体验模型的"互动"

"互动"是学生在自主参与学习的过程中提升学习效率的重要因素。学生在"互动"的学习过程中，对科学原理的理解变得容易，对科技原理的运用有了新的思路。因此，鉴与学生的"互动"需要，学校精心选择与设计，建立以互动为核心，凸显"做科学"文化主题的标识模型，让学生在互动中自主探究学习。结合科学课程的基本内容，建立航天互动模型、工程互动模型、物质与生命互动模型、环境互动模型、创客互动模型等。

2. 在具身的"做"中，感受文化的"渗透"

文化的"渗透力"越强，对学生潜移默化的教育效果就越好。在教学活动区，建立科普大屏互动宣传区，在学校开阔的场地，建立车模活动区、航模活动区、火箭发射区；融合学校的墙体布置"交通中的科学""建筑中的科学""美术中的科学""信息中的科学""语文中的科学""体育中的科学"等科学与其他学科融合的文化墙。在校园中建立科普长廊，突出"物质""生命""工程""技术""地球""宇宙"等主题。

3. 在具身的"做"中，探寻科学的"力量"

陶行知指出，"不教用手的人用脑，所以一无所能"。建立能够让学生动手做一做、动脑想一想的学习空间，才能促使学生主动探寻科学。学校建立"一站一室一角"科学互动学习场所，突出科学改变社会生活的力量。"一站"即建立新能源工作站和太阳能发电科技广场，融太阳能技术、节能建筑设计、物联网技术与生态农业技术为一体。"一室"即新建数字化科学实验室，为学生提供数字化技术，实时显示实验数据的变化、趋势、规律等，有效提高学生的学习效率。"一角"即班级设立包含"做与设想、做与发现、做与发明、成果展示"四大板块的科技角。学校充分发挥"做科学"环境的育人作用，为学生提供丰富多样的室内外科学活动空间，让每一个学生都能在适合自己的科学实践活动中体验、理解、生长。

（二）开发建构"做科学"校本课程资源，注重学科融合

1. 以"科学+"为中心，整合"做科学"校本课程

为了凸显科学的工具性和指导性，学校促进科学课程与其他学科的融合，形成了"科学+"系列课程：科学+实践、科学+语文、科学+数学、科学+品德、科学+美术、科学+劳动、科学+信息。学校所有科学实践活动室都配有相应的活动器材和设备，在经验丰富的科学教师精心的指导下，学生走进科学、体验科学，在科技实践活动中创新成长。

2. 以国家课程为核心，拓展"做科学"校本课程

学校结合融合科学课程、地方课程与校本的科技实践活动，形成了物质与能量、生命与生长、工程与制造、环境与自然、物联与创客等主题课程，内容包含机器人工程、创客、智能物联、设计与艺术、技术与实践、生命与自然、能量与变化、物质与生活等，让科学教学融入学生生活，突出动手实践；编制了12册以"做科学"为主题的校本教材，开发微课课程、"做科学"主题学习在线课程等学习资源；引导师生自制教学具，开发具有创新性的学习资源，为学生提供"自助"的学习方式（图1）。

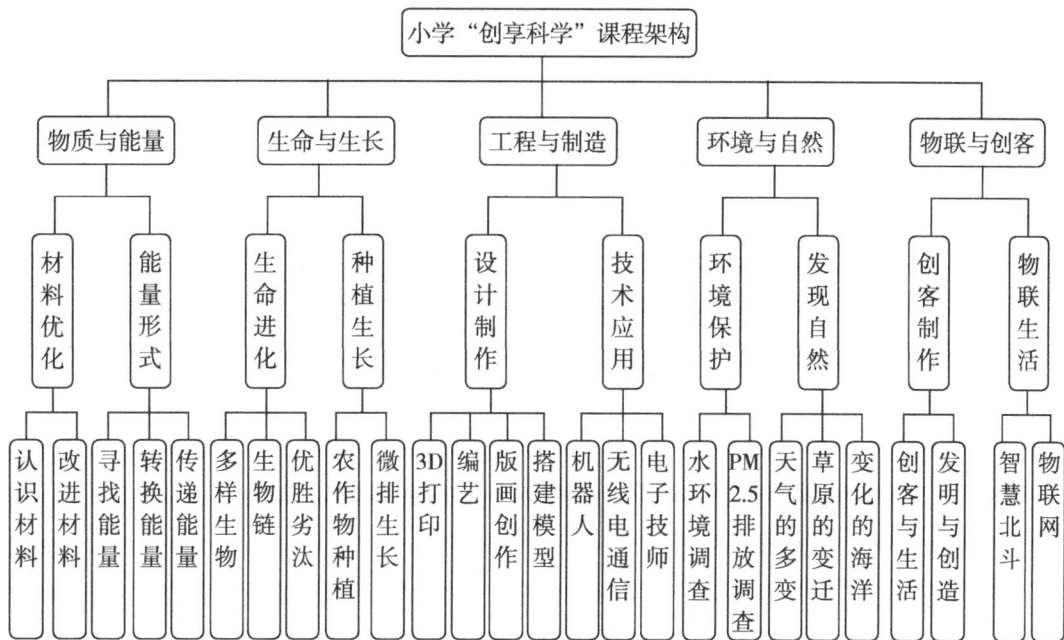

图1

（三）探索研磨"做科学"课堂教学模式，形成育人氛围

1. 夯实"做科学"课堂具身的理论基础

具身认知理论、陶行知的"生活即教育"和杜威的"教育即生活、生长和经验改造"的教育理论，都指向了小学科学课程要以"做"为核心，要让学生在生活中自主探究、运用科学知识。建构主义理论也认为应该"以学生为中心，强调学生对知识的主动探索、主动发现和对所学知识意义的主动建构"。"做科学"正是基于这些理论，进行课程的开发与实施，通过"做科学"特色文化建设，逐步改变学生的学习方式。

2. 构建"做科学"具身课堂教学范式

以国家2017年颁布的《义务教育小学科学课程标准》为基础，践行江苏省小学科学特级教师顾长明老师的小学科学"做思共生"教学思想，打造"做科学"课堂教学模式。"做科学"课堂教学模式旨在使学生以科学的方法学习知识，强调学习方法、思维方法、学习态度的培养，强调学生对科学探究活动的亲身经历和参与。"做科学"具身课堂教学范式提倡从学生的生活世界中选题，通过各种广泛的实验或体验来建立概念；每个活动一般分为提问、猜想、实验、合作、拓展与应用六个阶段。"做科学"课堂教学模式使学校的教学文化由"传授—接受"型向"建构—探究"型转变。

"做科学"课堂教学范示如图2所示。

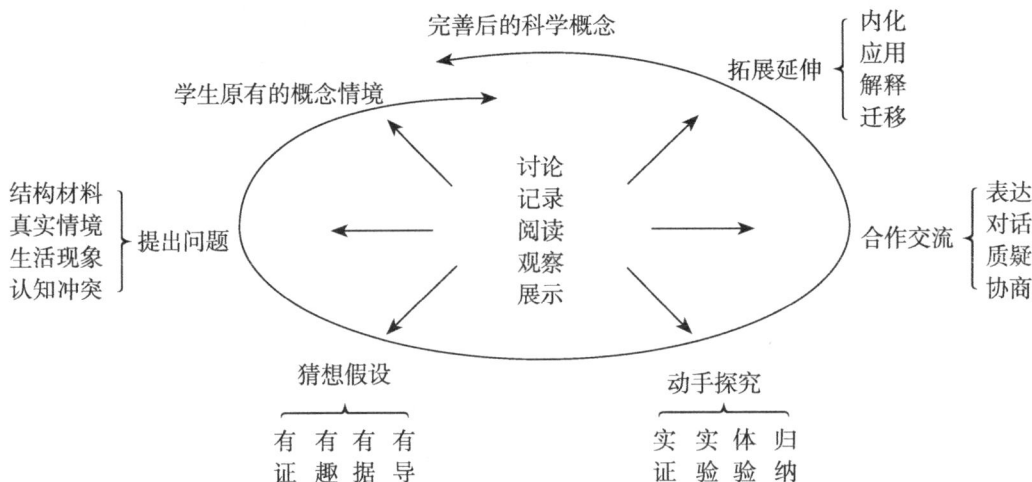

图2

（四）打造"做科学"互动平台，提供具身认知的活动阵地

1. 建设"AI"，做学习平台

结合现代的科学发展趋势、儿童认知特点，构建学生自主创新学习的"科技活动室"。在这一过程中，既要结合"绿色环保"等科学理念，也要结合物联网、创客等科技元素，打造科技作品展览室、3D打印活动室、机器人活动室、科技模型活动室、科技制作室、科幻版画室、小创客（STEM）工作室、科技创新工作室和物联网工作室。

2. 开发"大数据+"，做交流平台

利用大数据技术对教育数据进行分析，让教育的数据成为教育改进的实证。组建"学生在线学习系统"，让学生随时随地进行在线科学学习。建立数字化科学实验室，利用大数据技术，收集学生参与科学课内外的学习数据，分析学生的知识、技能、情感等方面的情况，为教师更好地把握学生的学情提供了重要的依据，有助于提高学校"做科学"课程特色教育教学水平。充分利用大数据管理"做科学"教育教学活动。发挥信息化教学优势，合理利用数字化模型，解释、论证科学原理；构建"做科学"线上教与学的互动平台，弥补线下教学的不足；持续收集学生学习过程、学习结果的相关数据，形成学生学习成长数据化样本，合理分析学生在不同阶段的学习情况、存在的问题，为学校制订"做科学"建设方案提出调整方向。

3. 打造"研做合一"，做教研活动平台

课程的实施要立足科学中心教研组和科技社团活动指导室、科技创新工作室，建立常态化的教研活动制度，采取汇课、讲座、沙龙、现场观摩等多种教研方式，定期研讨"做科学"高效课堂教学模式、多学科融合下学生创新能力的培养策略、科技教育校本课程开发实施策略、青少年科技创新指导策略、青少年科技活动方案设计、科学研究类项目实施等重点课题，逐步提高教师课堂教学水平、科技实践能力和科技教育能力。

4. 建立"节日"，做科普推广平台

依托综合性的科学实践性活动，促进课程内容的融合。结合校内外科普教育基地、社会科学等教育资源，紧扣"一日一节一周"开展主题多样的科普活动。"一日"是指结合全国和国际科普类节日，如植树节、全国爱耳日、世界森林日、世界水日、世界气象日、世界地球日等，组织学生进行收集资料、科普宣传、科学考察、科学研究等科技实践活动，培育学生关注和解决社会科技问题的责任担当。"一节"是指学校在每年五月份开展科技节，组织开展丰富多彩、形式多样的科技活动，培养学生的科学素养。"一周"是结合全国科普宣传周，开展科普系列活动，让学生从校内走向社会，从学习科学知识到应用科学知识，提升学生的科学素养。

5. 组织"科学群"，做社团平台

国家课程是"做科学"课程内容的主体，相关的"群"组织科学社团活动是对国家课程的进一步拓展与应用。学校形成以"做"为主题的科学拓展活动，进一步培养学生质疑、发现、探索、创新等方面的能力。学校结合"做科学"的实施环境和课程开发的内容，以国家课程为中心，构建5类10个模块26个社团内容群，见表1。

表1　社团内容群

领　域	主　题	社团主题	适应年级
物质与能量	材料优化	认识材料	一至六
		改进材料	一至六
	能量变化	小车运动	一至六
		转换能量	三至六
		传递能量	三至六

续 表

领　域	主　题	社团主题	适应年级
生命与生长	生物进化	生物链	三至六
		优胜劣汰	一至六
		多样生物	三至六
	种植生长	农作物种植	三至六
		微排生长	三至六
工程与制造	设计制作	3D打印	三至六
		编艺	一至六
		版画创作	一至六
		搭建模型	四至六
	技术应用	机器人	四至六
		无线电通信	四至六
		电子技师	四至六
环境与自然	保护环境	水环境调查	三至六
		PM2.5排放调查	三至六
	发现自然	天气的多变	一至六
		草原的变迁	一至六
		变化的海洋	三至六
物联与创客	创客制作	创客与生活	一至六
		发明与创新	三至六
	物联生活	智慧北斗	三至六
		物联网	三至六

为保证社团活动质量，要做到：一定活动时间，每周固定举办科技社团活动的时间；二定组班形式，学生选课走班，保证人人有项目，人人都参与；三定活动内容，组建《我做科学》系列童创科技校本教材；四定评价机制，由学校科技社团活动指导室负责社团活动的过程督查和结果考核。

小学"做科学"课程主张积极组织学生参加实践体验等素质教育活动，整合教育资源，创设课程环境，建设物态载体，实施"做中学"，提倡学生在资源共享中享受科学的学习过程，形成以"体认""创新""共享"为核心的科学的具身学习方式与认知方式的育人模式。具身认知理论认为，"在知觉运动系统的背后存在一个'心智'，这个心智具备各种形式命题和推理规则，指挥着前者的运作。无论我们心目中的那个理性的、基于规则的和推理的东西是什么，它都完完全全地嵌入我们的身体活动中"。这里的"身体活动"恰恰就是学生在科学学习中"做"的具体体现，与杜威的实用主义教育思想相吻合，让学生在"做"中"学"，在"学"与"做"中"思"，以"做"为依托，引领学生在动脑与动手间追寻科学的奥秘。

具身认知视角下的"做科学"特色文化建设可以培养学生的审美情趣，提升学生的人格素养，丰富"体认""理解""实践"的育人内涵。构建"做科学"课堂教学模式，激发学生的科学探究潜能，培养学生的创新思维能力，融合多学科课程共同发展，促进学生发展核心素养，开展科技实践与创新教育交流活动，共同研究探讨科技创新活动，将基地建设和形成学生发展特色结合起来。通过主办和承办各级教师培训会、研讨会、现场会等学科教研活动，展示课程成果、推广经验、放大课程效应，带动区域学校集约式发展。

参考文献

[1]中华人民共和国教育部.义务教育小学科学课程标准（2017年版）[M].北京：北京师范大学出版社，2017.

[2]顾长明.科学教育"做中学"项目实施中面临的问题及分析[J].教学研究，2011（4）.

[3]顾长明."做思共生"科学教学的本质解析[J].江苏教育，2018（1）.

[4]顾长明.做思共生：科学教学的理想课态[J].教学仪器与实验，2015（4）.

小学科学课堂培养学生科学素养的研究

广东省东莞松山湖青少年活动中心　李福利

《义务教育小学科学课程标准》2017年12月第1版明确指出：小学科学课程是倡导以培养学生科学素养为核心，建立学生发展核心素养体系的科学课程，也是落实《中国学生发展核心素养》的根本任务。小学科学课作为对小学生进行科学素养教育的一门重要的基础学科，对培养学生的科学志趣和创新精神，学科学、用科学的能力，对学生的科学素养的提高和创新能力的发展都有着十分重要的意义。

近年来，随着科学教学改革的不断深化，在小学科学课堂教学中如何有效培养学生的科学素养，已引起广大教师的普遍关注与深度思考。小学科学课堂是培养学生科学素养的主阵地，如何才能做到既让学生喜欢科学课，又能充分调动学生的学习积极性，在快乐的课堂教学中培养学生的科学素养？本文从四个方面就小学科学课堂培养学生科学素养做了一些研究。

一、基于深度学习的课堂"现象教学"实践，培养学生的科学素养

小学科学素养包含科学兴趣、科学知识、科学方法和科学精神四个核心要素。小学科学是以培养小学生科学素养为核心，积极倡导学生亲身经历，以探究为主的学习活动，培养学生的好奇心和探究欲，发展他们对科学本质的理解，使他们学会探究解决问题的策略，为他们终身学习和生活打好基础。

我校开展了基于深度学习的"现象教学"实践与研究。从现象的真实性（创设真实情境与设计驱动性问题）、探究的有序性（建立探究任务与安排探究环节）、思维的深刻性（掌握探究方法与构建科学概念）三个视角进行实践，通过不断求索，引领学生发展深度学习能力。科学课要引导学生自己去探索自然界的规律，让学生"做中学"。教师如果让学生在课堂上经历发现、提出问题—实践、思维解决问题—初步获得结论—践运用、检验再认真结论的过程，学生就在实践中有了切身体验。学生在这一过程中不仅获得了科学知识，更经历了科学探究过程，掌握了科学探究的方法与科学思想，体验了科学探究的艰辛，从而真正达到培养科学素养的目的。

二、课堂创设教学情境，营造培养学生科学素养的良好氛围

一个好的课堂教学情境可以沟通教师与学生的心灵，充分调动学生的既有经验，使其在兴趣的驱动下，主动参与学习活动。在小学科学课堂教学中，创设一个优质的教学情境是上好一堂课的重要前提。它的根本点在于突出了以学生为主体的思想，把学习的主动权真正归还给学生。一个积极、宽松、和谐的课堂教学氛围，可以让学生学习的积极性和主动性被大大激发。

例如，在进行《水》的课堂教学时，根据学生的年龄特点，从无色透明的液体的分辨引入，意在引导学生运用观察和比较的学习方法，感受和认识水的基本性质与液体的一些共同特征，欣赏体会水体的美丽，学生的学习兴趣马上被调动起来。课堂上主要组织学生对水和其他外观与水一样的液体进行观察实验，知道水的物理性质、水的溶解性、水的净化方法，进一步培养学生的观察、比较、分析、判断及动手操作能力，让学生通过观察江、河、湖、泊、溪流、瀑布等水域景观，学会欣赏美丽的水体。

好的开始是成功的一半。以上引入新课的方法使学生在已有认知的前提下，在愉快的氛围中不知不觉地学习新的科学知识，为培养学生的科学素养营造了良好的氛围。

三、利用兴趣爱好来培养学生的科学素养

教育家孔子说："知之者不如好之者，好之者不如乐之者。"兴趣可以说是学生学习的动力，是引导学生进入知识宫殿大门的向导，学生对科学课感兴趣，就会孜孜不倦地学习钻研。小学阶段的学生对身边的好多事物都存有好奇心，学生对周围世界的好奇心又是科学课学习兴趣的先导。我们周围的一切对于小学阶段的学生来说都有一种神秘感，科学课本身就蕴含着一种内在的吸引力，对小学生来说，许多秘密往往能引起他们刨根问底，总想问个"为什么"，恰恰科学课就是解决他们这些"为什么"的"金钥匙"，教学时如果教师努力创设有趣的情境，把学生熟悉的生活情境和感兴趣的谜语、游戏、诗歌等与教材有机融合，形成一个切入点，学生就能迅速进入最佳的学习状态，既激发了学生学习本节课的兴趣，又培养了学生对科学课的兴趣，并培养了学生良好的学习态度。在课堂上让学生在活动中通过看、闻、摸、听等多种方式全身心地感受和体验，并用文字、图画等方法记录收集到的信息，通过一些具体的活动，使学生对自己所观察的事物有一个直接的认识，对科学探索活动的过程和方法有一定的了解，同时也培养了他们的观察能力和对科学的兴趣，科学素养也就在这样的活动中逐渐形成。趣味性是自然学科本身的特点之一，怎样让学生的兴趣持续下去，需要科学教师采取灵活多变的教法进行培养。

四、运用实践活动来培养学生的科学素养

小学科学课以科学活动为载体，以探究为核心。传统的教育受教育条件、教育模式的影响，教师讲授的多，学生自行实践的少。现行的科学教材以科学活动为途径，让学生积极参与活动探究。根据小学阶段学生的心理特征，组织形式多样、内容丰富的教学实践活动能让学生尽可能地按自己的设计操作，把以"教学"为中心的课堂活动转变为以"探究"为核心的学生自主活动。学生通过自己提出问题，制订简单的实验计划，在教师的指导下进行实验操作，感受科学知识和科学研究带给他们的快乐。为了让学生喜欢科学和乐于探究，我们精选活动内容和联系学校教学的实际，与学生一起动手设计并实践，学生更加喜欢科学课了。他们不但学到了书本上的知识，而且联系了生活实际，更加喜爱科学研究，情感也得到了熏陶。

总之，科学素养的形成是一个长期的过程，培养小学生的科学素养也并不是简单的一次教学过程和开展一项活动就能做到的，而是需要我们科学教师辛勤地耕耘，细心呵护学生与生俱来的好奇心，培养他们对科学的兴趣和求知欲，引领他们学习与周围世界有关的科学知识，帮助他们体验科学活动的过程和方法，使他们了解科学、技术与社会的关系，乐于与人合作，与环境和谐相处，为学生的终身学习和全面发展打下扎实的基础。

小学科学低年级探究活动评价的策略研究

广东省东莞市寮步镇凫山小学 叶钜明

小学科学课程是一门以培养学生科学素养为宗旨的义务教育阶段的核心课程，也是一门实践性课程。小学科学课堂是培养学生科学素养的主阵地，把探究活动作为学生学习科学的重要方式。2017年，新的《义务教育小学科学课程标准》（以下简称《课程标准》）正式出台，提出从一年级起开设科学课，进一步加强和突出了科学课程的基础性地位，也昭示着科学课从一年级开始纳入核心课程系列。小学科学一年级的课程注重引导学生学会通过多种方法寻找证据，运用创造性思维和逻辑推理解决问题，倡导探究式学习。然而，学生的探究离不开科学、合理的评价，科学教师要对评价有更全面、更合理的认识，要利用评价促进探究活动的深入和学生的全面发展。

对于低年级的学生来说，评价什么，怎么评价，是非常重要和关键的。评价学生的科学学习水平必须从只关注学生的基础知识与基本技能掌握情况转移到全面关注学生的科学态度、探究能力、合作与交流等各方面的发展上来。

一、关注评价原则

1. 面向全体学生

《课程标准》中提出：小学科学课程对于培养学生的科学素养、创新精神和实践能力具有重要的价值，每个学生都要学好科学。小学科学课程要面向全体学生，适应学生个性化发展的需要，为每一个学生提供公平学习的机会，使他们获得良好的科学教育。一年级的学生，刚从幼儿园进入小学，学习的习惯还没有养成，每一位学生的天资、对科学课的兴趣、已具备的科学素养都不同。因此，科学探究课要重视因材施教，为每一位学生提供合适的引导和支持，面向全体学生，关注个体差异，使每个学生都能得到充分的发展。

2. 保护学生的好奇心和求知欲

科学启蒙对于学生来说是非常重要的，其中最主要的就是要培养学生对科学的好奇心。好奇心是一种求知欲，是学习新知识、探索未知领域必须具备的。低年级开展科学教育，目的就是培养学生对科学的兴趣和好奇心，使其养成科学的思维习惯。

在日常教学中，很多教师常常会犯急于求成的错误。一年级的学生刚接触科学，对科学知识不太了解，本应让学生通过充分体验探究的过程，学习科学知识和科学概念，但有些教师会直接告诉学生相关知识和概念，不利于学生的好奇心和求知欲的培养。教师要真正站在学生的角度去思考和看待问题，肯定并且尊重他们的奇思妙想，用充满童趣的好奇心和求知欲的态度对待科学探究，对待小学科学这门课程，像学生一样去探索，与学生一起发现。怀揣着对自然事物及周围世界的无限疑问和求知欲，才能真正走进学生的世界。一个走进学生内心的教师，才能更好地引领学生走进科学的世界。

3. 突出学生的主体地位

学生是学习的主体，教师是学习过程的组织者、引导者和促进者。在小学科学教学中，教师要突出学生的主体地位，基于学生的认知水平，联系学生已有的知识和经验，充分利用学校、家庭、社区等各种资源，创设良好的学习环境，引导学生主动探究，启发学生积极思维，使学生学会独立学习和合作学习。

二、评价内容全面化

对科学探究活动的评价不仅要关注学生对科学知识的认识，还要着眼于他们的终身发展，发现并发展他们多方面的潜能，更多地关注他们的科学探究能力、科学态度以及综合素质，关注他们的全面发展。

（一）细化探究过程评价

有效的、成功的教育往往取决于学生积极主动的自身努力，取决于学生是否参与整个教育评价过程，怎样参与以及参与了多少。随着知识更新速度加快，教师早已不是学生学习的唯一知识来源，教师应该恰当地发挥好自己的主导作用，做学生科学学习的伙伴、参与者、激励者，更多地关注他们在实验探究过程中体现出的科学态度。

在粤教版一年级下册《做个小竹筏》的教学中，教师给学生提供竹筷子、短木条、橡皮筋、绳子等材料，让学生尝试用这些材料设计和制作一个小竹筏。学生的兴趣很高，以小组为单位自行设计方案。只见各小组学生纷纷开动脑筋，提出自己的办法，然后由小组长把每个人的意见综合起来设计小组的实验方案。交流实验方案时，学生充分发表自己的意见，不断为别人和自己补充、修改，既肯定自己的长处，又汲取别人的经验，最终形成了更为完善的设计方案。等到学生动手实验、结束汇报时，教师不但肯定了他们用多种方法进行实验，还注重对他们小组合作、创新方法等进行有针对性的评价，促进了他们科学探究能力的发展。

（二）细化动手能力评价

在科学探究活动中有很多涉及动手的课程，如粤教版《我们来观察》《常见的尺子》《我的小船》等，教师要注重对学生观察、测量、制作等动手能力的评价。教师要在课堂中合理运用教学资源，组织学生进行一些和教学相关的小制作，如制作小竹筏、纸杯子等，然后组织学生对制作过程中的动手操作情况以及小组合作情况进行评价。

对学生动手的表现进行评价时，用简单的分数评价是不恰当的，教师要深入了解学生的实际学习和发展状况，为对学生进行多样评价提供依据，多用描述性评价。

（三）细化发现问题能力评价

学生学习科学的目的不仅仅是学知识、做实验，也是让自己通过学习意识到，遇到不明白的地方应该想办法自己解决，掌握科学探究的方法。在日常的课堂教学活动中，教师应重视观察学生学习科学时的行为表现，对学生发现问题的意识、自主探究的意识进行评价。

在科学探究活动中，常常会有很多学生提出一些问题，如在观察小动物时，学生看到毛毛虫，提出为什么毛毛虫这么多脚，身上的毛有什么作用等。这些问题的提出说明学生在观察、思考，这是他们自主探究的体现。所以，当有学生提出一些有价值的问题时，教师应及时进行表扬，引导他们留心科学课堂，留心每一次探究活动，使他们发现问题、思考问题的能力得到加强。

（四）细化科学态度评价

科学态度是考查学生进行科学学习和探究所必须具备的基本态度，包括对科学的兴趣和参与科学活动的热情，重视合作与交流、勇于表达、乐于倾听、尊重他人不同意见的态度等。

科学探究学习评价中，关键要把评价的目标指向关注学生的科学态度，特别是对于实验的过程性评价能够很好地体现学生的科学态度。

1. 注重学生对科学的兴趣

小学生好奇心强，喜欢接受新鲜事物，凡事都想探个究竟。他们生来就有一种动手操作的意识。因此，培养学生对科学的浓厚兴趣，激发学生学科学、爱科学的热情，对学生今后的成长至关重要。作为低年级的教师更应做好充分准备，巧设情境，提出激发学生兴趣的问题，让学生分组探究，充分发挥他们的潜能。例如，在教学粤教版《哪些物体是浮的》一课时，教师提前让学生带来一些玩具等物体，课堂上可以给学生提出探究的任务，让学生通过小组合作进行探究。这时，教师可以对准备工作做得突出、对探究表现积极的小组进行表扬和评价。这样，学生就会激情饱满、兴致勃勃地投入探究活动。

2. 鼓励学生表达与交流

学会准确地与他人交流，如向别人解释自己的想法，倾听别人的想法，善待批评以审视自己的观点，获得更正确的认识，学会相互接纳、赞赏、分享、互助等，这种客观、开放的精神的形成并非易事，要靠长期的教育才能实现。为此，在科学课堂探究式学习中，教师应该尽力拓展让学生可以相互交流的空间，尽量设置一些开放性的问题，创造让学生表达与交流的机会。

在教学粤教版科学《空气还藏在哪儿》一课时，我设计了这样一个评价环节：让各小组思考和设计观察空气还可能藏在哪儿。提出观察方案：你认为哪一个小组的观察方案是可行的？理由是什么？你们小组有更好的方案吗？等等。这样利用学生好胜心强的心理特点，引导他们去关注别人的发言，从中取长补短，从小组的几个人扩大到全班的范围。在进行交流的同时，教师要特别注重对学生语言表达能力的培养。我们都知道，语言是思维的外壳，一年级的学生语言表达能力有限。再成功的实验，如果不能用语言把它表述出来，也是毫无价值的。因此，通过对低年级学生的表达与交流的评价，可以进一步提升学生科学探究的兴趣和科学素养。

3. 让倾听形成习惯

倾听，是一种品质，是一种素养，是进行科学文化交流的中介。在科学课上，"不会倾听就是不会学习，倾听是对他人的一种尊重。想要别人尊重自己，自己首先得尊重别人"。的确，要让低年段的学生做到这一点，还是有点困难的，这就需要教师的引导了。例如，在教学粤教版《草地里有什么》一课时，由于一年级的学生年龄比较小，在学生上台汇报在草地里观察到什么的时候，有的学生直接站起来就补充，有的学生还在小组内交流。这样一来，课堂就乱成一片。这时，教师可以通过"探究性学习评价表"对学生的表现进行评价，让他们知道这样做是一种不礼貌的行为，并且不尊重他人。通过一段时间的评价，学生慢慢地就会形成了良好的倾听习惯。

三、评价方式多元化

传统的评价中，教师一直是评价主体，学生是被评价的对象，要想更好地实现评价的激励作用，单以教师为评价主体是不够的，必须充分发挥学生在评价中的主体作用，学生自评、学生互评、教师评价相结合，做到在学习过程中与学生的学习交融在一起，针对学生的学情及学习表现进行评价。

1. 落实自我评价

自我评价是自我意识的一种表现形式，是学生针对学习过程的自我反思。通常，学生的自我评价能力较弱，教师要在探究过程中给予特别关注。教师可以常和学生一起讨论评价标准，如什么是可以研究的科学问题，什么是好的实验设计，什么样的结论是可靠的，什么样的知识是可信的等。通过交流促进学生对评价标准的理解和内化，使他们更愿意践行自己认可了的标准。例如，在制作小竹筏之前，可以组织学生讨论，形成相关评价标准（如牢固、美观、平整等），等他们制作时自然就会重点关注这些制作因素，提高学习效率。

2. 促进相互评价

课堂是学生自主发展的平台，教师要懂得适时、适宜地参与到学生的评价中，特别是要善于利用语言、姿态、表情等，对学生互评进行不断推进、调控，使他们明确互评的中心必须是学习内容，而不是他人本身。这样，学生就能思考其他同学的想法、做法和自己有哪些不同，对自己有何启示，学会在相互欣赏中共同进步。同时，学生在明确其他同学的假设、结论的合理之处后，也能知道自己学习的具体情况，找到努力的方向。这远比简单地知道正确答案更重要。

3. 重视教师评价

教师对学生实验探究过程进行观察，可以随机进行评价，以表扬为主。教师可以通过日常观察、阶段评价的做法使学生学会关注自己的学习过程。教师通过课上观察以及与学生谈话等途径，了解学生的科学学习表现，并做相关的记录，进行评价。教师在每次探究活动中要有目的地对学生进行重点观察，了解学生的学习兴趣、参与程度、合作意识以及对科学知识的理解和运用等。另外，教师应本着以表扬、鼓励为主的原则，随时随地对学生进行评价（表1）。教师的一个眼神、一句鼓励的话语不但能使学生自主参与，而且能使学生树立自信心，敢于表达自己的不同见解，同时也体验到成功的喜悦，把课堂变为展示自我的舞台。

表1　科学探究性学习评价表

评价标准：★★★很好；★★较好；★需努力

序　号	评价要素	自　评	互　评	师　评
1	做好充分准备	☆☆☆	☆☆☆	☆☆☆
2	认真参与探究活动	☆☆☆	☆☆☆	☆☆☆
3	认真听，大胆提问	☆☆☆	☆☆☆	☆☆☆
4	小组合作与交流	☆☆☆	☆☆☆	☆☆☆
5	完成后收拾材料	☆☆☆	☆☆☆	☆☆☆
综合评价		☆☆☆		

综合而言，评价要以学生素质的全面提高为基础，以多种形式全面衡量学生素质，只有以课堂教学评价为规范，强调学生的自主探究与个性发展，强调对学生解决问题的能力培养，让评价做到多元化、全面化、合理化，才能使学生多方面的素质得到全面发展，学生才能得到真正意义上的成长。

参考文献

［1］中华人民共和国教育部.义务教育小学科学课程标准（2017年版）［M］.北京：北京师范大学出版社，2017.

［2］刘颂豪.科学教师教学用书（一年级上、下册）［M］.广州：广东科技出版社，广东教育出版社，2018.

［3］耿宏丽.小学科学课探究学习评价的问题与对策研究［D］.重庆：西南大学，2010.

［4］杨小凤.基于标准的小学科学课教学评价研究［D］.济南：山东师范大学，2014.

改变因现象而精深

——基于现象教学的"空气"实验的探索

广东省东莞市莞城实验小学　何建锋

基于现象（主题）的教学、跨界教学，围绕某一科学现象或话题进行主题教学，其特点是超越科学与生活的局限、超越学科与学科的局限。这对小学科学教学有更好的启示作用，对科学教学的活动设置提出了回归生活的思想。小学科学教学中一些经典教学活动具有传统实验教学的魅力和实效，也力求接近生活化。

在现象教学中我们可就实验的形式、过程和指向做"生活化"的改造，使之具有可探索性，扩大学生获取直接经验的空间，使之成为有价值的生活原型，使课堂教学既是一个教与学的过程，更是一个经过加工的实践过程。以下是我在"空气"教学中的一些尝试做法。

一、"空气"现象不现象

在新的各版本改版教材中低中年级都出现了空气科学概念的教学内容，其中三年级的小学科学《空气占据空间》一课中，有一个很经典的活动，许多教师都会在一个小塑料瓶里放一个气球，要学生猜想这个气球能不能吹大。这本来是一个很巧妙的活动，可是就是这样一个小小的活动，常常会出现一些意想不到的效果或者情况。

（一）实验设计经典，易产生迷离概念

活动的设计本来是很巧妙的，学生认为气球能够吹大，这是生活的经验，说明气体吹进气球，气球变大了，学生逐渐知道了气体能占据空间的理论。学生在吹的过程当中，其实也会抱着一个疑问，到底是什么东西把气球胀大了，气球里面到底是什么？空气是实际存在的物体，它能够占据空间，有一定的体积，会流动等内容构建了空气的概念。然而，这些自我猜想的活动却让学生并不能够深入地了解和清楚空气核心的概念，会纠结在为什么不能吹大的困惑中。再者，实验在不改变实验材料的情况下，气球是不可能吹大的，它是一个单向的结论。

这样一个经典的实验其实存在着问题，它把学生头脑中对空气的一些碎片式记忆，或对空气的一些片面理解（也就是我们说的迷离概念）指向空气占据空间这个单

一的概念。

第一，把气球能吹大这个事实强迫性地证明猜想是错的，会打击学生的积极性和自信心。

第二，气球能吹大，学生很明白，因为身体内的气吹进去，所以气球会变大，此生活现象是人类常见的共识，但他们并不理解或确认吹出的气更多的是二氧化碳，对呼出的气与空气是否一样，他们心中也有些迷惑，或者是造成科学概念理解的偏差，或者是对空气的概念理解有所缺失。

第三，在教学过程当中发现，部分教师直接把气球塞进塑料瓶里，并用气球嘴套住瓶口，让学生进行实验。当然这个效果是很明显的，气球在密封塑料瓶里面很难吹大甚至不能吹大，学生当然会充满疑问。此外，这样一个小小的实验还常常会出现我们意想不到的安全事故。

（二）指向信息明确，但步骤有些禁锢

让学生自主地操作，更多的是明确信息传达：学生不管怎样也难以把气球吹大。当然，实验失败的现象可以激发实验者（学生）的反思、疑问和思考，促使实验者（学生）能进一步探究，理解现象的原因，或改进实验，或改变方法，或深度分解，从而达到深度学习的目的。

二、"空气"小改变有现象

改变一：注重实验中的细节

针对实验的设计，教材编写者和活动设计者都应不断地思考、修改和发展，有部分教材也会出现这一个经典的实验——在瓶子的底部钻一个孔，并指明在瓶底贴一块透明胶布，堵住那个透气的小孔。

首先，学生一定会认为气球是可以吹大的，这个可能是教师臆想的一个前概念，可实际情况是学生对生活不是一无所知的，在多节科学展示课当中也发现学生对现象是清楚的，有相当一部分学生是知道吹不大的，因为他们知道里面堵住了。

其次，生活经验丰富的学生能说出要扎一个孔，或者把底部去掉，气球就能够很顺利地吹大。让他们尝试不能吹大的气球，又或者直接把瓶子的底部扎一个孔把气球吹大，但这个小孔有禁锢学生思维的嫌疑。

还有，我们许多教学设计是任务驱动，可更多的是呈现气球器材，引出"能否吹大？为什么？"的问题。这一问题提出来就注定了答案，单一性的判断，要么能够吹大，要么吹不大。吹大的标准是什么没有定出来，到底是跟在空气中气球膨胀后体积一样就是能吹大，还是瘪气球体积有变化就变大了，并不明确。如果选择的气球体积过大，学生吹的力气足够大，水瓶口有点漏气的时候，是有可能把气球吹到充满瓶子的。

改变二：注重实验安全问题

进行实验时，我们提出严重的警告：实验中的水瓶的有几点不可以缺失。

首先，水瓶底部要扎出一个小孔，如果瓶子套上气球后是完全密封的，那么对气球吹气，随着吹进气体容量的增加，瓶内的气压会越来越大，大部分学生会不断地增加吹气的力量，这样学生就有可能因用力过度导致头晕，更严重的可能会伤害肺部。

同时，如果不强调说明卫生要求，也可能错误引导学生。不是什么都能吹的，在不清楚容器里面有什么东西的情况下，不能随便把嘴凑过去，要确认肺部的肺泡压强必须大于容器里的气压，在确保安全和有能力进行的前提下，才能进行吹气球这样的活动。

还有，以这种形式吹气球，必须是每个学生一个实验器材，或指定一个学生去吹，不要让每个学生都把嘴凑到同一个瓶子上去吹，这极不卫生，也容易造成细菌的传播。

三、"空气"深改变大现象

其实"吹不大的气球"这个实验存在着一定的概念混乱的现象，气球在水瓶当中吹不大、气体吹不进去的干扰因素多，如瓶子里面的空气占据了空间、空气的气压增加、气球变大后水瓶壁的刚性等。特别是与水瓶的材料种类、厚薄、软硬程度有着很大关系。我曾尝试用较大体积、外壁较软的一次性水瓶，把它捏扁一些，气球是有可能吹大的，当然不容易呈现此现象。

分析此现象的原因，更多的是因为气球的体积增大以致瓶内气体压缩，瓶子里面的气压也随之增强，内外存在气压差，所以气球开始的时候有胀大，却不能完全地占据整个水瓶的空间。现象教学就是结合教材内容与学生生活实际，适时围绕学生感兴趣的生活现象展开教学，将学生熟悉的生活现象和感兴趣的问题作为教学活动的切入点，努力在学生生活与科学教学之间建立一种相似或相对的联系，从而使科学教学跨越知识逻辑，回归生活，让学生在现实生活中发现科学现象，应用科学知识解释生活现象或解决生活问题，产生学习科学的兴趣，让科学探究成为一种习惯。

（一）改进为可看现象的实验

把敞口的瓶子倒过来浸到水里，然后慢慢倾斜，瓶子里的空气会跑出来，水进入瓶子，说明瓶子里的空间开始是被空气占据的。

（二）改变为可触摸现象的做法

现象教学不应局限于观察的视觉感官，应全方位地体会和感受，并加以生活现象的创设。教师要有意识地把科学问题生活化，使学生体验科学来源于生活，从而使学生逐渐把科学思维延伸到生活中。

1. 任务创设

请把3个一样的袋子装满。

2. 现象过程

准备3个一样的透明塑料袋子，准备沙子和水两种适量的材料，提出问题，学生进行讨论，沙子和水两种实验材料的呈现会引导学生对空间填充概念的理解，学生也能相对容易地用不透风塑料袋子打开袋子口，用力在空气中一招，缩紧袋子口，袋子是鼓鼓的，里面是空气。通过固体、液体占据空间的已有认知，气体占据空间的概念就会逐步形成。

3. 现象发展

学生会较轻松地分别用沙子、水和空气把它们装满，对比观察现象，并讲述现象中发现的科学道理，更能从现象中实现科学知识迁移。空气看不到、摸不着，但与沙子、水一样，同样存在体积，同样存在质量，同样是物质，从而衍生出固体、液体和气体的概念，这样三者的科学概念更细化、对比更全面。

四、"空气"趣改变深现象

空气是一种看不见、摸不着的气体，这比固体、液体占据空间更抽象。对于低年级的学生来说既陌生又难以理解，应该让学生动手实验，在实验中观察和发现，力求让抽象的概念通过具体形象的事物体现，力求让无形的空气变成可见的现象，让看不见的空气变得可见。

（一）实验原型及不足之处

把一团纸巾放在一个杯子的底部，然后将杯子竖直倒扣入水中，再缓缓将杯子垂直移出水面，通过观察纸巾有没有湿，来证明空气是否占据空间。我认为该实验操作简单，但存在以下不足：

（1）由于空气不可见，原实验很难让学生清楚地看到空气的流动。

（2）如果实验时杯子不垂直，很难达到理想的实验效果。

（3）实验过程中，总有一些学生不小心把纸团打湿，从而影响结论的产生，同时，实验桌上散落着一个个湿纸团，既浪费材料，又不卫生。

（4）实验操作时，学生不小心会把衣袖弄湿。

因此我对该实验进行了改进。

（二）实验改进让现象更吸引

（1）实验材料：水槽、瓶盖上有小孔的无底塑料瓶、乒乓球、水、橡皮泥。

（2）实验要求：把塑料瓶对着乒乓球竖直压入水底，不移动瓶子，你能让乒乓球听你的话，分别停留在瓶子的不同位置，从而证明空气占据空间吗？看谁能想到更多不同的办法？分组先讨论，然后再做实验。

（3）实验展示：可以有多种更有趣味的方法，需要我们教师不断地思考、改进和创造。

方法一：

（1）用橡皮泥堵住小孔，把塑料瓶对着乒乓球竖直压入水底。这时观察到的现象是乒乓球也随之被压入水中，停留在水槽底部，说明瓶子里的空间被空气占据了，水就进不去了。

（2）拿开橡皮泥，空气从小孔中跑出来，水占据了空气原来的空间，乒乓球也跟着慢慢上升。堵住小孔，乒乓球停止上升；拿开橡皮泥，乒乓球又继续上升。这就说明空气是占据空间的。

方法二：用拧瓶盖的方法，让瓶内的空气一点点跑出来，也能使乒乓球停留在瓶子的不同位置，从而证明空气占据空间。

方法三：将瓶盖取下来，用嘴往瓶子里吹空气，也能让乒乓球停留在瓶子的不同位置。吹入的空气把水赶走，乒乓球随之下降；停止吹气，水进入瓶内，乒乓球跟着上升。如果吸瓶内有空气，还可以让乒乓球停在比水槽的水面更高的位置。吸气时，瓶内的空气跑到哪儿去了，它们占据了哪儿的空间？从而引导学生认识空气不仅会占据瓶子里的空间，还会占据我们人体内的空间，空气占据着我们周围的空间，进而深化了本课的教学目标。

总之，在科学课中进行现象教学的实践，是一种尝试，也是一种探索，探索的重点是培养学生的问题意识、探究意识，要求我们教师更多地站在学生的角度，以学生的视角审视科学教学内容，改进和创设更现象化的科学实验和科学探究活动，力争引导和指导学生深度学习。

参考文献

［1］莫春荣.静悄悄的革命：现象教学［J］.湖北教育：科学课，2017（1）：93-95.

［2］刘建平，莫春荣.教师发展生态学［M］.北京：光明日报出版社，2015.

培育学习共同体，让科学学习真正发生

广东省东莞松山湖中心小学　张国华

"你的课堂太吵了！"今天又被领导提醒了。科学课比较喧闹，似乎是令科学教师非常头疼的问题。在分组实验中，经常会出现小组成员不合作、材料分配不均等问题，告状声此起彼伏，甚至闹矛盾。在汇报交流环节，学生各管各的，玩弄实验器材，老师喊破喉咙，学生也充耳不闻。学生倾听情况如何？你说你的，我说我的。第一组汇报完，请第二组汇报，还是同样的答案，两者间没有倾听与评价。请第三组汇报，还是一样的答案。

日本教育学家佐藤学明确指出，教育改革的"一切答案在学校的现场"。我们可以建构一个相互倾听的课堂，通过对话与交流来形成真正的学习。传统教室中的教师一个人高高在上，师生对话形式是，老师抛出一个问题，学生一一回答；合作的方式是学优生拥有课堂的主动权，学困生只是依赖合作、消极等待。这种课堂不利于构建倾听关系、对话交流关系。由此可见，这是学生在课堂上喧闹的根本原因。

目前大部分的科学课堂都是"合坐"，而不是"合作"。小组合作学习的立场表现为分工合作，小组长或小老师模式，有明显的阶层，最终结果可能是强者更强，弱者更弱。而学习共同体是平等地面对学习任务，常用的语言是"这里我不懂，请你帮帮我"，是平等的主动互助，两个人最合适，最终结果是互相倾听，缩小差距提升整体实力。学习共同体的课堂特征是以倾听为基础、U形座位、具有挑战性的问题、团队的协同学习。

在科学课堂培育学习共同体，我们从以下三方面进行探索与实践。

一、让课堂静下来——一个声音的约定：四级声音系统

为了让学生对音量控制有清晰的了解，我们借用曾宝俊老师的四级声音系统：零级声音静悄悄，一级声音小小小，二级声音不能吵，三级声音全听到。要求学生在协同学习时"静下来"。在科学阅读和独立思考时不说话，用零级声音；在与同桌交流时，需要凑到耳边用一级声音，即说悄悄话的音量，营造静的学习氛围；在小组实验、小组讨论时用二级声音，同伴能听到即可；在同伴发言时认真倾听，进行内化并能勇敢地用三

级音量说出自己的观点。

1. 零级声音

零级声音，从课前三分钟开始。我们和学生有个约定，只要学生一进实验室，就要保持零级声音，安静就座，整理学具，不碰实验器材，只能观看科学视频。一段时间后，学生很少有迟到的现象，最早到的还是那些比较好动的学生。学生在课前就能自觉静下来，马上投入学习状态。此外，多给学生提供自主阅读的机会。我们发现，在做实验之前，尽管教师想尽办法让学生了解实验步骤和要求，但学生实验情况却不容乐观。原因在于学生只是被动地接受，没有去理解和思考。我们的做法是让学生独立看书，看课件并做好笔记，最后根据抽查的情况来确定实验是否进行。在做完实验后，也会让学生及时记录。通过这些具体的任务，让学生安静下来。

2. 一级声音

我会经常站在实验室中间，竖起耳朵听课堂声音。学生间在处理一些事情时，要求用一级声音。"我看到这位同学嘴巴在动，但我没听到他们聊天的内容。他用的是一级声音，非常好。"我会用很具体的语言给学生一个明确的指向。当听到学生聊天的内容时，我会大声地复述，并告知全班他们用到了三级声音，连我都听清楚聊天内容了。慢慢地学生就会用动作、眼神和悄悄话的音量进行交流了。

3. 二级、三级声音

通过一级声音的训练，学生将音量再放大一点，让同组的同学听清楚就是二级声音。说的内容让全班都听清楚，就是三级声音。当学生汇报时，我会特意站在离他最远的位置倾听，目的是让学生站直了，中气十足地汇报。学生就会理解，三级声音比我们平时交流的音量还要大，还要响亮。

二、让教师"走下来"——一个场地的变化：U形座位

我们废除了秧田式座位，将座位按U字形排成三大部分，U字开口面对讲台。表面上看这是座位形式的变化，实质上是教学形态乃至教学文化的变革，目的在于教师与学生、学生与学生的倾听、对话与合作。U形座位要求教师从讲台上"走下来"。以往教师总会站在讲台上，高高在上，眼睛扫视全场。而U形座位要求教师站在实验室中央，这样就产生了奇妙的反应。

1. 高效效应

U形座位的中间通道是教师的"高速通道"，我们可以快速出现在需要帮助的学生面前，不需要绕圈，特别在实验操作时体现更明显。我们可以很快速地参与各个小组的实验，从第一组到最后一组不存在障碍。在收发实验器材时，比以往的桌椅摆放速度更快。

2. 亲切效应

U形座位不仅增加了交往深度，更能催生"等距离的爱"。当学生发言的时候，教师站在学生的斜对面，而不是正面。教师也离开了讲台的束缚，可以随时地弯下腰，把耳朵靠近学生，加入他们的学习共同体。

3. 倾听效应

学生的汇报除了给老师听，更重要的是给全班同学听。在U形座位下，学生可以很好地面向汇报者，全身心地倾听。避免了秧田式座位后排同学汇报时，前排同学需要180°转头的尴尬。U形座位的中央区域，也成为很好的展示区域，让学生更有仪式感。

4. 监管效应

秧田式座位的后排很容易成为纪律监管重灾区。而U形座位下，学生能很容易地看到其余学生的上课情况，时刻起到互相监督的作用。教师在U形座位的中央等于在实验室的中心位置，距离每位学生的距离基本一致，让学生意识到：需要保持安静，老师就在你的面前。

三、让教学慢下来——教学方式的调整：项目式学习

课堂喧闹，学生实验吵吵嚷嚷，其中也有教师本身的原因。如果一味追求一节课的完整性，让学生经历实验探究的全过程，势必会赶时间，教师牵着学生走。长此以往，不利于学生的探究能力、探究习惯的培养，学生上课只会越来越浮躁，总想做实验、多动手操作。因此，我们做了教学方式的调整。

1. 教学方式改变

我们采用问题解决学习作为深度学习的基本模式，在操作上，一是问题—探究—发现规律，二是问题—探究—创造作品，三是问题—探究—发现规律—创造作品。

我们将三年级科学《材料与沉浮》变为《让苹果沉下去》，给学生展示苹果浮在水面上的现象，然后提出问题"你能让苹果沉下去吗？"由问题驱动学生去猜测、设计、验证，从而获得沉浮概念：物体在水中的沉浮与物体的体积、质量等因素无关。这类课属于问题—探究—发现规律。

三年级科学《包装小酥饼》，要求学生认识材料的特性后，选择合适的材料进行包装。我们将其变为《快递薯片》，提供快递前后薯片的变化，然后提出问题"你有什么办法让薯片不碎？"学生通过分析、设计、创作，制作出能保护薯片不碎的装置，通过活动认识到材料的性能与结构和材质有关。这类课属于问题—探究—创造作品。

2. 提问方式的改变

课堂的问题宜精不宜多，多了学生就成为老师的扯线木偶。我们采取项目式学习的教学方式，由一个真实情境的核心问题带动学生学习，几个子问题串辅助学生达成目

标。这样的课思路非常清晰，师生的问答和课堂调控会少一些。

教师提出问题后，要多预留点时间让学生思考。在很多公开课中我们常看到教师刚提问，就有学生举手，而教师也很自然地让他们回答。思考不是优生的权利，只让他们回答，久而久之，大部分学生就产生了不思考、依赖他人的惰性。因此，学生回答问题时，教师不要急于表达自己的观点和判断，可以继续追问，或者向其他学生发问，以扩大课堂参与度。

"静下来"的本质是拒绝"热闹的探究"和"表演性汇报"，通过有效地倾听和对话，实现对知识、事物的深刻领会。安静，占了课堂的一半时光。但是，学生的思维，却是静水深流的。

我们通过培育学习共同体，提升教学的温度，让科学学习真正发生。

参考文献

[1]佐藤学.学校的挑战：创建学习共同体［M］.上海：华东师范大学出版社，2010.

[2]佐藤学.静悄悄的革命［M］.北京：教育科学出版社，2014.

基于问题解决的科学教学案例探究

广东省东莞松山湖中心小学　陈晓敏

在日常科学教学中，我们经常可以发现这两种情况：

（1）学生在科学课中对科学实验很感兴趣，却对生活中的一些科学现象（科学问题）熟视无睹，更不会主动进行探索与研究。

（2）学生在科学课上进行实验探究热火朝天，实验结束却没有发现什么科学规律或得出什么科学结论。

作为一线科学教师，我们也经常思考：到底是什么原因造成学生不会用科学知识来解决问题呢？

《义务教育小学科学课程标准（2017年版）》新增了技术与工程领域的内容，指出"技术与工程实践活动可以使学生体会到'做'的成功和乐趣，并养成通过'动手做'解决问题的习惯"。在科学教学中，不少教师也知道结合生活实例来促进学生理解及解决问题，但教师没有找到将生活实例融入科学教学过程中的正确方法，最后教学效果很不理想。之后在课堂结束的几分钟试图通过提问来检查学生是否掌握了教学目标，但这种问答形式得到的反馈是非常片面的。尽管从表面上看学生掌握了科学概念，但实际上学生只是记住了一句话，他们根本不用思考就可给出让老师满意的答案。于是学生常常面临这样的尴尬：老师提问各个都能准确回答，等回到日常生活中，由于不会结合所学知识做出分析，对于实际问题只能束手无策。基于以上种种原因，我试图对基于问题解决的科学教学进行课例研究。如何有效进行基于问题解决的科学教学？我来谈谈在日常教学中的一些做法。

一、创设生活化的问题情境，引发解决问题的需求

教师创设的情境应是现实生活中的一个真实的问题、一个真实情境、一个学生感兴趣的事件。对小学生而言，问题的趣味性是很重要的考虑因素。创设的问题情境呈现需要解决的实际问题，而该问题应与科学概念紧密相关，应在小学生的理解能力之内，解决问题的技能应是小学生能够掌握的。

例如，粤教科技版《科学》六年级下册《材料的选择》，原来的教学设计是"超

市有不同类型的鸡蛋包装盒，它们有什么不同？"进而观察不同的包装材料。可是原教材中导入的问题趣味性不够，并没有引起学生探究的欲望。因此，我对教学导入环节进行了改造。围绕生活中常见的"鸡蛋易碎"的现象，设计问题情境："同学们，这是老师从超市买回来的一盒鸡蛋，从购物袋里拿出来时却发现有一个鸡蛋破了，请问在这个运输过程中鸡蛋经历了什么？"进而提出设计鸡蛋包装盒的任务，整个探究基于生活化的、真实的问题展开。

对于不同学段的学生来说，创设的问题情境应符合其思维水平。对于低年级学生，教师应提供正确和相对集中的答案、相对固定的解决方法的问题，便于低年级学生相互学习和帮助；对中高年级学生，可以提供具有结构性、层次性、相对开放的问题情境，也就是需要解决的问题有多种解决方法，也可以有多个评价标准。

二、引导结构化的自主建构，经历解决问题的过程

在传统的科学教学中，教学内容呈现点状化，缺乏知识结构化的思考。由于学生获取知识的过程是片面的，没有经历完整的解决问题的过程，也就没有办法形成解决问题的方法。等到自己面临问题时，由于不会结合所学知识做出分析，只能手足无措。基于生活化问题开展的科学探究应提倡让学生围绕需要解决的问题进行自主建构，进而形成和获得科学概念。

学生根据问题和准备有结构性的实验材料来设计实验，分组进行实验操作。在实验的过程中，学生通过仔细观察、认真实验、收集实验数据、记录实验现象，并对实验数据进行分析，发现某些规律或解决某个问题。学生经历整个问题解决的过程，一定会有所发现，但最终所获结论可能并不完全一致。在这种情况下，应鼓励学生改进实验方案，继续进行探究。

例如，粤教科技版《科学》六年级下册《让污水变清》安排了两个活动：活动1是出示砂子、石子、活性炭、滤网等材料，引导学生观察这些材料的结构，直接制作简易净水器。活动2是介绍城市污水的处理。由于活动1中没有让学生对净水器进行设计，学生对于滤材与过滤效果之间并没有形成有效的联系，而且制作出来的净水器效果不佳，学生很难得出"过滤能让浊水变清"的概念。

我对探究环节进行了改造，围绕生活中的现象，设计情境："同学们，水龙头流出来的水有时是黄色的，直接喝对我们的身体可能不好，你们能想想办法让这些浊水变清吗？"进而提出设计简易净水器的任务，整个探究基于真实的现象展开。在实践探究的过程中，我给学生提供结构性材料，提问："这里是一些常见的过滤材料，包括沙子、石子、碳、无纺布等，请认真观察一下，它们各有什么特点？你认为哪一种材料过滤效果最好？"学生观察材料的特性，根据自己的认识，选择一种材料进行实验。实验发

现，只用一种滤材的净水器过滤后的1号水样效果不明显。我追问："刚才的实验能不能达到让浊水变清的目的？那同学们有没有继续改进的想法？"接着播放《荒野求生》视频，引导学生从多次过滤、多层过滤，滤材顺序等方面进行思考，并画出简易净水器的设计图。然后根据小组设计，领取滤瓶，安装净水器，进行水质净化，得到2号水样。各组设计的净水器各不相同，得出的净水效果也不同，可是1号水样和2号水样对比，后者的效果基本都比前者更好。各小组根据自己的设计图和实验效果进行汇报，交流、质疑、反思、改进方案。

基于问题解决的科学教学过程是一个完整的探究过程，也是一个思考的过程，一个思维碰撞的过程，是科学概念建构的重要环节。只有在课堂中让学生参与真实的、结构化的探究过程，教学才能真正发生。

三、注重课堂与生活的连接，加强知识的迁移

实现学习迁移是基于问题解决的科学教学的发展指向。学习迁移指的是在某种学习活动中获得的知识或技能对其他学习的影响或在其他情境中的合理运用。也就是我们常说的源于生活现象或问题，最后学生能回归生活，把知识和生活结合起来。

例如，《让污水变清》一课中，在教学设计的最后，我给学生看真实生活中的水龙头过滤器，并对比市场上的水龙头过滤器与课堂上学生自己设计的净水器有什么不同，提供再次改进过滤器的思路。学生通过观察市场上的水龙头过滤器与课堂上学生自己设计的净水器，真切地感受到科学知识不是多深奥的东西，只要多加一点创意，就是学习增长的最佳体现。

在科学课堂中，我们感受着基于问题解决的科学教学对师生思维方式的滋养，也产生了一些困惑：生活化问题如何设计更有驱动性？教师驾驭课型的能力如何提高？……这些问题都有待进一步研究。

巧设生活现象，构建科学概念

——以《物质的燃烧》一课为例

广东省东莞松山湖中心小学　梁炯钊

2017年2月，教育部颁布的《义务教育小学科学课程标准》（以下简称《课程标准》）指出，学生对科学概念的认识是科学素养的重要组成之一。但如何给学生构建概念？照本宣科，学生被动地接受，显然不妥。通过探究式学习，构建科学概念是现在最常用的手段。但为让学生得出书本概念，所设置的情境往往过于片段化，脱离真实的生活现象，课堂很热闹，学生也很投入，但难以真正构建起完整的概念，学生走出实验室，仍对生活中的科学现象"麻木不仁"。如何让书本的概念回归生活，让学生发现生活中的科学现象呢？我校开展的现象教学研究给了我启发。

现象教学指的是围绕生活中的现象（科学问题）展开的科学（工程）实践活动。为此，我以一个生活现象为基础，利用其衍生出来的一系列现象层层递进，构建起完整的科学概念，并以《物质的燃烧》一课为例，进行了尝试和课后观察。

一、巧设现象导入，发现生活中的问题

现象是事物表现出来的，能被人感觉到的一切情况，我们无法阻止其产生，但我们可以阻止其带来的影响。阻止过程中必然夹带问题，这些问题不是来自书本，而是来自生活。

《物质的燃烧》一课旨在让学生通过探究活动，掌握物质燃烧的三要素：燃点、可燃物、空气。为让学生从现象中发现生活问题，在授课开始时，我设置了以下生活现象，作为导入。

师：同学们，这是野外生存大挑战的一幕，他们想钻木取火，可是钻了很久还是见不到烟，更别说火了，你打算怎样帮助他们让火烧起来？

学生看到这个现象后，马上产生了浓厚的兴趣。学生的兴趣源于两方面：一是现象来源于生活，学生能根据生活经验，提出问题的解决办法；二是它带来共鸣，即在各种因素影响下，书本的概念与现实产生矛盾。过去的学习中，我们都知道摩擦能生热，钻木取火就是利用摩擦生热的原理，但为什么会失败呢？学生被这个与生活相关且有共鸣

的现象吸引住了，从而发现了这个现象带来的生活中的问题。

同样是设置导入问题，过去是这样设置：

师：同学们，这是纸巾、干草、嫩叶、湿纸巾……你认为哪一种物质是最容易燃烧的呢？

这样设置问题，学生也会有兴趣，但探究味淡了，因为答案已经很清楚，难以引起学生的共鸣，更难以引导学生关注生活，发现并探究问题。

二、巧抓衍生现象，构建有联系的完整概念

现象产生后并不是一成不变的，它会发生变化，衍生新现象，它们之间存在联系，我们需要抓住衍生现象，构建起完整而有联系的科学概念。

学生得出了燃点的概念后，按照《课程标准》的要求，需要继续设置探究任务，探究可燃物与空气的概念。可是怎样设置现象进行探究呢？我在课堂实践中发现，学生得出燃点概念后，发现细微的火星是难以把整根木头烧起来的，于是，我抓住这一衍生现象提出问题。

师：同学们，你们成功取到火了吗？

生：没有，因为现在只有烟雾没有火。

师：我们还需要怎么做？

简单的提问使学生自然而然地把两个现象串联起来。为解决这一现象带来的问题，同时也考虑到课堂防火安全，我让学生观察成功钻木取火的视频。学生发现要把火星倒在棕榈上引发更大面积的火星，再对着棕榈吹气，火才渐渐烧起来。据此，学生通过观察分析得出，火星产生后温度就开始下降，不可能点燃木头，需要找燃点更低的可燃物，如棕榈等引燃木头，从而建构可燃物与燃点的概念。

建构可燃物与燃点的概念后，学生继续分析，如果要让星火燎原，就需要吹气煽风，让温度升高，燃烧更多的棕榈，最终把棕榈烧起来，从而建构起物质的燃烧还需要空气的概念。

通过这一系列层层递进的活动，物质燃烧的完整概念已在学生脑海里形成。同样为了得出完整的概念，现在的做法和过去的做法也不一样，对比见表1。

表1　过去与现在做法的对比

概 念	过 去		现 在	
	构建方法	学生收获	构建方法	学生收获
燃点	实验一：对比纸巾、干草、嫩叶、湿纸巾哪一种最易燃烧	1. 纸巾、干草最快烧起来。 2. 物质有自己的燃点	现象：设置钻木取火失败的现象，引发学生分析原因，学习钻木取火	快速持续地转动木钻，聚集一定热量，就能产生带有烟雾的火星，从而得出"物质有自己的燃点"的科学概念

续表

过去			现在	
概　念	构建方法	学生收获	构建方法	学生收获
可燃物	实验二：比较纸、铁片，哪一种物质能被火烧起来	1. 纸是能燃烧起来的物质。 2. 铁片燃烧不了，因为不是可燃物	衍生现象一：通过看视频发现，钻木取火产生的星星之火落到棕榈上产生更多的星星之火	利用燃点概念发现火星产生后温度就开始下降，不能点燃木块，但可以点燃燃点更低的棕榈。在这种相对情况下，棕榈成了可燃物，从而得出"燃烧需要可燃物"的概念
空气	实验三：让学生尝试让杯子不同程度地罩住蜡烛，观察蜡烛火焰的变化	燃烧需要空气	衍生现象二：通过视频观察发现，把空气吹到棕榈上，能让火焰温度升高，从而引燃	利用燃点与可燃物的概念，经过分析发现，把空气吹到棕榈上后，火烧得更旺，既不是因为空气是可燃物，也不是棕榈燃点变低了，而是空气有助于物质的燃烧

　　通过以上对比，我们发现传统建构概念的方法相互割裂且脱离生活，所得出的概念相互独立，没有联系，学生学习后难以形成完整的概念。而现象串联打破了概念之间的界限，让概念之间产生联系，建构起完整的概念。

　　总结以上方法，我认为现象建构概念的具体流程如下：

现象 —探究→ 概念 —探究→ 衍生现象 —探究→ 完整概念

即学生通过现象，建构起其中一个概念，再利用这个概念探究衍生出来的新现象，最终建构起完整的概念。其中流程图中的现象、概念、衍生现象这三个步骤，在没有得出完整的概念前，可以继续循环，直至得出完整的概念。

三、回归生活现象，解决真实问题

　　得出科学概念后，如何进行拓展？过去课堂我会播放与概念相关的图片和视频，如播放利用放大镜在太阳底下聚光生火的视频，学生利用已有知识进行分析，看似书本概念从书本回归生活，但书本科学概念是在理想实验环境中得出的，用理想实验环境中得出的概念，分析理想环境下必然产生的生活现象，显然科学概念还是没有回到生活，因为真实世界遇到的问题，必然掺杂了许多不可预知的变量，需要综合运用知识解决。可是如何进行拓展活动，才能让概念回归生活，解决真实问题？我抓住了学校组织的游学机会。本学期学校组织的游学包含了一项野炊活动，而野炊肯定少不了生火，但为了降低活动难度，工作人员先是给学生点燃了火种，剩下的就交给学生自己了。他们负责让火烧得更旺。面对这个课堂之外的真实现象带来的问题，学生怎么做呢？我进行了观察。

学生A说：这柴不够干，很难点燃，快给我一些干的。

学生B说：不要把木块塞满炉子，要留空隙。

学生C说：快用力扇风，让火烧起来。

我从学生的话语中发现，从生活现象建构的科学概念，不仅在学生心中扎了根，还成为这群只会使用燃气炉生火的学生的生活经验，从而解决真实世界中遇到的复杂问题。课堂建构的完整科学概念，从书本真正回归了生活，也在解决真实问题中得到了验证。

科学概念是人类在认识过程中，从感性认识上升到理性认识，把所感知的事物的共同本质特点加以抽象，并概括出来的。而从巧设的现象中构建概念，其目标不仅是构建完整而有联系的概念，还是为学生打开一扇窗，发现生活中的科学，学生的思维在科学概念构建中变得深刻。

培养学生的观察能力

——以《蚂蚁》一课为例

广东省东莞松山湖中心小学　简玲珊

苏霍姆林斯基说："观察对于儿童之必不可少，正如阳光、空气、水分对于植物之必不可少一样。在这里，观察是智慧的最重要的能源。"科学观察是科学家进行科学实践研究活动的基本形式和重要流程。小学科学课堂观察活动是学生走进自然、走进世界的重要途径之一。由于受到年龄的限制，小学生的观察常常不够深刻，且具有片面性，不够客观，缺乏耐心和持续性，那怎么培养他们的观察能力呢？

一、精心准备有结构性的实验材料

学生的课堂观察活动与教师准备的材料息息相关，教师给学生提供的材料要激发学生学习和探究的热情，让学生更好地开展观察学习活动，通过观察，掌握科学知识，形成科学概念。因此，教师应根据相应的教学目标、教学重难点准备有结构性的材料。材料还应具有科学性、趣味性、直观性和开放性。

粤教科技版《科学》三年级上册第一单元"身边的动物"中要求学生初步掌握观察这一探究技能。在准备《蚂蚁》一课的材料时，我考虑到三年级学生年龄较小，属于低年段，若直接让学生去抓蚂蚁，可能会出现学生被蚂蚁咬或抓不到蚂蚁的现象。当时我发现，校园的荔枝树下有许多小蚂蚁（身体长度约为4mm），但是仅通过肉眼很难观察到它们的身体结构，即使用放大镜也难以看清。于是，我继续寻找，终于在校园的草坪上发现了体型较大的蚂蚁（身体长度约为12mm），但大蚂蚁行动很快，也难捕捉。普通的昆虫饲养盒因为盖上盖子不透气，蚂蚁1～2小时就会死掉，而我需要一周都用到它，不盖上盖子又难以观察，因此我制作了一个装蚂蚁的容器。我从老师们的宿舍里收集了24个废弃的塑料瓶，将瓶盖舍弃，再用橡皮筋绑上一层厚纱布，这样就准备好了抓蚂蚁的"利器"（图1）。利用蚂蚁喜欢白糖这一特性，我将白糖撒在大蚂蚁出没的草坪上，没过多久，果然引来了它们，蚂蚁容易咬人，因此不能直接用手去抓，我用矿泉水瓶快速倒扣住蚂蚁，待它爬到矿泉水瓶的底部，抓紧时间，马上将纱布绑好。这样，学生就能够通过透明的矿泉水瓶直接观察蚂蚁，而纱布是透气的，蚂蚁就能生存较长时间。

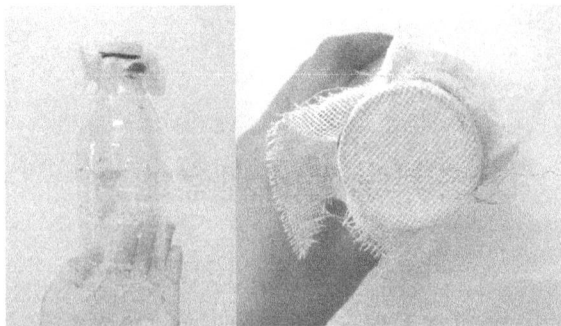

图1

我校每个班级几乎都是48个学生，我将他们分成了8组，每组有6名学生，观察蚂蚁时，两个同学共用一份材料（包括一个矿泉水瓶和一个放大镜），这样设置可以避免小组成员因材料不够而争抢的情况，也可以让每个学生都能清楚地观察到蚂蚁，而两个学生在一起观察的过程中也可以有所讨论，交流时思维能有所碰撞，利于学生的学习。

二、明确观察目的，指导观察方法

目的性是观察的显著特点之一。学生上科学课最喜欢的就是接触到新鲜的材料、做有趣的科学实验，但是常常被这些新鲜和好奇"蒙蔽双眼"，找不准要观察什么，怎么观察。这时，教师明确观察的目的以及在观察过程中及时指导就显得很关键了。

在指导学生观察蚂蚁的身体结构时，我是这样引导的：

师：同学们，蚂蚁究竟有什么样的身体结构呢？我们今天就一起来观察蚂蚁的身体结构。观察需要讲究方法，我们之前学习的观察有哪几种方法呀？

生：用感官观察，有序地观察，用工具观察。

师：观察蚂蚁，用感官可以怎么观察呢？

生：用眼睛看。

师：对的，能用手摸吗？

生：不可以的，会被咬的。

师：是的，观察不同的物体用不同的感官观察。那对于蚂蚁，如何有序地观察呢？

生：从头到尾，从左到右。

师：你们真是太聪明了。观察蚂蚁除了可以从头至尾观察，还可以先整体观察后，再观察局部。那观察蚂蚁用什么工具呢？

生：用放大镜观察！

师：对的，老师这次抓的是大蚂蚁，虽然你眼睛看到了蚂蚁大概的身体结构，但是如果想知道某个部位具体有什么结构，就需要借助放大镜这个工具了。

接着，教师强调观察时不能打开纱布抓蚂蚁，观察结束后组内可讨论蚂蚁的形态特征。因为学生前一节课已经学习了观察技能的三个方法，这节课利用观察蚂蚁的活动，强化观察的方法，培养学生的观察技能，整个过程学生的兴趣都很高，并且井然有序。通过观察，学生了解了"蚂蚁的身体分为三节，分别是头、胸、腹三部分，头上有一对触角，胸部有三对足"，达到了预期的教学效果。

三、巧用观察记录，形成科学概念

记录是学习的痕迹，是了解学生是否真正发生学习的最好的证明。我很重视学生在课堂上的记录，特别是实验记录。教师能够通过记录知道学生的学习情况和掌握知识的情况，可以针对不同的情况采取相应的措施。三年级的学生刚接触实验，养成良好的学习习惯是非常必要的。记录有很多形式，包括表格、有文字、有画图等，教师应根据教学内容的差异引导学生使用适当的记录方式。

在《蚂蚁》一课开始时，我先让学生在笔记本上画两个大格子，将"你心中的蚂蚁"画在上面的格子里，并且画完后小组内交流，看看大家画得是否一致，从而提出问题"你想知道谁画的蚂蚁是正确的吗"以吸引学生，开展观察。在指导观察蚂蚁的时候，我还要求学生观察完蚂蚁后，将观察到的蚂蚁的身体结构再次画在下面的格子里。观察并记录后，很多学生自己就会感叹，原来我之前认为的蚂蚁的结构是不对的，而观察后我知道了真实的蚂蚁的身体结构。通过对记录的对比，有效引导学生将错误的前概念改正并形成正确的科学概念，让学习真正的发生。

另外，学生观察完后，需要跟同学进行交流，有思维的碰撞，学习才能更好地发生。先小组内交流，然后学生再根据自己的记录和组内的讨论来汇报交流，教师应引导学生科学地表达，用科学的词语、有理有据、表达完整，最后教师再进行总结和提升，让整个学习过程变得有效率。

从"浮光掠影"到"洞若观火"

——基于现象教学理念的小学低年段学生观察能力的培养

广东省东莞松山湖中心小学　刘　云

观察是获取知识和掌握技能的最基本的方法，既是探究的起源，也是科学课最基本的学习方法。只有通过观察，才能获得对各种事物的直接认识，为科学理论的发展提供可靠的科学事实。捷克教育家夸美纽斯说：一切知识都是从感官开始的，一个人的智慧应从观察天上和地下的实在的东西中来，观察得越多，获得的知识越牢固。

"现象教学"是指围绕生活中的科学现象（科学问题）展开的科学（工程）实践活动，是深度学习在科学学科的实践与研究。科学教学正追求一英寸宽、一英里深，既要求教学的内容少而精，又要求教学有内涵。小学低年段学生更多要求用感官进行定性观察，本文就现象教学理念下的小学低年段学生观察能力的培养做一些探讨。

一、提供有结构的材料——充分地观察素材

科学课活动多、材料多、实验多，观察材料应是比较典型的，并且是学生比较熟悉的东西；也要为学生准备观察工具，如放大镜等。

1. 材料的典型性

小学科学课堂要提前收集资料和观察素材。粤教科技版小学《科学》二年级上册《身边的植物》有观察树叶活动，我们提供了松树叶（针形）、槭树叶（掌形）、银杏叶（扇形）、竹叶（披针形）、香樟叶（卵形）等典型标本，让学生观察，并让学生画一画树叶，让学生认识典型的树叶形状，感受植物的多彩，为他们打开认识植物的知识之门。

2. 材料的专业性

粤教科技版一年级下册《水和空气》要做一个连通气球，需要吹气球，还要打结扎气球，有时还容易漏气，用吸管连接对于低段的学生来说是困难的。我们使用了配套学具中专业的带阀门连接件，吹好的气球只要套在连接件两端，打开阀门来控制空气的流通，就能方便地观察到气球的变化了。

3. 材料的安全性

粤教科技版《科学》二年级上册《小车动起来了》要让学生感受拉力和推力。我们除了轻轻推拉课桌椅来感受，还提供了一个塑料材质的小抽屉模型，让学生通过打开、关上抽屉来感受推和拉。

二、营造良好的氛围——和谐的观察情境

营造一种生动、活泼的教学氛围，一种良好的课堂气氛可以促进教师和学生进行有效的互动活动。小学生生性活泼、好动，注意力不持久，创设良好的课堂气氛显得尤为重要。在观察的过程中要"静下来""慢下来""走起来"。

1. 静下来

人静而后安，安而能后定，定而能后慧，慧而后能悟，悟而后能得。心理学研究成果表明：安静沉稳的心态有利于提升孩子思维的广阔性和深刻性。低年段小学生生性好动，课堂纪律是让教师很头疼的问题。要争取动中有静，静中有动，动和静完美地交融在一起。

在认识方位的教学活动中，我选用了铝箔材质的太阳气球模型。当我走进热闹的课堂时就出示模型，先是学生被模型吸引，我再示意他们静下来。

2. 慢下来

欲速则不达，课堂也是这样，我们要让课堂节奏慢下来，放慢教学脚步，给学生留足观察、思考的时间。例如，我们在教学磁铁时，把磁铁用线在支架上挂好后，因为线要系在磁铁的中间部位，磁铁才方便指方向。这时就要给学生充足的时间，让他们去调整，去经历，去发现磁铁的秘密。

3. 走起来

学生在合作学习中要相互交流、相互启发，这样才能达到培养自主学习与合作交流学习能力的目的。小组合作学习给学生开放了空间，让他们走到各小组观察。例如，在《水果船》活动中，除了观察自己小组内的水果船，还可以让学生在班级中看看其他小组的水果船作品，以便观察、探究小船沉浮的秘密。

三、开展有序的观察——精心地观察指导

1. 有目的地观察

教师要制订周密的观察计划，要在观察活动前让学生明确观察的目的和要求，以及观察什么，使得观察的过程能够围绕这个目的开展。

2. 有序地观察

在观察教学过程中，要有一个规范的有效的程序，指导学生先观察什么，后观察什

么，观察中比较什么，记录什么。如观察一朵花时，更多的同学只找花瓣、萼片，而细小的雄蕊、雌蕊却不去观察，教师要指导学生遵循从整体到部分的观察顺序，完整地进行观察。

3. 有重点地观察

使学生在观察中有重点、有比较，提高观察能力。例如，粤教科技版小学《科学》一年级下册《水和空气》中《往水中加点东西》的教学，我们在水中加入白糖、沙、食用油、大米、味精等材料做溶解实验，我让学生留了一杯水作为对照材料，让学生观察加入东西后水的不同变化。

四、布置观察任务——良好习惯的培养

培养学生的观察能力，只局限在课堂上和学校里是不够的，要培养学生对各种事物观察的兴趣，养成随时观察的习惯。

1. 校园中

粤教科技版小学《科学》二年级上册《身边的植物》有观察树叶活动，在进行课堂观察后，我们走出教室，走到校园中去观察校园里的植物，还借助相关APP等来认识花。

2. 校园外

要布置观察任务，让学生多观察身边的物体，如天上的云、马路上的车、地上的植物、身边的动物等，让他们随时观察。久而久之，他们就能对观察产生兴趣，随时随地地去观察事物。

五、激发持续的观察——优秀的品质形成

1. 细节观察

观察不仅要亲眼看，还要深入看，要周密细致、精细观察。例如，粤教科技版小学《科学》一年级下册《水和空气》有"空气还藏在哪儿"的观察活动。把海绵、石块、砖块等放入水中，观察到冒泡后，取出物品，借助放大镜观察，学生就可以看到砖块的小孔结构，从而认识到空气的存在。

2. 耐心观察

对复杂的具有创造性的事物的观察，往往需要付出艰苦的劳动，需要有顽强的毅力。有些现象稍纵即逝，需要进行重复观察；有些现象由于实验失败，需要再进行实验，重新观察。这些都需要有耐心地获得准确的观察结果。

浅谈在科学课堂中培养三、四年级学生的创新能力

新疆博乐市第二小学　陈保华

小学科学课的教学担负着对学生进行科学启蒙教育的重要任务，是培养和发展学生开拓创新能力的重要途径。培养学生的创新能力是科学教育的核心。《义务教育小学科学课程标准（2017年版）》指出："教育要以培养学生创新精神和实践能力为重点，保持和发展对周围世界的好奇心和求知欲，形成大胆想象、尊重证据、敢于创新的科学态度和爱科学、爱家乡、爱祖国的情感。"而创新能力的提高首先要有创新意识，课程改革的全面推开，素质教育的全面深入，要求我们在课堂教学中注重培养学生的创新能力，引导学生努力去探索、思考，使学生能有所发现，有所创造。下面就如何在课堂教学中培养学生的创新能力，谈谈自己的一些粗浅见解。

一、鼓励学生提出问题，点燃思维的火花

问题是知识积累和发展的逻辑力量，是生长新思想、新方法、新知识的种子，没有问题就难以诱发和激起求知欲；没有问题，感觉不到问题的存在，学生也就不会去深入思考，那么学习也就只能停留在表层和形式上了。因此，课堂上教师要善于巧妙地把教学内容转化成一连串具有潜在意义的问题。问题情境能够提供给学生一种自我探索、自我思考、自我创造、自我表现的实践机会，使学生能进行深刻的自我体验，这种体验能使学生意识到自我力量的存在，从而有效地增强学习的自我意识和自信心，形成积极乐观、不断进取的良好个性品质，有利于创新能力的培养。教《蜗牛》这一课，为了让学生细致观察，获取对蜗牛的感性知识，我提前让学生饲养蜗牛，这样每个小组都有可供观察的蜗牛。观察前，我没有布置任务，只是鼓励他们自己去细致有序地观察，看谁发现的秘密多。学生兴奋而仔细地观察：有的把蜗牛放在一次性塑料杯里用放大镜仔细地观察；有的把蜗牛放在玻璃板上或桌面上用手去触摸蜗牛的触角，或看它的嘴巴在哪里，或观察蜗牛怎样爬行、怎样吃菜叶……在交流观察中发现的秘密时，有的说"蜗牛背着一个螺旋式的硬壳"；有的说"它的触角触到东西就缩了，并向另外的方向爬行，它是用硬壳下面那块肉蠕动爬行的，爬过的地方留有痕

迹"；有的说"我还发现蜗牛嘴巴长在两对触角的下面，吃菜叶时是用嘴巴里半圆形的牙齿咬的，吃得很快，它有2万多颗牙齿呢"。"我还发现了一个秘密，"三（2）班的胡鑫山情不自禁地喊道，"你们看，蜗牛从它右侧硬壳与肉体交界地方的小圆洞里排出了粪便！"此时此刻，全班学生感到喜悦、惊奇、兴奋！学生的质疑，引发学生的探索，不仅培养了学生善于发现和提出问题的能力，也为创新意识和创新能力的培养与形成奠定了基础。

二、在语言描述中培养学生的创新能力

1. 在语言描述中培养学生的观察能力

在科学课堂上，学生可以充分发挥视觉、触觉、听觉、嗅觉、味觉等感觉器官的作用，用眼观察物体的形状、颜色、大小、远近，亲耳听到物体发出声音的高低、强弱、音色等。它的真实、直观、形象、生动、新异的特点，会使学生乐于参与，并会主动参与。例如，在执教《认识液体》时，除了给学生提供教材上要求的四种液体——水、牛奶、油、蜂蜜外，我还给学生准备了醋、洗发水、洗手液、酱油、果汁、自来水等。学生在观察活动中发现，液体有的有香味，有的透明，有的颜色不同等，收到了良好的教学效果。通过该活动，学生的注意力高度集中，并能积极思考；愿意与同伴交流合作，通过动手动脑，克服种种困难，最后获得成功的喜悦而产生兴趣和学习的愿望；培养学生热爱科学的素质和志向。

2. 教会学生联想，培养思维的灵活性

联想也是一种创造性思维，教会学生各种联想是培养学生思维灵活性的重要方面。例如，学生在放大镜下观察蜗牛时，由蜗牛的外形联想到鼻涕虫、螺蛳、田螺等动物；在对水的观察中，联想到类似于水的其他液体，如酱油、果汁、醋、食用油等；说瓦砾下有蟋蟀时，学生马上想到蚱蜢、蝗虫、蝴蝶等。学生学会了联想，丰富了想象能力，思维就变得灵活了、敏捷了。

三、动手实践是培养学生创新的核心

苏联教育家苏霍姆林斯基曾指出，儿童的智慧在儿童的手指尖上，手是儿童思维的镜子。在教学过程中要努力创造条件让学生动手操作，并在参与操作实践的过程中思考、发现和创造。例如，在执教《导体绝缘体》时，开始阶段，我发给学生没有剥皮的导线、电池、灯泡，让学生点亮灯泡。前面虽然已学过简单电路，但拿到没有剥皮的导线，学生还是没有顺利地让灯泡亮起来。这时教师要及时引导，要舍得花时间让学生去动手、去实践、去探究。当一个个问题都被排除了，学生发现导线没剥皮的时候，就是

新的知识结构雏形建立的时候。在这个探寻过程中，学生体验感悟到的动手实践正是我们想教给学生的科学。学生在想办法解决问题的过程中，既训练了发散思维，又锻炼了创新能力，有效地促进了学生思维能力和创新能力的发展。

另外，在课后要开展科学课外实践活动，加强创新实践活动，启迪学生的智慧。教师要尽一切所能，如制作指南针、种植凤仙花、养殖蜗牛、布置生物角等，辅导学生参加各种科技类活动。在进行气象观测、能源开发、科技制作等专项辅导和活动时，学生在活动中运用所学知识获得新知识，形成新本领，体会到成功的艰辛，品尝到成功的喜悦，发展创新的兴趣，启迪创新的智慧。这样不仅开阔了学生的视野，拓宽了学生的知识面，还能使学生的创新思维和科学素质得到更广泛的培养与发展。

四、注重学生发散性思维的培养——鼓励创新

心理学家认为：发散性思维与创造性思维有着直接的联系，是创造性思维的中心，并直接影响着学生创新能力的形成。在课堂教学中，教师要鼓励学生从不同的角度运用不同的方法去解决问题。例如，在《怎样加快溶解》的活动中，学生根据已有的知识，通过探究找到三种常用的加快溶解的方法。学生在实验中处处注意相同和不同科学的对比实验，从而探究出搅拌、加热、切碎可以加快溶解，三种方法同时用溶解最快。又如，我在教学《观察蚂蚁》一课时，把三年级学生分成几个小组，让他们自己去捉蚂蚁，选择自己感兴趣的问题进行研究。他们有的研究蚂蚁是怎样生活的，有的研究蚂蚁是怎样运动的，有的研究蚂蚁喜欢吃什么食物等。三年级学生探究问题的能力和积极性让我惊叹不已。这样，学生突破了常规办法，提出了新的、不同的方法，这些见解都是创造能力的萌芽。学生详细地向我叙述，我和他们一起分享成功喜悦的同时，还会不失时机地引导他们归纳和总结，不断地激发他们学习探究的兴趣，使整个学习活动达到高潮，进一步促进学生创新能力的培养。

五、创设情境，营造和谐氛围

教师要多鼓励学生之间的广泛交流，要与学生共同参与观察探究活动，在交往中提倡相互尊重、信任、理解、支持、合作、帮助，师生之间、生生之间要多运用鼓励性评价。教师要给学生参与表达创新的机会，要注重激发学生的内在动机，唤起学生创新的兴趣，给每个学生评价的权利，并尊重学生的个体差异，多用信任、鼓励的语言帮助他们树立信心。在班级中创设同学平等互助的氛围，使他们的潜能得到发挥，让他们学会思考，尝试创新。

总而言之，在小学科学课堂教学中，我们不仅要关注学生掌握知识和技能，更

要关注对学生创新能力的培养。要转变教育观念、改革教学方法，千方百计地为学生提供创新素材和空间，点燃学生创新的火花，使每一位学生都能全身心地投入创新活动，在活动中获得发展，培养他们的科学精神和创新能力，培养他们的认识策略和创新精神。

参考文献

中华人民共和国教育部.义务教育小学科学课程标准（2017年版）［M］.北京：北京师范大学出版社，2017.

小学科学教学中学与玩共融的个案研究

——以《鸡蛋的故事》为例

广东省肇庆鼎湖逸夫小学 吴永汉

"好玩"是孩子的天性。托尔斯泰说过："成功的教学所需要的不是强制，而是激发学生的学习兴趣。"兴趣是人对客观事物产生的一种积极的认知倾向。小学科学课程是一门以培养学生科学素养为宗旨的基础性课程，是一门活动性和实践性课程。"保护学生的好奇心和求知欲"是小学科学课程的一个重要理念。小学生对周围世界具有强烈的好奇心和求知欲，这种好奇心和求知欲是推动学生学习的内在动力，对学生终身发展具有重要的作用。小学科学教学要创设一种愉快的教学氛围，保护学生的好奇心和求知欲，激发学生学习科学的兴趣，尊重他们的经验差异和学习特点，引导他们积极主动地开展探究活动。

2017年颁布的《义务教育小学科学课程标准（2017年版）》，进一步明确了我国小学科学教学正朝着以科学探究为科学教学核心的方向而不断努力。对小学生而言，好奇心就是他们强烈求知欲的前奏；同时，不自觉的玩乐往往就是他们的探究。这些探究激情来得很寻常，如他们沉溺于自己心爱的玩具中就是探究，小发明的灵感也许就此激情迸发……

在小学科学课程改革中，强调以科学探究为核心，突出探究式的主要学习方式，目的是培养学生的科学素养。开展探究式学习，要有丰富的教学资源作为支撑。与国外相比，我国的教学资源开发比较落后，优质资源品种少，知识性内容多，探究内容少，不少教学资源还需教师加工。而国外，小学科学教学资源品种丰富，数量多，设计上就已经能够有效地激发学生的好奇心，并且学习环境布置得新奇有趣。首先，国外的小学科学教学资源充分考虑了学生的年龄特点，能够丰富学生的感性知识，激发学生的好奇心。这一点，其实我们可以结合教材挖掘资源，如适当利用学生家里的玩具等。学生获取科学概念的途径之一就是依靠他们对事物的感性知识的积累。在国外，教师、家长会让学生在课上、课外更多地玩，玩自己喜欢的东西，从而，在玩中感知，积累更多的感性知识；然而，在国内恰恰相反，更多的教师、家长会因让学生不浪费时间而少玩甚至不让他们玩，挤出更多的时间看书，从书上获得有关知识。古人尚明白"纸上得来终觉浅，绝知此事要躬行"（宋·陆游：《冬夜读书示子聿·选一》），而我们却在糊涂中。其次，国外的科学教学资源与学生自身的生活环境联系密切。小学科学教学内容设计多来自小学生身边日常生活中的事物。例如，《一个汉堡包的历程》，包括人体消化系统的图片，体现了一个汉堡包从进入一个孩子的口腔被牙齿咀嚼，被吞咽后进入食道、胃、小肠、大肠的全过程，从而详细地展现了汉堡包在消化道中被分解、消化的过程。最后，创设多种多样的亲历机会。亲历活动丰富多彩，教材才适合学生自学。丰富多彩的亲历活动针对学生对周边世界强烈的好奇心和探究欲望，使学生乐于动手操作，有效地培养了学生的科学兴趣，使学生体验科学过程，发扬科学精神。

以美国为例，美国是一个典型的教育放权国家，各州都有自己的课程标准及相应的课程设置，但各州课程标准都包括四门核心学术科目：英语、数学、科学和社会。美国小学科学的类型和教学用具呈更多样化的趋势。师范教育的教授在科学课程实践方面起带头作用，是师范教育成为培养具备先进理念的科学教师的重要保障。同时，美国的公共教育资源包括图书馆、博物馆和网络等，对科学教育提供了大量的支持。由于美国的《小学科学课程标准》倡导以探究为核心，美国相继出版了多套以探究为核心的科学教材。这些教材结构一般比较简练，以达到"精心选择内容，并将内容放在探究导向的课程中"的目的。《BSCS科学——教与概念和技能相关的活动》（TRACS）和《为了孩子的科学与技术》（STC）1～6年级教材的单元结构都是以探究顺序为核心的。

我国小学科学教育教学工作与美国等国外的教育存在着一定的差距，但我们也正在努力地探讨小学科学教育教学的创新之路，如《义务教育小学科学课程标准（2017年版）》，为我国小学科学教育教学翻开了新的篇章。

为让学生在小学科学学习中放开束缚，更自由地、自主地学习，探索自己更喜欢的内容，选取自己更喜欢的学习方法，我以《鸡蛋的故事》为个案进行了研究，着重从个案效果的调查与分析和个案优劣势的具体分析两方面进行，从学生的学习效果和教师的实施策略等方面分析"小学科学教学中玩与学共融"的意义和可行性。

《鸡蛋的故事》课堂教学（片段）：

一、引入

师：孩子们，老师给你们布置的重要任务都做好了吗？（提前布置的任务是：让学生每人准备两个鸡蛋和小碗、塑料杯……带回学校，上课用。有兴趣的孩子可以提前做一些创意准备，但必须征求家长的同意。之前，类似的活动已经做了多次，所以，家长是能够配合的。）

生：准备好了！

（师板书课题"玩鸡蛋"后，给每个小组分发两个放大镜、两把镊子。）

师：那你们就以小组为单位商量着该怎么"玩"最有意义吧，但必须要注意安全，还要做好必要的记录。

二、学生活动，教师巡查

略。

三、谁猜得更准

1. 互猜，以A1组和B1组、A2组和B2组……的方式进行，猜猜对方都玩了些什么项目，然后两组合在一起交流。

2. 小组交流抽签确定了A4组和B4组在班上对话交流。

A4组生甲：B4组用放大镜观察鸡蛋壳，请B4组派同学演示并讲述你们观察到了什么。

B4组生甲：（带着鸡蛋和放大镜，利用投影，结合课本的插图，边演示边讲述）我们用放大镜观察到鸡蛋的卵壳上确实有气孔，就如课本上插图所说的。

B4组生乙：我补充，所以鸡蛋壳并不是密不透风的，我想这可能与鸡蛋孕育生命的时候需要外界的空气有关吧。（教师带头给这位学生掌声）

师：对，这位同学说得很好，就是这样的。鸡蛋孕育生命的时候需要通过这些小孔与外界进行气体交换。

B4组生丙：A4组的同学敲碎了鸡蛋一端的外壳，但鸡蛋的蛋白之类的都没有流出来。请A4组派同学演示并进行说明。

A4组生乙：（带着鸡蛋，利用投影，结合课本的插图，边演示边讲述）对，我们组小熙同学把一个鸡蛋较钝的一端轻轻敲碎了，还小心弄掉了几小块蛋壳，看到里面有一层很薄的膜包裹着蛋白。

A4组生丙：B4组有同学把鸡蛋打开倒进了盆子里，请B4组派同学演示并讲述你们观察到了什么。

B4组生丁：（把蛋液投影到屏幕上，并结合课本的插图）我们组小雨同学一开始把一个鸡蛋打开时由于用力不好，蛋黄散开了，和蛋白混在一起了。然后第二个才打成这样，其实，这样打开鸡蛋的方法是我昨天晚上才向妈妈请教学习的。我们对照课本把蛋白、蛋黄、系带、胚盘都找到了（她边讲边指点给大家看）。

B4组生甲：我补充，那胚盘应该是小鸡孕育的地方吧，而系带就是用来固定卵黄的。

师：A4组和B4组同学还有什么要交流的吗？（A4组和B4组暂时没有同学发言）

师：好，下面请其他组同学补充。

四、“我要补充”

这时，A6组的一个平时不太爱说话的女孩子站了起来，走到了讲台上。（霎时间，全班同学的目光都投向了她，教室变得特别安静）

A6组生甲：老师，我刚才认真观察了放掉蛋白和蛋黄的蛋壳，我发现在鸡蛋比较钝的一端有一个空室，就是说蛋白和蛋黄并没有把整个鸡蛋壳填满。我对照了课本，发现这就是鸡蛋的气室，我想它的作用也很重要。（话音刚落，教室里就响起了热烈的掌声）

B5组的小李同学站起来说：你们拿来的鸡蛋都是生的，我拿来的是煮熟的，我刚才偷偷敲开了鸡蛋比较钝的一端，也发现了这个空室。（小李同学边说边高高举起鸡蛋让大家观察）（大家不约而同地发出了笑声，这是欢乐的、充满正能量的、令人羡慕的笑声）

"老师，我不知该不该说，"教室的另一边又站起了一位大家都觉他是比较淘气的同学，他叫小智，"我也很用心，我昨晚就向妈妈要钱买了两个鸡蛋，我还找来了一个泡沫盒，在里面加了一些丝网什么的，保护着鸡蛋，我把它从高处摔下来，里面的鸡蛋却没碎喔！"

说着，小智同学走到讲台前高高举起泡沫盒子，让它掉在地上，再看里面的鸡蛋，还是完好无损的。"你们不要以为里面的鸡蛋是煮熟的啊。"说着，他又把鸡蛋打开倒进了透明的塑料杯子里……

（这时，教室里响起了热烈的掌声。）

……

围绕这节课，我特意进行了课堂教学情况的调查与分析。

1. 教师调查问卷

本节课，我专门邀请了20位本校教师听课。课后，对他们进行了问卷调查，数据统计见表1。

表1　教师问卷调查数据统计

序 号	调查项	选 项	选项人数
1	你上过科学课吗？	A. 上过	15
		B. 没上过	5
2	你觉得这节课老师让学生这样玩是否多了？	A. 多了	4
		B. 没有多	16
3	老师这样似乎脱离教材顺序地上课，你认为学生能掌握其中的知识吗？	A. 能，而且印象更深刻	18
		B. 不好说，学生只是贪玩而已	2
4	你对科学课这样玩着学的教学能接受吗？	A. 能，我会尝试	15
		B. 不能，一节课很难得上得完整	5
5	你认为科学教学对于教材的内容一定要面面俱到吗？	A. 要	6
		B. 不一定	14

2. 学生调查问卷

课后，对学生进行了问卷调查，数据统计见表2。

表2　学生问卷调查数据统计

序　号	调查项	选　项	选项人数
1	你是男生还是女生？	A. 男生	35
		B. 女生	25
2	你觉得这节课和平时的科学课有较大的不同吗？	A. 有	56
		B. 没有	4
3	你更喜欢老师像刚才这样上科学课还是像以前那样上科学课？	A. 刚才这样	55
		B. 以前那样	5
4	你认为科学课这样玩着学能像以往那样学到知识吗？	A. 能，而且学得开心记得牢	52
		B.不能，老师只是在逗同学们玩	3
5	如果老师以后还这样上课，你会更积极参与吗？	A. 会	48
		B. 不会	9

通过对上述数据的分析得到结论：

在教师层面，对科学教学的开放性教学是抱有期望的，但也存在着保守思想，他们也许认为科学的教学如果也像语文、数学、英语那样考查，这样的开放性教学未必能行。基于此，我们不妨看看杜威将"思维五步法"直接运用于教学的方法。他认为"教学法的要素和思维的要素是相同的。这些要素是：第一，学生要有一个真实的经验情境——要有一个对活动本身感兴趣的连续的活动；第二，在这个情境中产生一个真实的问题，作为思维的刺激物；第三，他要占有知识资料，从事必要的观察，应对这个问题；第四，他必须负责一步一步地展开他所想解决问题的方法；第五，他要有机会通过运用来检验他的想法"。虽然杜威将教学方法分为五个阶段，但是这五个阶段的顺序并不是固定的，杜威强调要注重实际教学中教学方法的灵活运用。所以，学中玩，玩中学，我认为是可以共通共融的。

在学生层面，我们不能总把学生看作"玩的大王"，以为孩子嘛，有时间玩他们当然开心啦。其实，试想一下，成人不也喜欢玩吗？爱迪生小的时候不也孵小鸡吗？如果他后来不成为大发明家，后人不也就说他玩得太无聊啦？试想，改变一下我们的思维，在课堂上，尤其是科学的课堂上，引导学生玩着学，是一条更能打开学生思维的路径。

同时，我还对学生掌握知识的情况进行了调查与分析：

对《鸡蛋的故事》，我通过用以往普通的教学法和"玩着学"的教法对两个条件基本一样的班（每班都是60人）进行教后随堂测试，题目如下：

选择正确答案的序号填在括号里。

1. 鸡蛋的外形是怎样的？（　　　）

　　A. 圆形　　　　　　　　　　B. 椭球形

2. 俗语说："鸡蛋那么密都可以孵出小鸡。"就是说鸡蛋很密。那么，鸡蛋是密不透风的吗？（　　　）

　　A. 是　　　　　　　　　　　B. 不是

3. 鸡蛋中的气室为胚胎发育提供（　　　）。

　　A. 二氧化碳　　　　　　　　B. 氧气

4. 鸡蛋中系带的主要作用是（　　　）。

　　A. 为胚胎发育输送养分　　　B. 使蛋黄维系在蛋的中心

5. 蛋白是为胚胎发育提供（　　　）。

　　A. 氧气和水分　　　　　　　B. 营养和水分

6. 有胚盘的鸡蛋就一定能孵出小鸡。（　　　）

　　A. 错　　　　　　　　　　　B. 对

测试结果如图1所示。

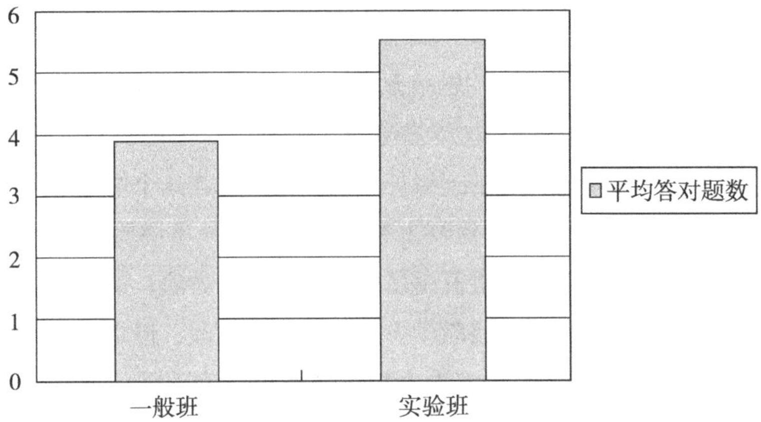

图1

由此可见，两个班的差距是明显的。究其原因，一般班级，学生获取的知识多是教师传授的，是按照教师的引导去做的一个个活动，没有更多自己的探究，所以往往开始记住了，一会儿又忘了。而实验班的学生却不同，他们发自内心地感到好奇，我们看他们像是在玩，然而就是在玩的过程中，他们自我学习，而且是带着浓厚的兴趣亲自去观察，去探究，去发现，去总结。这个过程中，他们不知花费了多少心思！这些认知是他们自己总结出来的，能不牢记吗？所以，他们的"玩"，就是真正学到了知识。

通过此案例可以看出，学玩共融的优势体现在：

第一，可以有效激发学生学习科学的积极性。教师的以探究为本的教学是一种手段，不是目的，目的是引导学生掌握科学内容、科学方法和提高学生的科学素养。因此我们说，探究既是学习的过程又是学习的目的，"对产生于学生的经验的真实问题的探究是科学教学的核心策略"。喜欢玩，是孩子的天性。孩子有目的地玩，其实就是探究。给予孩子更多玩的空间，哪怕是在课堂上，他们的积极性就会百倍地提高。

第二，可以有效提升学生学习科学的新动能。

（1）有效地培养学生的想象力和创造力。就在上述的教学个案中，学生的一些让人意想不到的想象力和创造力都展现出来了，如摔鸡蛋的小智同学。

（2）有效培养学生的协作学习和沟通能力。由于在玩的过程中，往往需要学生小组合作，这期间他们就要进行积极的沟通，不断地把自己的想法与同学交流、实践、磨合，思维往往还会发生碰撞，在这个过程中他们的协作学习能力与沟通能力自然会得到提升。

（3）有效促进学生多元智能的发展。科学教学中，引导学生有目的地玩，玩就是学习的过程，学生会学得更开心，更富创造力。

因此，我们要设计适合小学生科学学习的课堂，能让学生在玩中学，既玩得开心，又学得踏实，从而发展学生的科学综合素质。面对当今一日千里的科技发展速度，为了迎合现在学生的开放个性，学玩共融会是我们科学教育教学需要探讨的一条路径。

参考文献

［1］中华人民共和国教育部.全日制义务教育科学（3~6年级）课程标准（实验稿）［S］.异步教学研究，2002（5）：19–21.

［2］毛爱萍.Scratch让程序教学成为创作之旅［J］.中国信息技术教育，2013（10）.

［3］刘鸣家，许传国.Scratch能带给我们什么［J］.信息技术课，2013（2）.

［4］朱丽彬，金炳尧.Scratch程序设计课教学实践研究——基于体验学习圈的视角（J）.现代教育技术，2013（7）：30–33.

STEM理念与小学科学课程有机融合的探究

广东省东莞大朗镇巷头小学　谢淑媚

随着社会和科技的发展与进步，小学阶段的科学教育越来越受到国家的重视，传统的教学观念与教学方法已难以满足师生之间教与学的需求。近年来，STEM教育理念的兴起为小学科学教学的研究打开了一扇崭新的窗户。STEM教育理念将科学（science）、技术（technology）、工程（engineering）、数学（mathematics）这四者有机地结合起来，是一种跨学科的、应用型的方法。它结合了动手做和基于问题的学习，强调学生对知识的应用能力的提升，引导学生动手动脑去学科学。如何将STEM理念融入小学科学课堂，更好地促进学生的发展，值得我们去思考。我从自己的教学实践中寻找方法，根据小学生的年龄、身心特点，以及课堂教学实际情况，渗透STEM理念，与小学科学课程有机融合，优化科学课堂教学模式，让学生在STEM理念中逐渐形成科学概念，感受科学的无穷魅力，从而打造高效的科学课堂。

一、与VR设备结合，让学生"心"动

曾经科学课上许多教学环节到不了的太空、下不去的海底，飞流直下三千尺的瀑布，感受不到的时空变化，如南方人感受不到的大雪纷飞等，现在都可以通过VR设备让学生亲身体验。学生甚至可以飞到太空去探究太阳系八大行星，看看谁距离太阳最近、谁最远，它们中谁大谁小，如何排列。我在教学中充分利用学校的VR室设备，把VR引入科学课堂。

在《有趣的食物链》课上，戴上VR眼镜的学生被震撼了，课堂上"哇"声一片，学生激动不已。他们仿佛置身惊险刺激的海洋生物捕食现场。一位男生说，硅藻自由自在地在他眼前飘荡，突然一只磷虾出现了，一口一口地把硅藻吃掉了。这个场景是如此的真实，以至于他下意识地伸手要去抓磷虾，但是，就在他伸手的同时，一条鳕鱼冲了过来，一口将磷虾吃进了肚子。学生在回答问题的过程中，课堂变得更加灵动，学习变得更加有价值。更重要的是，"有了体验，就容易理解，印象就会深"。

《花里的"育婴房"》是"生命的延续"这一单元的第1课。在本课教学中，我设计了"3D观察花的结构"和"解剖花"等活动，驱动学生通过观察和实验发现花的构造。

我在描述完关于"花朵里结构"的设计后，将"花朵的3D结构"非常完美地表现出来，通过本课教学，大部分学生能够掌握花的结构，学生兴趣浓厚。将3D引入自己的课堂，戴上3D眼镜的学生被震撼了，激动不已。这种方法能让学生体验现代科学技术，特别是培养学生的创新精神、创新意识。

二、与数学整合，让学生"行"动

科学是为了观察和解释已有的客观世界。数学是人们对客观世界定性地把握与定量地刻画，逐渐抽象概括、形成方法和理论并进行广泛应用的过程。数学是自然科学的基础，也是重大技术发展的基础。数学教育独立于科学教育，但不是说科学教育与数学教育毫无关系。这两者能够相互渗透，并彼此提供知识和能力的支持。在现代科学发展的进程中，科学技术数学化是一个很重要的手段。小学科学的教学离不开数学知识，如何用好、用活数学知识对自然科学知识的掌握和运用有很重要的作用。

例如，在教学《简单机械》一课时，教师必须首先谈到杠杆原理。六年级学生在学习简单机械时，教师首先要讲到杠杆原理，教材上的内容只是让学生明白距离支点越远的物体产生的重力越大，并未做过深要求，可实际上只要分析一下实验数据，学生就会得出"动力臂×动力＝阻力臂×阻力"这样的猜测，这就是一个物理公式，学生自己能发现，教师应该引导他们建立这个数学模型，因为这要比以后直接告诉他们更有意义。之后再让学生把杠杆原理学以致用，自制一个简单机械——杠杆。

三年级教学下册第八单元"认识方向"与三年级科学下册第7课《风的观测》都有一个共同的学习内容：生活空间的8个基本方位。数学课只讲辨别东、南、西、北、东南、东北、西南、西北8个方位，而科学课不仅要辨别8个方位，还要会根据方位辨别出风的方向，以及根据风力的大小判断风力的级数。所以我在实际教学中，调整教学进度增加科学课时，将数学《认识方向》融入科学《风的观测》中进行讲解，学生能在轻松愉快的学习气氛中学习严谨、枯燥的数学知识，又能避免对同一知识点重复学习，从而提高学生的课堂学习效率，可谓两全其美。

数学中的相关联的量与科学中的相关知识紧密联系在一起，充分融合，既体现了数学的思维，又重视科学的探究，让我们大开眼界。同时再额外增加上、下两个空间方位，引导学生在活动中初步感知空间方位，为以后学习数学打下坚实的基础。

三、与音乐融合，让学生"灵"动

小学阶段的教学以培养学生的兴趣、探究为重，而传统课堂里，各门学科自成体系，过于强调知识点，显得单一割裂，而要真正做到学以致用，激发兴趣，融会贯通，就要打破学科间的壁垒。

例如，在《声音是如何产生的》课程拓展内容中，我根据科学学科的特点，用实验的方法让学生进行有梯度的探究实验，启迪学生发现用相同的力度敲击相同的材料，不同长短的材料会影响声音的高低。通过观察实验启发学生提出问题，并大胆做出猜测，完成探究实验，寻找到影响声音高低的证据，得出结论，学以致用，自制乐器——水琴。

这节整合课源于我发现传统的教学方式中各课程的边界很清晰，没有交叉的点，我就在思考，在互联网、STEAM（在STEM的基础上增加了Arts）、教育理念的背景下，这种边界会慢慢变得越来越模糊，就萌生了是否能打通课程边界的想法。于是我在选主题时找相近的、可能会有交叉的教学内容。最终选定以制造高低不同的声音为课程主线，决定做一次大胆尝试。结合音乐学科的特点，我鼓励学生进行演奏，根据之前所学，继续探索声音。从调音、复习打节奏、歌曲创编等环节感受科学中的"质疑美"、美术中的"色彩造型美"和音乐中的"和谐美"。

四、与信息技术结合，让学生"思维"涌动

现代信息技术教学是提高课堂教学效果的先进教学手段。在课堂教学中，善于利用计算机教学软件丰富多彩的教学资源，为学生提供生动逼真的教学情境，为学生营造一个色彩缤纷、图文并茂、动静相融的教学情境，促使学生脑、眼、耳、手、口等多种器官同时接受刺激，大大激发学生的思维活动。

例如，在执教《月相的变化》一课时，我充分发挥平板电脑的作用，在课前利用摄像头采集图像，再通过电脑制作成课件——一个月的月球方位和月相变化、月球的公转、月相成因示意图。将形象生动的月相呈现在屏幕上，使学生直观形象地观察到月球围绕地球转动时，在地球上看到的月相变化过程（图1）。

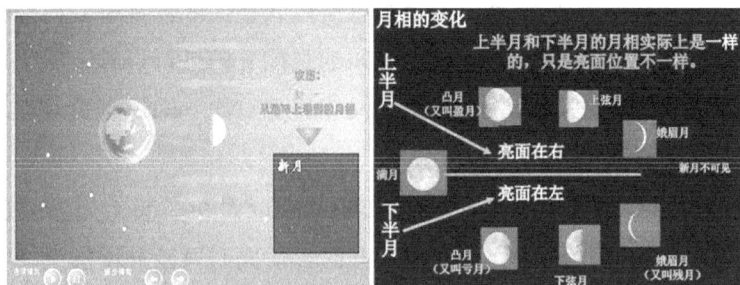

图1

教师在教学中充分利用现代信息技术的作用，丰富课堂，突破教学中的重点和难点，使学生看到演示所揭示的知识之间的内在联系，透过文字看影像，又从现象看本质，在教学手段上弥补了传统教学的不足，非常利于发展学生的思维能力。

要真正上好一节科学课是不容易的，俗话说"教无定法，贵在得法"。教师要在教

学实践过程中充分发挥自身的教学智慧，在科学课堂教学中融入STEM教育理念，引导学生利用所学知识解决问题，培养学生的实践探究能力和创造性思维与批判性思维等。我相信随着教师的不断探索，课堂将真正成为凝聚教师教学智慧、体现师生生命活力的舞台。

参考文献

［1］李扬.STEM教育视野下的科学课程构建［D］.金华：浙江师范大学，2014.

［2］费丽靓.数学、科学与技术（MST）教学活动设计研究［D］.金华：浙江师范大学，2012.

［3］范燕瑞.STEM教育研究［D］.上海：华东师范大学，2011.

［4］秦建军.从STEM整体教学观的角度谈中小学技术教育［J］.中小学信息技术教育，2013（5）.

［5］余胜泉，胡翔.STEM教育理念与跨学科整合模式［J］.开放教育研究，2015（4）.

［6］区建峰.STEM理念融合与教育装备创新发展［J］.中国现代教育装备，2014（18）.

［7］殷海斌.让生活化点缀小学科学教学［J］.华夏教师，2016（4）.

小走教　大科学　新突破

——从马站小学的走教故事谈起

江苏省连云港市马站中心小学　卢华伟　黄　刚

连云港市马站中心小学是一所典型的苏北农村小学。学校的创建与中华人民共和国成立是同一年，位于苏鲁交界的连云港市赣榆区柘汪镇。

学校包括5所完小、两个教学点，共有学生2800余名，其中中心完小（平时习惯叫中心校）在校学生1100余名，另外1700余名学生分散在下辖的完小和教学点中，每所完小服务三四个村庄，有300名左右的学生。由于历史的原因，中心校的办学条件、教育质量相对较好，村小、教学点师资欠缺，硬件设施、资源配置虽然在近几年的教育建设过程中有所改善，但远不如中心校的各种设施先进、资源丰富。为充分发挥中心校各种资源的作用，服务于完小的教学，让村小的学生尽可能享受到和中心校学生一样的教育，遵循"人人有机会、人人都平等、人人能发展"的原则，让科学教育"面向每一个学生"，是我们的初衷。

自2016年起，学校安排三名科学专业教师（张守诗、张龙斌、张月英）任教所有学校同一个年级的科学课，并为其配备简易"移动实验室"——用电动三轮车改装的实验车，载着中心校的仪器设备，到每所村小上课，实现优质师资共享，同时安排村小其他的兼职科学教师进班听课，进行兼职教师业务培训。我们最远的村小离中心校12公里，走教教师克服了路途较远、天气炎热或寒冷等一系列的困难，为村小学生送去了高质量的科学教学，得到了学生和家长的认可。

2016年9月，学校安排张月英任教中心校四、五年级科学课，同时走教下驾沟小学教四、五年级科学。那时她可爱的女儿刚满月。由于爱人的工作单位在市区（离学校60公里），不能够每天回学校，为了学生，只能让婆婆来照顾孩子。她每天都在计划着时间：备课、上课、听课、批改作业、喂奶……

她周一、周三和周五按时在中心校任教，周二和周四准时去完小走教。她最怕的就是冬天寒冷的天气，在零下十几度的时候，她带着两副手套，胸前套着个羽绒服，头上戴着帽子，依然难以挡住严寒的天气，寒风刺骨，骑上电动车不到五分钟双手就冻得麻木。有一次由于双手麻木，没有控制好车把，差点和大车相撞，当时她的心情特别沮丧，第一次想逃避，不想去支教了。可是一想到学生那渴求知识的眼神，她还是打起精神，不停地告诉自己，那里的学生需要她，她必须到达那里。一年来，不管是春夏秋冬还是严寒酷暑，她一直在人流中穿梭着，摸索着，坚持着。

除了用三轮车改装"移动实验室"上科学课这一做法，我们还将中心校科技体验馆内的体验器材、数字化实验室的仪器设备定期用镇村公交车送至各完小和教学点中，让村小的学生也能够近距离地体验和感知科学知识的奥秘，实现先进设备共享。《科学课》杂志陈文斌主编到校调研时对这一做法给予了充分肯定，并在2018年第4期的《科学课》杂志上，以"三轮车上的科学课"为题进行了报道。

针对乡村学校科学教学现状，如何创设教学环境，如何挖掘并整合现有资源，开发校本课程，如何将科学教学与其他学科进行融合，我们进行了一些思考和探索。

一、挖掘资源优势，变革学生科学学习方式

学校文化建设决定学生的成长方式。多年来，我们以打造天然生态科技校园为目标，通过创设环境，营造科技教育"文化场"；整合资源，开发科技教育"学习场"；打造特色，创新科技教育"活动场"，全力进行校园文化建设，让文化景观有"故事"，让学习内容在校园成"象"、成"型"。学校先后建造了"六园一廊一广场"和"三院九所一空间"，即问天园、晓星园、逐月园、梦溪园、飞天园、百果园、科技文化廊、行知广场、科创院、农学院、社科院、航模研究所、机器人研究所、3D打印研究所、植物研究所、动物研究所、乡情研究所、环保研究所、体育艺术研究所、小能人创客空间等，努力拓展学生学习空间，搭建互动学习平台，形成浓郁的科技文化氛围，让学生漫步校园，如同行走在科学发展的百花园。

为了更加丰富学生建构科学概念的情境与素材，将科学概念置于"事实性知识"之上，让学生获得能"带得走的科学"，我们充分发挥场馆作用，将场馆变成课堂，让场馆成为学生快乐好玩的迷宫、生活体验的社区、研究探索的工场、灵魂洗礼的殿堂，让学生在场馆中触摸真实的世界，经历知识探究和形成过程。

二、开发童创课程，丰富学生科技活动载体

多年来，我校在严格执行国家课程计划的基础上，本着"课程活动化、活动基地化、基地特色化"的原则，围绕主题，创新融合，整合课程资源，建构并完善童创课程，不断满足学生的发展需求。

1. 依托地域文化，构建活动化校本课程

一方水土养一方人。我们学校位于黄海之滨、绣针河畔，千百年来，人们依河耕作，靠海渔猎，享河川之饶，受渔盐之利。独特的区位优势为学校开展科技综合实践活

动提供了丰富的资源。我们将地域文化与学校课程有效整合，编撰了《拥抱绣针河》《田园》等活动化校本教材并深入实施。

2. 关注学生发展，构建个性化特色课程

只有从学生出发又回归学生的课程，才是学校课程建设应当追寻的方向。我们按照因材施教的原则，根据学生不同的学习兴趣、天赋潜能，为学生量身定制个性化校本课程《我爱发明》，建构起具有本校特色的个性化学习课程体系。个性化特色课程是二至五年级学生的选修课，学生可以根据自己的学习需求，自主选择，完成自己感兴趣的个性化课程学习。

3. 聚焦生活问题，构建研究性学习课程

我校在长期实践中积累了丰富的科技教育经验，为研究性学习奠定了基础。我们因地制宜，立足生活，从"问题"出发，在大主题引领下，中心校统一制订方案、统一开展活动，将活动编成研究性课程"指尖上的科学"。研究性学习课程是四至六年级学生的必修课，引领学生用3年时间完成24个主题专项研究。

同创课程的开设有效地促进了学生素养的提升。近年来，我校学生在区级以上各类竞赛中获奖3000余人次，有10余人的发明作品获得专利，两名学生的发明作品荣获第六、七届全国中小学生劳技教育创新作品大赛金奖，5名学生荣获"江苏省小小发明家"称号，1名学生被评为第五届江苏省少年科学院院士。学校主持的"利用地域资源，培养小学生创造力"课题研究成果被评为全国一等奖，"农村小学科技综合实践活动研究"课题成果被评为江苏省首届基础教育教学成果二等奖、连云港市一等奖，"农村小学STEM科学教育校本化实施有效策略的研究"成功申报为江苏省教育科学"十三五"规划重点课题，各项研究正有序开展。

三、基于问题导向，创新教学管理行走方式

我们学校在发展的过程中，遇到很多难题：一是地理位置偏僻造成师资流动较大，专业教师配备不足，教师专业发展受到限制；二是优势学科的辐射、引领作用发挥不够，科学"综合性学习"难以深入。我们结合校本实际，强化问题导向，因地制宜，采取有效措施，推动学生全面发展。

1. 将教师发展与名师引领相结合

"胡训忠特级教师工作室""顾长明乡村科学骨干教师培育站"先后在学校挂牌，成员不仅包括本校科学骨干教师，还有来自全市兄弟学校的科学骨干教师。名师工作室通过课题研究、案例剖析，对我校科学教育进行经常性指导。学校还邀请省中小学教学研究室科学教研员卢新祁在我校设立名师工作站，通过学术报告、调查研究为科学教师专业发展提供学术引领。

2. 将科学教育与学科教学有机融合

在长期的摸索与实践中，我们要求科学教师加强和其他学科教师之间的交流与联系，通过教学目标的衔接、教学内容的调整、教学资源的整合，促进综合性学习不断深入。例如，学习《种子的萌发》这一课，科学教师组织学生带来蚕豆、黄豆、绿豆做种植实验。通过实验，学生不仅了解了种子发芽的过程，而且记录了种子个数、种子发芽数、种子未发芽数、种子腐烂数。课后将这些数据提供给数学老师，不同年段的数学教师根据教学内容合理运用数据编题，特别是六年级数学教师在讲百分数应用题时运用的效果尤为突出。在此基础上，语文教师再引导学生进行观察习作训练，用文学化的笔法描述实验过程，学生体验深刻，有话想说，有话可说，习作能力得到提升。

3. 将科学教育与三项工程推进有机融合

"阅读·写字·演讲"三项工程的实施是我们连云港市赣榆区教育局倡导的提升学生综合素养的重大举措。我们学校将三项工程实施纳入学校整体发展规划，与学生学习紧密结合。所有学科均开展课前三分钟演讲，望海讲坛上分享科学家故事，畅谈强国科技梦、科技制作感想等，促进学生演讲水平不断提高；学校组建了望海文学社，结合科学创新活动，开展了"创造向未来""我说大国工匠"大型主题读书活动，激发学生的读书热情；学校还开展了以书写"科学家名言"为主题的书法比赛，激发学生的练字热情，提升学生的书写水平。科学教育与三项工程的有机融合，极大地激发了学生的探究热情，提升了学生的科学素养，让学生在阅读中开阔科学视野，在演讲中提升科学认识，在书写中沉淀科学认识，从而促进了学生的全面发展。

二十余年的传承，学校绣针河系列科技实践活动如晨星破晓，承载着学生五彩斑斓的梦，越飞越远！学校成功开展了"绣针河中下游野生植物研究""珍爱野生动物研究""感受辉煌——绣针河沿岸民居调查研究科技实践活动""我与鸟儿交朋友""保护母亲河""绣针河沿岸土壤的调查研究""绣针河入海口、黄海岸滩贝类研究科技实践活动""最爱家乡水""绣针河畔近30年树种调查研究""绣针河水污染研究""灶具的研究"等大主题、全校性的科技实践活动，活动成果15次在全省乃至全国的青少年科技创新大赛中获奖。

学校先后两次承办省级航模竞赛活动，多次承办全市科学"三百"和"青蓝课程"教学研讨活动；学校还承办了连云港市赣榆区首届"春令营"科技实践活动，为期一周的时间，共有25所学校、2000余名学生参加，为全区青少年搭建了科技交流、展示的舞台。近年来，学校先后接待省内外考察团16次。2017年7月，中国人民大学教授、博导高鹏怀院长带队来校考察，对我校办学思路及取得的成果非常满意，由衷地感慨道：在马站小学朝气蓬勃的校园里看到了自然，聆听到了花开的声音，闻到了童年的味道，陶行知先生的"生活教育"理念在这里落地生根，农村娃在学校里真正收获着知识、技能并快乐地成长。

苔花如米小，也学牡丹开。在科技教育的道路上，我们将一如既往，坚持不懈，向着更高、更远的目标奋进！

第三篇

名校采风

——第三只眼看东莞松山湖中心小学

学校在课程面前应有所作为 [①]

华中师范大学教育学院 郭元祥

"深化基础教育课程改革"对中小学提出了具有划时代意义的挑战。如何克服长期以来单一的课程管理制度导致的中小学校长和教师在课程面前的"忠实执行"的状况，重视并加强学校课程建设，在课程面前有所为作，成为摆在广大中小学面前的全新课题。

一、案例分析：松山湖中心小学的课程再造

广东东莞松山湖中心小学的课程建设探索很好地诠释了这一现实挑战。2011年5月，我应邀来到松山湖中心小学，观摩了学校的课程建设成果，并与刘建平校长等学校领导和教师进行了比较深刻的交谈，我强烈地感受到了校长课程领导和学校课程建设的魅力。

校长作为课程领导，不在于他决定学校开设什么课程，不开设什么课程，而在于他能够成为学校课程理念的先导者、引领者。开发课程为了谁？开发什么样的课程？怎样实施课程？如何实现课程的核心价值？这是校长作为课程领导者首先需要明确回答的根本问题。英国教育战略学者巴伯（M.Barber）2009年7月提出了一个著名的课程公式：WE=E（K+T+L）。其中，WE表示"良好的教育"，K代表"知识"，T代表"思维"，L代表"领导才能"（领导自己和他人），E代表"道德品质"。这个公式表明，课程绝不仅仅是知识，其核心是学生作为人的成长所必需的核心素养。新课程实施十多年来，很多中小学开设了五花八门的"校本课程"，但大都逃不出"功利化""技艺性"的窠臼，校本课程陷入核心价值观迷失的尴尬境地。松山湖中心小学的校本课程开发则拥有鲜明的价值取向，"教育与生命同行"，太精彩了！从"学科基础课程"到"学科拓展课程""主题活动课程"，这一核心价值观一览无余，充盈着全人教育的思想、智慧。由"一手硬笔好字、一些文雅气质、一种探究习惯、一门兴趣爱好、一项健身技能"所建构的"学科拓展课程"，以及强调情知互动的"学科基础课程"、强调道行互通的"主题活动课程"，就是为每个学生的生命成长奠基，就是赋予每个学生终身必备的基

[①] 原载于《中国教师》2016年2月下半月月刊（总第251期）。

本素养。真正的课程领导者，是教育思想的领导者。可见刘建平校长是一个教育思考深刻的校长，是一个有着教育担当的校长。

松山湖中心小学的课程之旅，可以说是教师课程意识的提升之旅。课程意识是教师对课程系统的基本认识，是对课程设计与实施的基本反映。它包括教师对课程本质、课程结构与功能、特定课程的性质与价值、课程目标、课程内容、课程的学习活动方式、课程评价，以及课程设计与课程实施等方面的基本看法、核心理念，以及在课程实施中的指导思想。具有课程意识的教师以自己对课程的独特理解为基础，从目标、课程、教学、评价等维度来整体规划教育活动和行为方式，从而成为课程的动态生成者。因此，可以说，课程意识意味着"教师即课程"，教师是课程的动态构建者、课程的生成者。鲜明的课程意识强调教师时刻把自己和学生看作课程的主体，把自己和学生置于课程之中。之所以说主体意识是课程意识的基本构成之一，是由课程的本质特征决定的。从课程实施的角度来看，课程在本质上是一种"反思性实践"。反思性实践是一种创造意义的过程，是师生共同参与的，在特定的社会性环境和文化环境下重建意义结构的过程。离开了师生对课程意义的重建与创造，即离开了主体意识的发挥，课程对人的发展价值也便无从体现。课程实践如果离开了教师的课程意识，是难以想象的。每每读到或听到松山湖中心小学的教师谈及课程建设中自己的体会和成长时，我都由衷地赞叹他们为之付出的情感和承担的责任！

学校课程建设需要学校课程制度的创新。长期以来，我国大多数学校只有教学常规或教学制度，缺乏必要的学校课程制度。具有创新意义的课程制度一般包含价值澄清、行为导引和基本规约三个内在要素。松山湖中心小学的《学校课程再造——让教育与生命同行》中，不乏学校在课程制度创新方面呈现的课程价值澄清、课程行为导引和课程管理规约等大量优秀经验和实践成果。

更难能可贵的是，松山湖中心小学的课程建设并不仅仅是单一地开展了校本课程开发。从"学科基础课程""学科拓展课程"到"主题活动课程"，他们已经建立了一个洋溢着生命活力的"全人课程"体系。他们提出并开展了"学科基础课程"的深度实施："所有学科，所有教师，基于情知互动，见于课堂常态。"尤其是在新课程提出的"知识与技能、过程与方法、情感态度与价值观"三维目标方面，基于生命化教学、生本化教学的理念，开展了教学方式变革与三维目标的深度达成的探索，所取得的实践成果是值得推广的。他们在"主题活动课程"中总结提炼出来的"六大主题"和校园节文化也颇有特色，其可操作性具有广泛的学习借鉴价值。

课程改革十多年来，我考察过数百所中小学，像松山湖中心小学这样基于课程的"跑道"，建设学校文化、建构意义课程、创新课程制度、深化学校变革的学校真的太少了。

二、学校课程重建的出发点

学校课程设计或学校课程重建，必须从提升校长的课程领导能力、教师的课程意识、学生课程履历、学校的课程制度等方面的内在品质着手，以学生的核心素养和关键能力发展为宗旨。

校长发挥课程领导力，必须注重澄清和明确学校的课程理念与课程哲学。清晰认识课程建设的根本出发点是学生的核心素养和关键能力的发展。以学生发展为本，建设契合时代发展特别是信息化时代教育新形态对教育的全新挑战，完善适合学生成长的课程。多年来，"忠实执行"的课程实践，导致中小学缺乏与学校办学理念相一致的人才培养质量标准，缺乏课程理念和明晰的课程哲学。目前北京十一学校、北京亦庄小学、重庆谢家湾小学、东莞松山湖中心小学的课程重建，其课程理念和课程哲学的共同点可以概括为课程整合、全选修全走班、注重学生个性化发展，激发课程的教育活力。"全课程""项目学习课程""整合课程""全人课程"这些课程建设的实践表明，以学生为本、育人为本是课程理念和课程哲学的核心，是课程建设最根本的价值导向。

学校课程设计或学校课程重建，必须注重办学理念和教育理念的课程化，注重课程结构重组与课程模式再造。多年来，我国中小学缺乏自己独特的课程模式，只有教育模式和教学模式，缺乏了课程模式的建构，教育模式和教学模式其实仅仅是空中楼阁。中小学既没有自我设计的课程体系，也缺乏培养的独特质量标准，学校的同质化建设便难以避免。增强学校对课程的适应性，以学生的核心素养和关键能力发展为目标，充分挖掘各类课程资源，开发具有学校办学特色的各类课程，丰富学校课程的教育涵养，是当前中小学深化课程改革的不二选择。

学校课程设计或学校课程重建，必须重视课程资源的开发整合、课程评价与课程文化的重构。多年来，我国中小学的课程实施，几乎见不到独特的地方文化资源、历史资源、自然资源，乃至学生生活履历性资源在课程开发与课程实施中应有的状态，极少学校拥有场馆化的课程和课程的场馆化。封闭的知识体系和单一的认知性训练的课程充斥着学生的成长过程。符号化学习、对象化学习主宰着本应充满生命活力的课堂，知识中心、学科中心、书本中心的课程制度被极致化和功利化。回归生活、回归社会、回归学生成长的现实诉求极大地考量着学校管理者的教育智慧。从学生成长的角度看，课程资源开发、课程整合与重组的策略，成为检验学校教育治理能力的一把新标尺。

从课程再造到诗意生长 ①

——见证松山湖中心小学在变革中成长

华东师范大学基础教育改革与发展研究所　杨小微

松山湖中心小学坐落于优美的东莞松山湖畔，这一绝好的地理条件给了学校的建设者泉涌的文思和无尽的灵感，历经十年辛勤经营，为这里的师生和家长创造出一片教育与成长的圣地，也让参访者产生无数的赞叹和启示。

校长刘建平是我相识已久的湖北老乡，是我当年跟随导师在湖北参与整体改革和主体教育实验时结识的中小学教师朋友。一直耳闻他在东莞发展得很好，但一直没机会见面，十月下旬终于有机会专程造访，目睹学校发展的蓬勃气象和良好态势，也才有了些许底气写出这篇"见证"。

学校从孕育于东莞中学开始，就有了"松湖之约"——相约湖畔，脚踏实地干一番传承文化、培育英才的大事业！每一个五年，学校都会抛出一个引领发展的大主题：学校课程再造、教师生态发展、教学方式变革，构成全校师生关注的重心和努力的方向。

学校课程再造是以生命哲学为基础，贴近学生生活，以课程整合和校本化为抓手，致力于"学科基础课程""学科拓展课程"和"主题活动课程"的"全人课程"体系的再造，培养学生终身发展所需的各种素养。在这种极具生命力的课程体系下，教师群体实现了生态化的发展。所谓教师生态发展，就是以教师的自主发展、群体发展和诗意发展为基本理念，全面实施俱乐部策略、招投标策略、自驾游策略、领头雁策略、脚手架策略……于是，每位教师除了本身的学科专业，渐渐都拥有了多种技艺和才能。

在他们学校，教学方式变革是未来五年的新主题，在课程改革中成长起来的教师，还需要聚焦日常课堂教学，引领学生学会学习、快乐长大。课程再造中生成的那些美好的理想，将在一分一秒的师生互动中，一点一滴地变为现实。

下面重点谈谈松山湖中心小学在过去十年中经历的从课程再造到教师诗意成长的学校"生命历程"。

---

① 原载于《中国教师》2016年2月下半月月刊（总第251期）。

学校课程再造是在呵护自然生命、扩展社会生命、提升精神生命，进而培育"完整的人"这一哲学思考上立意的。学校正是基于这一立意，将"给定的课程"改造为"内生的课程"。用刘校长的话来说，这种再造是一种向学校本位尤其是学生生命本体的回归。使课程从国家一统走向学校为本，可以说是课程设计的"一度回归"；在此基础上，祛除学校功利色彩，使课程走向学生为本，则是课程设计的"二度回归"。经过十年的卓绝努力，学校已经构建了一个洋溢着生命活力的课程体系，从而为师生营造了一个充满诗意的精神生命系统。

学校通过对课程的整合，形成了三类课程的基本格局。一是将综合实践活动、地方及校本课程整合为学科拓展课程，再提炼出五个"一"，即一手硬笔好字、一些文雅气质、一种探究习惯、一门兴趣爱好和一项健身技能。这五个"一"既是指向学生个性化发展的具体目标，又是十分方便用来组织课程资源的实际项目。二是将道德与法治、品德与社会及班队活动整合为主题活动课程，再划分为品德主题活动及校园节文化。其中品德主题活动一至六年级分别是我与己、我与家、我与人、我与国、我与地、我与天六大主题，基于生活逻辑，由近及远地搭建了学生感知、理解和体验内外部世界的社会生命成长的平台。这两类课程加上保留下来的学科基础课程，就构成了再造后的体系。

课程再造的探索者分别从三类课程中找到三对关系：学科基础课程的"情知互动"、学科拓展课程的"技趣互促"、主题活动课程的"道行互通"。在他们的一些具体阐述中，也许还存在一些值得推敲之处，但是他们富有"全人教育"的思想智慧，在对生命整体性理解的基础上进行课程的顶层设计，同时又以脚踏实地的态度，将一个个课程理想具体化为教学实践，最终转化为师生的涵养、品性和气质。在学科基础课程中，他们用对情感的重视，克服了以往那种仅仅把知识当作冰冷的工具硬塞给学生的弊端；在学科拓展课程中，用对趣味和志趣的关注，使看似简单的技巧充盈着童心与童真；在主题活动课程中，则以知行结合的理念打破了学科体制对品德教育的束缚，让学生得以在生动的实践和切身的体验中潜移默化地领悟社会规范和人际关系。其实，他们也并非将精神生命、自然生命和社会生命"整齐地"对应于学科基础课程、学科拓展课程和主题活动课程，因为这三类课程都会对这三个维度的生命产生作用或影响。例如，学科拓展课程中的五个"一"中，除"一项健身技能"与自然生命有明显的对应关系之外，其他四个"一"都既与提升精神生命有关，也需要自然生命作为载体，还可能涉及社会交往。

再造后的课程体系一方面可以在细目划分及内在逻辑关联上做进一步的梳理，另一方面可以在课程需求导向和课程审议制度上进行一些前提性和保障性的建设。对学生课程需求的调研是使课程再造工作更加切近学生生命成长需要的前提性依据，而课程审议制度以及对新开设校本课程的试验工作，则能更好地保证校本课程乃至整个课程体系的合法性和科学性。

如果说课程是勾画理想的蓝图，教学是通往理想之路，那么教师则是胸怀理想的领路人。松山湖中心小学在诗意的自然生态中为教师铺设了更有诗意的发展生态，在课程的"筑梦"与教学的"圆梦"中"诗意地栖居"。

根据西方教育学者哈格瑞夫斯和富兰的主张，教师发展是一种生态变革，也就是强调要关注教师的生存与发展背景，为他们的发展营造一种适宜的土壤，这是因为，再好的发展种子，若撒在石头滩上，也无法生根发芽。比照以往强调教师专业发展的知识技能基础，或是注重教师实践过程中的反思与理解的传统取向，国内有学者将教师生态化的发展称为"教师专业发展的生态取向"。这种取向超越了"理智取向"和"实践—反思取向"，主要关注教师自身的局限，而将其置于专业图景中各种因素交互作用的关系背景之下，更加关注那些每时每刻都在影响着教师教学策略和风格形成与改进的"教学文化"或"教师文化"，这种文化是一种社会文化生态，更是一种精神的和充满感情的文化生态。

简单地说，生态学是研究有机体与周围环境相互关系的科学，自然生态中的各种生物，通过"各展其长"而得以生存，通过"各得其所"而共生共荣；同样，简单地说，教师发展生态学是借用生态学的术语和思路，来研究教师这一高级生物有机体在其专业发展过程中与周围人际关系环境的相互作用的学问。教师以备课组、教研组、年级组等正式组织以及文学社、俱乐部等非正式学习社群形成不同层次、不同类型的"生态圈"，在多层、多维、多群、多向的互动过程中，分享着态度、价值观、信念、习惯和做事的方式。这些结果、形式、互动模式与教师专业发展和成长的潜质之间存在着较强的相关性，因而，理想的教师专业发展，应该是一个文化建设的过程。当然，松山湖中心小学的"教师发展生态学"，做的不是一篇理论的文章，而是一次又一次实实在在的探索行动，把每一个课堂、每一条走廊、每一个景观、每一面墙壁、每一个角落都视为一个个有无穷内涵的生态环境，把每一次对话、每一场研讨、每一次挥毫、每一次演奏、每一场典礼都视为一个个打开的小"生境"，永不停歇地"上演"着生活的故事、生命的传说和生长的"神话"。我作为一名访客，在松山湖中心小学美丽校园的晨光中，无论是流连在宁静优雅的"园中缘"，静思在茶香四溢的"闲慧居"，还是漫步在水色空蒙的松山湖大道，都能感受到弥漫于空气中沁人心脾的文化气息；无论走到哪里，不是惊讶于几乎所有的教师都如此多才多艺，赞叹于几乎所有的学生写的字都如此娟秀清丽，就是钦佩于师生在15分钟的"一手硬笔好字"课堂中都如此全神贯注……学生活泼的身姿、教师自信的目光、家长绽放的笑容，都在不经意间传达着某种不言而喻的幸福。

松山湖中心小学的教师发展，很难找到学究气的鸿篇大论或者书卷气的引经据典，却也充满了意趣盎然的故事、课例和活动实录，甚至连教师发展策略的命名，如"自驾游""领头雁""脚手架"等，都如此通俗、生动和传神。教师的自述、挂职校长的感言、记者的采访……从各个不同的视角，纵横交织，描绘出松山湖中心小学淡雅天和的全息图景。显然，教师生态发展取向的确立和对以往理智取向与实践反思取向的超越，带来了教师整体精神面貌的与众不同，也带来了学校在松山湖境内天地人的融合。当然，这种超越不是替代，也绝不是对知识技能和实践反思的排斥，反而是更加自然的包容。

作为松山湖中心小学的"掌门人"，刘建平校长一直在思考办学的终极道理。他指着校园墙上一行大字——"教育从生活开始，与生命同行"对我说："对于教育与生活关系的思考，其实当我还在荆州市沙市区实验小学当校长的时候就开始了，那时想得更多的是如何把生活的资源引入校园。而今天，我把生活的主体——生命凸显出来，为师生的生命成长营造一种别样的生活，把教师的专业发展融入生命成长。教师有了职业的幸福，学生才有幸福的成长。"专职科学教师莫春荣，无论在称谓上还是内涵上都是当之无愧的"劳模"，自陈"从一个金牌教练转变为一名科学教师"。巧合的是，我在湖北认识刘建平校长时，他也正倾心于奥数的训练。我在想，松山湖有什么魔力，能让"教练"回归为教师？抑或，正是"教练"的自觉转型，才成就了松山湖教育的回归。

松山湖中心小学校长和教师撰写的《教师发展生态学——让教育与生命同行》一书的后记中写道，有一种竹子在其成活的前4年时间仅仅长了3厘米，而后竟以每天30厘米的速度疯狂生长，长到15米只需要6～7周的时间。我不由得想到：熬过深深扎根"三厘米期"的松山湖中心小学，正把她的一簇青翠，优雅地伸向蓝天！

一所从生命深处长出来的好学校 ①

——品味东莞松山湖中心小学

《中国教师》特约记者 孙 昕

好教育是有故事的，好教育更是有诗意的。

带着这个教育信念，本刊记者走进了广东省东莞松山湖中心小学（以下简称中心小学）的大门。在一份份文字材料的品读中，在一次次漫步校园的流连中，在一个个教育故事的聆听中，记者感受到了扑面而来的生命意蕴，遇见了久违的教育"乡音"。教育人生如诗如画，松湖烟雨果真美妙！

在人类精神物化、教育物化已经达到触目惊心的程度的时代，人类的"乡愁"越来越显得迫切，不断地追问我们从哪里来，找寻我们生命与精神的出发点，渴望回归人之本来面目。在这样一个"离道"与"回归"相较相磨、相生相长的教育环境中，中心小学在做着一种努力：让人做学校的主人，让人做课程的灵魂，让人做成长的觉者。在这里，校园的每个角落都展现了"人"的站立，这些"人"并没有奢华的载体，他们只是静静地流淌着故事，流淌着情怀，流淌着诗意，却让记者强烈地感受到他们在回归教育本真的路上不懈地探索，也深刻地看到了这样一所学校带给教育的启示——好教育是从生命深处生长出来的。

校长刘建平早在10多年前就获得了"全国优秀教师"、首届"全国小学十佳卓越校长"称号和其他繁多的荣誉，但是如果在校园里与他不期而遇，很多人都想不到他是校长，可能会把他当成一位普通的教师。然而，在所有人的生命故事中，都有他在。

这些故事里有人，有课程，有人生，有情怀，有教育。

松山湖畔的生命之约

2006年3月，刘建平从湖北荆州调入广东东莞，创建东莞中学松山湖学校小学部（小学部于2006年9月开办，2009年9月整体搬迁，独立建校为东莞松山湖中心小学）。对来

---

① 原载于《中国教师》2016年2月下半月月刊（总第251期）。

东莞之前的自己，刘建平说："那时候，我的人生和事业都处于瓶颈期、高原期，感觉自己没有什么事可以做了，想寻求突破。现在回过头看，可做的事其实很多，是自己的视野不够而看不到。"

带着"让教育从生活开始，与生命同行"的理想，刘建平来到了松山湖。他很快就确定了工作抓手——学校课程再造，以课程建设引领师生幸福发展；他在拟聘教师公共邮箱中发了一封名为"东莞中学松山湖学校之约"的邮件，召唤教师建言献策，共建学校课程，共享教育人生。

那时，校园的基建正在紧锣密鼓地进行，黄灿明校长、黎德文常务副校长、王健副校长揽起基建、设备、人事、财务等工作，刘建平得以专注于率领第一批来校的赵晓天、王强、孙道明、刘娥英等教师谋划学校课程再造，开发课程资源。这条课程再造之路，一走就是10年。赵晓天老师为中心小学空中花园撰联道："花园学园生态园精神家园，福缘情缘松湖缘教育良缘。"这也许可以作为对这10年最好的概括。

这10年的松湖情缘，带给刘建平的生命感受，"一是超越，二是享受"。人称他是"两不校长"，即关于名的评选不申报，关于利的评比不靠前，只专注于师生幸福发展。第一个五年的发展核心是"学校课程再造"，第二个五年的发展核心是"教师生态发展"。"人"被写进了教育的核心，这是对庸常的超越。这份超越可以让刘建平完全凭着对教育的热爱与理解办学，不讨好、不跟风，享受教育人生。

"有缘才会相聚，有心才会珍惜；有梦才有未来，有爱才有教育。"这里有一群教师与刘建平一起超越，一起享受。

王强是副校长，他来到松山湖只有一个简单的理由："我不想老死在那个地方，不想在我离开这个世界的时候，悔恨我没有努力过。"他在当地最好的小学做语文教师，但是他无法接受残酷的教育现实——学生有着优异的学业成绩，却个个面无表情，他意识到那不是好的教育。他来到松山湖之后，负责"一些文雅气质"课程的建设，其间经历了课程定位与课程资源的煎熬，遭遇了课程策略与课程效果的喜悦。从不懂课程到课程自觉，教育智慧的觉醒让他豁然开朗。他说："当听到晨读书声琅琅的时候，当学生们把美文诵读得有声有色的时候，我就觉得梦想成真了，非常幸福！"

邱卫春是数学教师，来中心小学的时候已经38岁"高龄"，他的一笔好字终于有了用武之地。"一手硬笔好字"的课程策略、课程评价、课程教学，他的课程工作组逐一摸索、逐一拿下。他从书法爱好者发展到了写字课程专家、写字金牌名师，不仅带出了几十个全国写字冠军，还带出了几十个写字教师，他和这些写字教师已经将"提笔就是练字时"的理念深入到每一个学生的日常学习中。当学生毕业升入初中以后，初中的老师常说："一看到这笔字，就知道是来自中心小学的学生。"邱卫春说："我个子很矮，年龄又大，能进入公办学校非常不容易。这里同事相处非常融洽，领导没有任何架子，我来到这个学校之后，人变得大气了，不会斤斤计较得失利害。工作能够和兴趣爱好结合起来，我很幸福！学生们都能够每天写好一个字、六年写好一手字，我更加幸福！"

梁依胜老师是"回头客"。他于2011年仲夏第一次来到中心小学，做了一名只能签一年聘用合同的临聘教师。之后，他将在中心小学所学所得的学科拓展课程在新供职学校复制应用。有一天，学生正聚精会神地练字时，门口人影闪动，校长带着摄影师走进了教室，把学生练字的情景悉数录下，并发出了会心的微笑……他的这些"法宝"被搬上当地电视台，他也因此成为这所学校的骨干教师。2014年，松山湖高新技术产业开发区为编制外优秀教师增设"特聘教师"，梁依胜得知后，立即说服了家人，放弃不菲薪资，再回松山湖。梁老师微笑着告诉记者，他难忘松山湖，回到中心小学的那一刻，看着熟悉的方砖、熟悉的荔枝树，他感觉是那么的亲切与舒服，回到这里就像回到了故乡。

这一群人为了教育的生命之约，活出了精彩的教育人生。

荔枝树下的生命凝彩

校园里有18棵百年荔枝树，真实展现了东莞"荔枝之乡"的美誉。

一群一年级的学生联名给刘建平写了一封信，想吃荔枝树结的荔枝。刘建平立即回信："马上请保安叔叔给你们摘。"荔枝"食之令人畅然意满"，一方水土养一方教育，荔枝树下的学子在对生命果实的盼望中过了一年又一年，在校园里留下了无数深深浅浅、大大小小的成长足迹。

六（4）班学生赖蕾，在读一年级的时候，体质比较弱，很容易生病，性格比较内向。在"一项健身技能"课程中，她学会并喜欢上了跳绳，进而加入了跳绳社团。自此，不爱运动的爸爸妈妈变成了她的粉丝、她的伙伴，也玩起了花式跳绳；小区里的孩子和叔叔阿姨们跟着赖蕾一家学跳绳、玩跳绳，成了小区中一道亮丽的风景。赖蕾的爸爸说，她自从喜欢跳绳后，越来越阳光、开朗，也很少生病了。2015年8月，赖蕾在吉隆坡举行的亚洲跳绳锦标赛上，荣获了混合同步花样亚军。

在中心小学，教师和学生"绳"采飞扬，已经走出校门，洋溢四方，这是生命的凝彩。在中心小学，每一个这样的生命故事都不会被忘却。

在修远楼立着一块校训墙，正中书"养德　立美　尚文　健体　启智　求是"，右下角书"本校训于2010年3月1日全体教职工大会表决通过。提案人：刘建平、孙道明、杜凯涛、王强、唐维伦、王小琳、邱卫春"。在校训墙的背面，镌刻着一段文字，是一位名叫黄筱惠的六年级毕业生离开母校之际写的日记《有段岁月在松湖》：

记得，第一次走进您，我们兴奋地一口气跑遍了整个校园。古老的荔枝树，迷人的颂德楼，还有那宽阔的长走廊。

缤纷的岁月如诗流淌。一手硬笔好字、一些文雅气质、一种探究习惯、一门兴趣爱好、一项健身技能，有良师益友春风化雨，我们的每一步都坚实而有力量。

六载弦歌，大爱无疆。您的情怀已融入我们的生命，今日的青涩必定会转化为明天的金黄。

学校里有专用教室40多间，都是以教师的名字来命名的，如知了信息空间（陈碧蝉）、春子纸艺乐园（杨春子）、匡匡音乐谷（匡芝兰）。教工之家名为"闲慧居"，意为"闲暇出智慧"，命名者是杜凯涛，王强为此写了一首《闲慧居赋》，悬挂在墙上。

刘庆兵副校长带我们参观校园时，特意让我们看了每个班级教室门口的个性班名，这些个性班名、班徽、班歌、班旗注入了老师与学生对学习和生活的憧憬与理解，是班级文化的符号载体。路过"神奇果园"班时，刘庆兵说："这个班我曾经带过，老师会换，但精神不会换。"

教室外墙壁上悬挂着一块块文化展示牌，上方是学生的生活照片，下方是他（她）推荐的旅游景致图片和推荐词，把对生活的理解与对美的感悟留在校园中，学生的生命与教育的灵魂在校园中相遇，不由得令人感叹："有一种美，叫教育！"

中心小学的教师大多是一专多能的，生活是丰富多彩的。在这里有一种善的假设："所有的教师都有成事的能力，也都想做成事，而且任何人都有可能做校长。只要给他一个舞台，即使走弯路，也能走出来。"

教师研修项目有写字、踢毽球、吹葫芦丝、跳绳等，学生学什么，老师也要学什么，还有专业成长方面的磨课、说教材等。那谁来做研修项目的负责人呢？学校的政策是任何教师都可以申请主持研修项目，如"数学思想方法工作坊"的主持人阳海林并不是编制内的教师，而是只有一年聘用合同的临聘教师。

在中心小学挂职的校长说："这里的大会小会上，一般都谈内涵发展；项目主持人有崇高地位，老师们不用看干部的脸色，干部也不用和老师们针锋相对。"

自由、自在、自主，这就是百年荔枝园中的生命主旋律。

"我之为我"的生命亮度

刘建平强调课程建设"不能高来高去"，一定要有根。他说，这个根就是出发点和落脚点，要以人为本。

生命哲学提出：一个人有三重属性，即自然属性（生理）、社会属性（心理）和精神属性（灵性）。生命的自然属性也即自然生命，决定着人的生命长度；生命的社会属性也即社会生命，决定着人的生命宽度；生命的精神属性也即精神生命，决定着人的生命高度。生命长度、宽度和高度统一在一起，共同凝成了"完整的人"，也即个体生命"我之为我"的生命亮度。

　　中心小学将外在"给定的课程"改造为学校"内生的课程"，所建构的"全人课程"意在点燃学生"我之为我"的生命亮度，也点燃教师"我之为我"的生命亮度。

　　在采访中，六（4）班学生万理自信、大方的谈吐给记者留下了深刻的印象。万理说他最难忘的一场比赛是2012年的"深南电路"杯全国航空模型公开赛："第一轮比赛时，模型飞机出手后不一会儿就直坠地面，飞行没有成功，我非常沮丧、郁闷，我害怕再次失败，不想参加第二轮比赛。老师扶着我的肩膀鼓励我，人生需要永不言弃的精神！我鼓起勇气，决定参加第二轮比赛。这次放飞，我吸取上一次的教训，先观察空中飞行的风筝，判断空中气流的方向，耐心等待着飞行的最佳时机。当迎面吹来一股暖流时，我把手中的飞机迎风轻轻送出，橘红色的飞机直冲云霄，在半空中顺着气流盘旋向上，越飞越高，越飞越远，我终于成功了！"万理妈妈介绍，万理小时候胆子很小，不能吃苦，航模社团的历练使他自信、坚强，勇于担当。

　　万理的同学智毅，曾经是一个比较"特立独行"的孩子，排队体检时吃了亏，便暴跳如雷，掀翻了教室的好几张桌椅，对周围的同学拳脚相加；早读时，觉得老师的语气冒犯了他，便把老师的衣服撕烂了，手机扔到了楼下……在2015年的校运会上，一名同学在400米跑步中，体力不支摔倒了，同学们都慌了神，有的扶，有的搀，这时，一位小个子的同学挤在人群中，一手拿着水，另一只手托着他的头，慢慢地喂水给他喝，仔细一看，原来是智毅，一个从来只有别人关心他的人，现在也知道关心别人了。班主任梁依胜老师告诉记者："他的变化，得益于体验型课程的品德主题活动，我们为一至六年级学生设计了不同的品德活动主题，我与己、我与家、我与人、我与国、我与地、我与天，内容与目标由近及远，螺旋上升，凸显学生生活的层次性，强调活动，突破说教局限。是我们的课堂、我们的老师和同学，影响了一个有心理障碍的孩子，使他从粗鲁、蛮横变得知书达理、落落大方、懂得关心别人。"

　　智毅、万理和他的"模友们"的生命亮度被课程所点燃，因课程而美丽。

　　2011年左右，于洪民带领科组教师进行音乐课程改革，将葫芦丝贯穿小学阶段音乐课堂教学，取得了非常好的效果。于洪民被誉为音乐"1+X"教学第一人。这个成功经验很快就被推广为音、体、美"1+X"教学，其中音乐的"1"是葫芦丝，美术的"1"是纸艺，体育的"1"是跳绳和毽球，确保学生在6年的小学生涯中，都能掌握两项运动技能、一项艺术特长，"1"的融入对"X"不仅不是削弱，还起到了促进作用。

　　于洪民写下了这样一段话："当生命的价值感与意义感被唤醒，当生命与教育融为一体，当教育不仅让学生的生命得以成长，而且让教师的生命也不断拓展时，教师，无疑是幸福的，我正是执着以求这种幸福的草根教师。"中心小学的课程再造，是教师、学生、校长的生命之旅。

　　幸福的人不止他一个。

杨春子万万没想到刚工作三年便遇上了研发纸艺课程资源，她感到有些惶恐，于是走进了校长室寻求帮助。她对记者说："我吭吭哧哧地表达了退出的意图，刘校长先卸我的压力，说课程开发没那么难，还列出了我很多优点，最后说你一定行。我从校长室离开的时候，简直是热血沸腾！"

从那天起，在遇到各种问题时，杨春子就会想怎么去解决，怎么能做得更好，而不是想怎么卸担子、逃跑。

杨春子从一个照本宣科的课程执行者成长为一名课程建设者，用她自己的话说就是"我是与课程一起成长的，我是课程的一分子"。在成为纸艺名师的同时，杨春子孩子的幼儿园老师也经常请她贡献纸艺作品装点教室。在一次"亲子环保服装秀"比赛中，她用纸皮做了一大一小两套铠甲，穿在自己和孩子的身上，技惊四座。她的爱人表扬她"培养了一个高尚的情趣爱好，这样就不用我跑断腿陪你去逛街了"，而且以她为荣，经常给她打下手，还在微信朋友圈晒她的作品，被朋友们戏称为"炫妻狂魔"。杨春子说："学校课程再造也延伸到了我的家庭生活，我是幸福的。"

这种幸福感来自生命之根。

刘建平享受着与这群人的缘分，他说："我们这群人相处很投缘，得天下英才而教之也是我们的福分；看到一拨拨毕业生返回母校漫步于校园，幸福之情从脸上荡漾到心底。"

让教育从生活开始，与生命同行！

全国政协委员、中国书法家协会理事卢中南老师访问中心小学时，题词"生命的诗意栖息地"，中心小学这群为了教育的情怀，为了生命的超越，为了人生的幸福聚集在一起的人们，正在创作一篇美丽的诗歌，在静谧的松山湖畔无言地吟诵。

三人同行风满袖：一所名校的成长密码 ①

——东莞松山湖中心小学的发展逻辑与实施路径

《中国教师》记者 杜永生

爱因斯坦曾说过："我不能容忍这样的科学家，他拿出一块木板来，寻找最薄的地方，然后在容易钻透的地方钻许多孔。"

如果把校长比作科学家，显然，松山湖中心小学（以下简称"松小"）刘建平校长不属于这样的"科学家"。他2006年来松山湖时已是全国小学十佳卓越校长，他不是把自己的经验直接"外加"给教职工去按图索骥，而是发出"松湖之约"——邀约教师们一起设计课程，一起"寻"规"导"矩……于是，一粒梦想的种子孕育、内生、开花，我们看到了一群洋溢着快乐与活力的教育行者，看到了一所焕发着蓬勃生机的现代都市田园学校。真可谓，一个人可以走得很快，一群人才可以走得更远。

观察一 发展背后的教育逻辑：把人立于课程的中心

2006年建校之初，松小确立了"课程立校"的发展路径。发展路径，作为学校发展的顶层设计体系，是内部多种因素、特性的相互作用、配合、支持的框架结构，关系全体师生，涉及学校组织、管理、文化等多个方面。课程立校，即以课程作为学校发展的统揽抓手和切入口，用课程这个牛鼻子，提纲挈领，重构学校的组织方式、教师发展、教学关系以及生态结构等各个方面。

无疑，课程是理解松小发展的钥匙。松小用实践与发展很好地回答了三个问题。

第一，课程是什么？

课程是教育理念，是办学思想，是学校培养目标的重要载体。在松小，课程的最终指向是学生，可以说，课程的中心是人。

我们观察一所学校，首先要看人。学校的发展是一项复杂的系统工程，人是其中的灵魂。刘建平校长认为，办学要有思想，办学思想重在落实。课程是学校教育活动的主

---

① 原载于《中国教师》2017年1月上半月月刊（总第272期）。

要载体，将办学思想转化为办学行为，再物化为办学绩效，课程是最主要的方面。

第二，课程如何落地？

课程首先要回归学生。我们的课程与学生是间离的，表现为国家课程注重的"统一"与学校千差万别的"个性"之间的隔阂。

如果让课程更适应学生的发展，更焕发教师的个性，就要将外在"给定的"课程改造为学校"内生的"课程。使课程从国家一统走向学校为本，是课程设计的"一度回归"。在此基础上，去除学校功利色彩，使课程走向学生为本，实现课程设计的"二度回归"。

基于这种理念，松小以生命哲学为基础，从"开琢自然生命、构建社会生命、塑造精神生命"出发，聚焦生命成长的核心要素，通过课程整合及课程校本化探索实践，构建起从学科基础课程到学科拓展课程、主题活动课程，洋溢着生命活力的"全人课程"体系。

课程是否落地，体现在课程是否有效地促进了学生的发展。通过对松小的两次采访，我切身感受到学生的言行雅正，这源于松小将道德与法治、品德与社会及班队活动改造为我与己、我与家、我与人、我与国、我与地、我与天的主题体验活动，课程落地生根了。

融通式"全人课程"体系成就了今天松小的蓬勃气象和良好态势。

第三，课程如何发挥功效？

立于课程中心的人，既包括学生，也包括教师。课程不仅要回归学生，还要回归教师。

课程与学生之间存在间离，同样，课程与教师之间也存在一堵墙。这堵墙不打破，课程的效力就发挥不出来。可以用开车做比喻，以前，我们只是有什么车就开什么车，我们尽力去适应车；现在则不同，我们根据道路、驾驶者情况、目的地，去重新设计车、改造车，让车、驾驶者、道路以及目标能够相互匹配、支持。这个变动很不寻常，它把人与车真正融合起来。课程也如此，要发挥强大功效必须把教师与课程融合起来。

课程能力是教师专业素质中的核心素质。实际上，许多学校教师只是课程被动的实施者，对课程没有话语权，更谈不上课程的开发和建设能力。松小的教师，一开始就被要求参与课程建设，甚至许多刚走上工作岗位的年轻教师，在这里才开始课程的启蒙，就在课改实践探索中，一步步形成了自己的课程领导力。

邱卫春老师是一名擅长书法的数学教师，从数学教师到"一手硬笔好字"课程组长，从上课到送创课，从教学生书法到教家长书法……成为一位典型的复合型教师，他只是松小众多教师中的一例。

2006年，松小能胜任的复合型教师仅占教师数量的10%，到2015年，复合型教师占到教师数量的96%。这一数字的变化，表明今天的松小已经真正打破了课程与教师之间的那堵墙。

看到教语文的老师教学生吹葫芦丝，看到教数学的老师教学生踢毽球……你会油然而生一个词：人课一体。教师与课程的浑然一体，使得松小课程发挥出强大的育人功效。

<h2 style="text-align:center">观察二 发展背后的管理逻辑：让教师做学校的主人</h2>

现代管理之父德鲁克说过："管理的本质就是激发和释放每一个人的善意。"释放善意的背后，就是释放人的潜力。对学校管理而言，就是激发和释放教师的活力、教育的活力。

在松小，课程与教师是一体的。教师在课程建设和实施上，需要有主动权和话语权。要实现教师对课程的主动权和话语权，必须对传统的学校管理体系进行改革。管理是实践的艺术。行永远在知的前面，不管理学校，就不会知道学校管理是什么。

不是威权，是赋权、赋能

许多校长认为，所谓管理，就是我"高高在上"管着你；所谓制度管理，就是用各种制度、数据、报表对下面进行严格控制。这种威权式管理，威刑肃物，强调管理是约束、规范，而忽视管理更重要的一面——为组织提供保障、支持和方法。

在课程方面，课程组长就是学校的领导。松小在管理上坚决摒弃传统学校管理上的威权主义，而是树立教师的专业权威，给教师赋权。赋权就是赋能，有了权利和能力，教师才能担起权利背后的责任。

这个道理看似简单，其实对管理者提出了更高的要求，校长必须让渡手中的权力和权威，让专业的人办专业的事。比如，松小的课程组长，就是该门课程的全校领导，关于该门课程资源的调配、师资的培训、课程的设置等工作，全部由课程组长定调、协调。

从威权到赋权的转变，松小改变的不仅是让专业的人负责专业的事，更是把校长的能力与学校的能力分开，积极地构建学校的组织化能力——这是建立在制度、程序和文化上的能力。比如，松小的教师职称评聘、绩效工资、奖教金评定，各项考核组都拥有"终审"权。

有能力的校长可以办好学校，有能力的学校才可以持续健康地发展。

在这种管理理念下，松小不仅涌现出一大批高水平的复合型教师，也培养、输送出一批专业的管理者。2010年副校长冯正华被教育局抽调创办东莞松山湖实验小学，2016年德育处陈果主任被教育局抽调创办松山湖中心幼儿园。

松小已成为高端教育人才的孵化器。

从塔式到扁平化、网络化

学校中的每件事情，都需要由组织来完成。管理的变革首先要求组织结构上要做出相应的调整和适应。

威权管理对应的是金字塔式的管理组织，其特征是具有森严的等级结构和规章制度，组织底端较大，随等级上升，人员数量下降，呈金字塔状。而松小实行的课程组长负责制，是一种矩阵型、扁平化的组织结构，课程组长对学校的某门课程负责，职能就像一个产品的总经理，从学生需求、课程价值、教师的要求出发，对学校各个部门进行协调，保证课程的顺利和有效开设。这种以分权管理为主的扁平化组织结构缩短了管理通道和路径，增强了组织对环境变化的感应能力和快速反应能力，是对金字塔式管理模式的挑战。

采访中，刘庆兵副校长聊起现代管理之父德鲁克的观点，组织必须给个人赋予社会地位、职能和社区感以及目的性。在社会结构越来越扁平化的今天，学校的管理想要释放每一位教职员工的活力和潜力，就必须告别绝对集权、决策和管理效率低下的金字塔式组织。

管理的中心是人，发现人、激励人是管理的根本。松小的管理变革，关注组织与个人的关系，关注个人的成长，关注如何让管理更有效。在松小，每个人都有机会。工会副主席刘贤虎，把工会文体活动开创性地以"俱乐部"形式开展。工会牵头，有特长的教师自荐成为毽球、网球、瑜伽、足球等俱乐部负责人，活动开展得生机勃勃。

正是这样，学校通过创造和保持一种催化环境，为教职员工提供学习和成长的平台，释放了组织的力量，推动了学校的发展。

观察三 发展背后的情感逻辑：心通，则百通

在松小，我们接触到一群秉性不同、态度积极、精神饱满的教师，他们乐观、主动、自豪，他们眼神中传递的是一种对教育的诚恳和生活的笃定。我们好奇，松小是如何聚揽这样一批教师的？

人心比什么都重要。关注每一位教师的追求和梦想，就是最大的人心。我们发现，在松小学校文化表述中，有两个核心词：一是发展，二是生态。发展，是对生命最大的尊重。生态，是实现发展的有效路径。松小正是用对生命的尊重凝聚人心，调动和激发教师"我要发展"和幸福成长的动力。

共同体：教师生态发展

是什么让莫春荣老师放弃金牌教练不当，而甘心成为一名科学教师呢？

莫老师说，入职松小后，学校理念让他逐渐认识到：相比争金夺银，让航模队每个队员都成长更重要；相比航模队，提高和培养全体学生的科学素养更重要。在松小，这

位从小做着飞翔梦的教练开始真正认识和理解什么是教育。

这种转变，不仅仅发生在莫春荣老师一个人的身上，也发生在于洪民、张国华等老师身上。

教育学者哈格瑞夫斯和富兰主张，教师发展是一种生态变革，要关注教师的生存与发展背景，为他们营造一种适宜的土壤。传统教师专业发展过多强调知识技能基础，注重教师实践过程中的反思与理解，而松小提出的教师生态发展，超越了传统的理智取向和实践——反思取向，关注教师个体自身的局限，将其置于专业图景中各种因素交互作用的关系背景之下，更加关注时刻影响教师教学策略和风格形成与改进的教学文化或教师文化。

邵洪波老师到松小5年多，在松小教师文化的环境里，从一名美术教师成长为课程组长，成为毽球俱乐部的主力，因为精通电子白板技术，在教学技能研修活动中带领大家一起学习……这种跨界共生、和谐共进的教师成长案例，在松小并不少见。

来松小跟岗研修的福建晋江蔡宗杰校长说，以前他会很羡慕某些学校有几位名气大、水平高的名师，也希望自己的学校能有这样几位名师。可是，到了松小学习之后，他惊讶地发现这里个个是一专多能、身怀绝技的"好老师"。这些好老师既让人钦佩又普通可学，现在，他不再羡慕所谓的"名师"，而是开始琢磨自己学校如何培养"好老师"了。

反思这种羡慕的转变，是松小的教师发展打破了精英教师的培养思路，摒弃传统以众多的教育资源向个别教师倾斜的"隔离型"教师发展文化，而是为每一位教师搭建平台、创造机会，让更多的教师各展其长、各得其所。

松小实行的生态取向下的教师发展，通过自主发展、群体发展、诗意发展，把生活的主体——生命进一步凸显出来，引领教师幸福发展。崔希泉、阳巧玲等众多教师的成长很好地诠释了松小的教师生态发展。

每一位松小教师都在这里找到了属于自己的阳光、空气和水。由此，我们看到一个整体精神风貌与众不同的教师共同体。

园中缘、闲慧居、问渠……

松小有很多别致的景致。

空中花园叫"园中缘"，里面亭台楼阁、鸟语花香，其中一面墙上刻有许多教师的心语，中间有个"缘"字，这园名出自赵晓天副校长的对联"花园学园生态园精神家园，福缘情缘松湖缘教育良缘"。教工之家"闲慧居"宛如咖啡屋，是杜凯涛老师命名的，取意闲暇出智慧。王强副校长在《闲慧居赋》中写道：教师的闲暇生活与教育工作总是互相润泽的。我们追求闲暇，就是要处在沉静状态中去观看和倾听这个世界，做一个有智慧的老师。南校区的"问渠"，翠山叠泉，小桥流水，墙上写着"孩子的天性像树，像树，就给树生长的天地。孩子的天性像水，像水，就给水流动的空间……"

松小的诗意与幸福，是否可见一斑？！

结论：内生力量驱动的发展

德国教育家威廉·冯·洪堡认为：教育不是达成外在要求的过程，而是个人追求与探索自身极限的过程。

教育，是指向内心的成长过程。在松小，我们看到从学生终身发展出发的课程，从教师共同发展出发的管理，从绽放生命精彩出发的成长，这一切都指向了人，指向了内生的力量。松小的每一节课堂、每一处景观、每一次活动，都在传递着生机与活力。校园里，我们不仅看见了一个个自由、快乐的人，更看见了一个蓬勃向上的共同体。

一滴水如何不被蒸发，唯有汇入大海；一个人如何实现价值，唯有融入群体。在松小，教师不仅实现了从"工作体"向"生命体"的回归，更实现了从"个体"向"共同体"的融入。

这，也许就是松小蓬勃生机背后的力量。

参考文献

[1] 刘建平，王强.学校课程再造：让教育与生命同行［M］.北京：中国轻工业出版社，2015.

[2] 刘建平，莫春荣.教师发展生态学：让教育与生命同行［M］.北京：光明日报出版社，2016.

[3] 彭超鹰.松湖之约——刘建平和他的追梦一族［J］.中国报告文学，2011（7）.

松山湖：教育生态的涵养之源 ①

——评说东莞松山湖中心小学成功之道

《中国教师》记者　文　见

　　松山湖大道是松山湖高新技术产业开发区通往东莞市区的黄金通道，被誉为绿色生态休闲走廊景观大道。驾车在这条依山就势的道路上行走，体会到的不仅是交通的便利，更有自然之美、城市之序的享受。

　　据悉，这是松山湖建设者秉承"科技共山水一色"的开发理念对生态资源实行保育性开发的成果。东莞松山湖中心小学的发展，宛如这松山湖大道，很生态！

　　教育部华中师范大学基础教育课程研究中心常务副主任、国家基础教育课程教材专家工作委员会委员郭元祥教授评价说：课程改革十多年来，我考察过数百所中小学，像松山湖中心小学这样基于课程的"跑道"，建设学校文化、建构意义课程、创新课程制度、深化学校变革的学校真的太少了。

　　记者赴东莞松山湖中心小学采访的过程中，各界人士对其成功之道评说热烈、异彩纷呈，不乏真知灼见。现摘录编辑如下，以飨读者。

　　王健：把"人"写进教育的核心，赋予每个孩子终身必备的核心素养。

　　（王健：广东省东莞市教育局教研室主任、特级教师）

　　当前，"东莞制造"正在向"东莞智造"转变，东莞教育也在向东莞"慧教育"发展，我们的目标是变"有学上"为"上好学"。"慧教育"可从四个维度来理解。第一个是"智慧"的"慧"：要树立新的教育理念，充分运用互联网教育等新技术、新方法，打造智慧校园、智慧课堂，逐步实现智慧教学、智慧学习、智慧评价、智慧管理、智慧服务，促进教育优质、均衡、共享。第二个是"汇聚"的"汇"：汇聚各种资源、人才，努力办让人民满意的教育。第三个是"学会"的"会"：让学生学会做人、学会学习、学会生活、学会健体、学会审美，让老师安教、乐教、善教；让家长树立正确的教育理念、掌握科学的育儿方法、建立和谐的亲子关系。第四个是"实惠"的"惠"：

---

① 原载于《中国教师》2016年2月下半月月刊（总第251期）。

努力办好每一所学校，培养好每一个学生，"惠及"千家万户。松山湖中心小学是我市"慧教育"的先行者、排头兵。

松山湖中心小学出身"名门"，恰逢盛世，其2006年开办时是东莞中学松山湖学校小学部，在南粤百年名校东莞中学的怀抱孕育三年后，2009年整体搬迁，独立建校，这一时期正是东莞教育完成联合办学走向内涵发展之际。学校建设者很好地把握住了这些优势，秉承了东莞中学的办学思想，创新落实了市教育局教研室在课程建设中所倡导的基础型课程校本化的工作思路。

我与这所学校有不解之缘，建校前的小学部阶段，曾和刘校长一起谋划学校课程再造的蓝图与推进。将外在"给定的课程"改造为"内生的课程"，这是学校的文化使命，也是我最为欣赏和期待的。因为课程是学校教育活动的主要载体，课程构建与实施的价值指向尤为重要。面对新课程，是机械地执行，还是功利地取舍？是以学校为本，还是以学生为本？松山湖中心小学的探索实践做出了自己的回答。

其一，学校课程设计较好地完成了从国家一统到学校为本的"一度回归"。学校走的是整合与联动的道路，形成了"统整式课程体系"，不是做加减法，也不是将国家、地方及校本课程分而落实；而是将国家、地方及校本课程统整成一个有序而高效的学校课程体系。这种做法与美国教育学者布拉泽、卡佩鲁蒂等人所提出的学校课程系统的课程连续统一体理论有异曲同工之处。

其二，学校课程设计正在进行从学校为本到学生为本的"二度回归"。学校以生命哲学为理论基础，关注学生的自然生命、精神生命、社会生命，意在培养"完整的人"。

把"人"写进教育的核心，赋予每个学生终身必备的核心素养。松山湖中心小学进行的学校课程再造，已经惠及无数学生，相信将惠及更多学生。

文丹枫：这一课程体系可谓"全人课程"，教师和学生成为课程的创生者和主体。

（文丹枫：博士、《广东教育现代化》常务副主编、广东省现代移动互联网研究院常务副院长）

在松山湖中心小学看见"教育从生活开始，与生命同行"，起初并没有什么感觉，我将它当成许多学校都常见的一句口号。在了解到学校课程体系建设，看到数学教师除了任职数学课外，还是"一手硬笔好字"课程的领头人，科学教师同时还是教师发展项目负责人，语文教师还兼任一门兴趣爱好葫芦丝教师……让我对该校鼓励教师跨学科的互动与知识的整合这样的设计大感兴趣，也激发我深入了解学校课程体系建设浓厚的兴趣；当陈果老师邀请我担任品德主题活动俱乐部导师时，我欣然答应，吸引我的不是导师头衔，而是这里的学校课程再造。

因担任俱乐部导师，有机会拿着刘建平校长带领教师编著的《学校课程再造》《教师发展生态学》进行探讨，发现学校的课程设计关注了每个人智力、情感、社会性、物质性、艺术性、创造性与潜力的全面挖掘，也主张学生精神世界与物质世界的平衡，培养的是具有整合思维的地球公民；近距离走进教师的课堂，不仅仅被教师刻苦钻研的精神吸引，更被教师在教学中强调学生人文精神的培养，注重生命的和谐与愉悦，引领学生寻求人类之间的理解与生命的真正意义等细节所折服。

这一切让我联想起美国教育家隆·米勒（Ron Miller）提出的现代意义上"全人教育"的目的：唤醒人对生命的敬畏之心以及对学习的热爱之情。我认为松山湖中心小学在实施课程再造过程中，提倡教师和学生成为课程的创者和主体，这一课程体系可谓"全人课程"，很好地诠释了加拿大著名的教育家约翰·米勒"全人教育"中的精髓：平衡、包容与连接。

陈岸涛：教师生态决定了学校的发展。

（陈岸涛：教授、硕士生导师，华南师范大学政治与行政学院副院长、思想政治理论课教学部主任）

在寸土寸金的东莞市，美丽的松山湖向人们展示了一幅生态平衡的画卷。而坐落在这里的松山湖中心小学是一道美丽的景观，蕴含着人文与自然的和谐共融。

这所小学2006年开办，短短几年间，远近闻名。该校课程理想追求"教育生态平衡"，秉承"自主、和谐、共同发展"的办学理念，创建了独具特色的课程架构，让学生健康快乐地成长，让教师开心幸福地工作。

人们禁不住要问，该校成功的秘诀何在？在于学校坚持以人为本的课程理念，倡导教师发展的生态取向，营造教师合作共荣的人文环境，形成和谐的校园文化，激励教师展示才华，实现人生价值。可以说，教师生态决定了学校课程的发展。

自20世纪80年代以来，美国、澳大利亚等国家都倡导生态取向的教师发展，既重视教师的专业发展，也关怀教师的内心体验，希望在合作的基础上，每位教师工作得心应手，生活轻松愉快。松山湖中心小学认为教书不是教师的一种谋生手段，而是生命存在的一种方式。教师学习不仅是为了准备未来生活，还是为了追求一种使他人和自己都获得幸福的生活方式。学校为了促进教师课程意识的形成与课程能力的成长，聘请专家、特级教师举行专业讲座和课例展示，定期举办教学研讨和培训；开展德育主题研修、学术研修等活动，实施"理论研修、网络教研、个体试教、导师面授、成果物化"的磨课项目俱乐部形式，可谓执着地追求，诗意地行走。

我曾经参访松山湖中心小学，令我感到震撼的是，从学校领导至一线教师，对学校的课程理念理解得都非常透彻，他们说起自己分管的工作如数家珍，在课改中"教师都有自己的代表作"。在这里，教师以课程变革者的身份参与实践，通过丰富的实践活动提高专业素养；在坚持学校特色教学理念中，在整合教师群体资源与实现教师个人价值中，实现教师特长与学校特色的双向构建。教师在学校的发展中，不仅获得了职业成就的幸福感，而且充分感受了生命价值的绚丽。

胡继飞：生态取向的意蕴不仅仅局限于教师发展。

（胡继飞：广东第二师范学院科学教育研究所所长、教授，教育部"国培计划"专家库首批专家）

将"教师生态发展"作为学校课程发展新的工作抓手，正是松山湖中心小学布局谋篇的高明之处。生态取向的意蕴不仅仅局限于教师发展，还引领着学校发展的方方面面。

例如，稳定性是成熟生态系统的重要标志，系统中的生态链越丰富，自动调节能力就越强，生态系统的结构也就越稳定。松山湖中心小学课程构建从改革传统的管理架构入手，打破单一的和垂直的"校长—教导处—学科组—教师"的线性管理模式，建立了年级组、学科组、课程组以及项目组、课题组、俱乐部等非常规性的社群组织，形成了一种"你中有我、我中有你"立交桥式多维互动的课程网络化管理结构。

根据教师群体内部关系，学校的课程教育生态存在两大极端类型：一是竞争型生态，教师个人目标与同伴的目标之间相互排斥，同伴的成功常意味着自己的失败，反之亦然；二是合作型生态，教师个人目标与集体目标之间相互依赖，只有在集体获得成功的情况下，自己才能获得成功。教师之间是合作还是竞争，很大程度上取决于学校的管理文化和奖惩机制。松山湖中心小学力推合作型课程生态文化建设，让教师在合作与互动的过程中建立起相互信赖、相互协作和相互支持的集体意识与人际关系。

任何系统都有某种利导因子主导其演进，也都有某种限制因子抑制其发展。松山湖中心小学抓住了"教师群体"这个学校课程发展的"主导因子"，通过教师群体发展有效地促进了学校课程整体的内涵式发展。他们不仅将"生态取向"的理念作为教师个人课程发展的重要导引，更是作为学校课程发展的理想模型。学校课程是一个由"人—活动—环境"构成并以人为主体的复合生态系统，具有一定组成和结构，学生是系统中最活跃的生态因子。

协同进化是指有关联的有机体相互选择适应而共同进化的过程。松山湖中心小学课程实施中用实际行动对"协同进化"生态原理做出了极好的阐释。他们通过教师之间、学生之间以及师生之间的协调进化，使得课程设计从混沌到精细，从简单到复杂，日趋严谨科学。让每位教师在课程实施中找到自己的"生态位"，让每个学生在课程学习中得以成长和进步。

叶凤良：他能让身边的每一个人都有一片天空。

（叶凤良：广东省首批基础教育名校长、广东省首批名校长工作室主持人）

我曾经三次到松山湖中心小学，与这所学校结下了深厚的情缘。

我一次又一次地把同行领到这里来，每一次的到来，都有不同的感受与收获。让我体会最深的是这所学校里有一群富有浪漫情怀的人，他们在实践课程理想的同时，创造了教育的奇迹，使松山湖中心小学闻名遐迩。

最让我佩服的是，松山湖中心小学在课程实施过程中，不仅是基于学生在教育中的独立价值来确立课程设计的组织逻辑，更是注意到教师课程能力的发展需要，师生在课程的天地里共同发展、进步。

刘建平校长是个用人高手，他对每个教师都了如指掌，理解透彻，因此，他能知人善用，他让身边的每一个人都有一片课程领地，尽情地施展才华。

刘庆兵副校长、赵晓天副校长，以及行政团队的其他人，都与教师心心相印。他们说：教师实践课程中富有幸福的感觉，学生才能有课程学习的幸福感受；课程发展是教师谋生的必需，更是教师教学本身的需求。

正是因为这样的课程发展观，松山湖中心小学的教师才都乐意关注全体学生的全面发展，而不是只关注少数的"优等生"；注重学生知识与能力、过程与方法，情感态度与价值观等目标的全面发展，而不是仅仅关注知识或能力的发展；注重学生的个性发展，而不是让所有学生都按照"一个模式"发展；注重学生终身持续发展，而不是仅仅关注某个时期的发展；注重个人与社会的和谐发展，而不仅仅是关注个体的发展。这就是松山湖中心小学让家长和孩子都神往的原因。

课程3.0时代　为深度学习能力而教[①]

《东莞日报》记者　覃凤春

课程3.0时代　为深度学习能力而教

在知识量以指数级速度增长的今天，单纯的"学会"已无法满足未来发展对少年儿童提出的要求，只有"会学"、拥有深度学习能力方可助力少年儿童把握未来。学习力成了学校和家长重点关注的内容。

近日，东莞松山湖中心小学"基于深度学习的教学变革"在教育圈掀起了浪潮，吸引了家长和社会大众的关注。这项从2016年9月开始拉开帷幕的深度教学改革属于省级科研课题研究项目，通过改变课堂座位、问题驱动教与学、听课反观教学效果，以及"私人订制"寒暑假作业四个方面进行深度教学改革。探索内容聚焦学科深度、交往深度、思维深度；探索范围覆盖了全体教师、全体学生、全体学科，旨在让学生的学习"真正发生"。

经过2年时间的探索和实践，而今已初显成效，受到了学生与家长的欢迎和青睐。有业界人士称，这场关于"会学"的革命，不仅标志着松山湖中心小学"全人课程"建设迈入课程3.0时代，还将对东莞中小学探索教学改革起到领跑作用。

变革一：U形座位　课堂上"等距离的爱"

变化：

在该校的一个教室里记者看到：与讲台对着的一端和教室两侧摆放着学生的座位，形成U形，它们与讲台形成了椭圆，中间则是一块空地，正在上课的教师并没有在讲台上讲课，而是时不时地在中间的空位或学生座位的后方适当地走动，边听学生讨论发言边进行引导，看起来是一个学生"包围"老师的课堂。

该校一年级数学教师黄帆告诉记者，这是培育深度课堂的内容之一，"U形座位从表面上看只是座位形式的转变，实际上是课堂教学形态的变化，是课堂教学改革的一种

---

① 原载于《东莞日报》2018年4月12日A06版。

显性表现，能够真正为学习共同体追求的倾听、对话与交流服务"。

成效：

首先，U形座位让教师从讲台上"走下来"。教师站在教室中间，不再像以往那样严肃权威地讲课。此外，U形座位的中间通道也是教师的"高速通道"，便于快速出现在需要指导的学生面前，为协同学习做个别指导。而当学生发言的时候，老师站在学生的斜对面，而不是正面，这样不仅增加了交往深度，更能催生"等距离的爱"。来自该校三年级8班的学生马丽琳对此深有感受，她说："U形座位感觉像我们包围了老师，每个人离老师的距离都差不多，而且同学之间相互帮助和讨论更方便了。"

其次，U形座位还要求学生在协同学习时"静下来"。在同桌交流时用一级音量，营造静的学习氛围；同伴发言时认真倾听，进行内化并能勇敢地用三级音量说出自己的观点。用三年级学生熊承恩的话说就是："以前老师在讲台上讲，或者有同学发言，其他同学听不见，需要大声说，但现在每一个同学离老师都很近，无论是提问还是发言都听得见。"

此外，U形座位要求教学节奏"慢下来"。教师提出问题后，要预留与所提问题的难度相匹配的候答时间，待学生在短暂思考后得出更富逻辑、更深刻的回答。学生回答问题时，教师不急于表达自己的观点和判断，而是多运用"二次开发"式的追问和"踢足球"式的回问与转问，扩大课堂参与。即使学生有短暂沉默，教师也要给予适度的等待或引导启发，营造润泽安全的课堂环境。

变革二：问题驱动学习　各学科独创"工作坊"

变化：

为了培养学生深度学习的能力，学校做了大量的研究，根据美国SDL的准实验研究，从认知、人际、个人三个维度界定了深度学习能力，该校提出大致相对应的学科深度、交往深度、思维深度，作为深度课堂研究操作三要素。

该校教研室主任宁俊玲介绍，深度课堂研究首先是从工作坊开始的，基本步骤是"课例—课型—课理"。当下的课例研究阶段，各学科已经在实践探索中寻找到各自的角度：语文主题教学有本体性设计、串联性阅读和生成性语用，数学问题教学有问题的驱动性、提问的有效性和建模的科学性，科学的现象教学有现象的真实性、探究的有序性和思维的深刻性，音乐1+X教学有本位性感知、协同性习得和创造性表现……

如何帮助学生实现三个维度的深度学习？该校相关负责人宁俊玲老师表示，各学科不同教师不同角度的课例研究，实践探索的共性均指向问题解决学习，问题是原点或起点，如数学"问题的驱动性"、科学"现象的真实性"、语文"本体性设计"、音乐"本位性感知"等，都直接或间接聚焦"问题"。

"问题解决学习是深度学习的基本模式，在实践操作上，有两种模式：一是问题—

探究—发现结论，二是问题—探究—创造作品。"

成效：

例如，三年级科学《材料与沉浮》，讲的是浮沉概念，该校教师陈晓敏将其改造为《苹果能够沉下去吗？》，将初级问题引出来，并通过实验提供真实的现象"苹果在水中浮起来"，然后进一步提出问题："苹果能够沉下去吗，你有什么办法？"如此，由问题驱动学生去猜测、设计、验证，获得沉浮概念：物体在水中的沉浮与其组成材料有关，与物体的大小、形状等因素无关。这属于问题—探究—发现结论。

再如，五年级科学《种子的传播》，讲植物的种子有什么特征，有什么结构，这些种子如何借助风力传播。莫春荣老师改造为《让种子飞起来》。他同样提供了真实的现象"种子成熟了，掉落到地上"，然后提出问题："你有什么办法让种子借助风力飞起来？"学生通过猜测、设计、创作，制作出能飞起来的种子模型，认识到植物的种子借助风力传播和它的结构与形状有关。这属于问题—探究—创造作品。

变革三：听课 聚焦学生学习是否"真正发生"

变化：

说起听课，传统听课留下的印象是其他教师到本班听课，考查的是本班教师讲课质量，而在松山湖中心小学，听课的内涵却发生了变化。该校教导处吴婧老师告诉记者，听课是通过观察学生来反观本节课是否符合深度课堂的理念，因为和以前的听课迥异，因此被老师们称为"听课革命"。

吴婧老师详细介绍，改革后的听课其实包括三个变化：一是听课教师听课位置变了，教师从以前坐在教室后面的空地，到坐到学生中间的空地，听课教师随机选择到某一小组，某一位同学旁边；二是观察对象变了，从"看教师"转变为"看学生"，看学生在教师设计的活动中怎样学，学得怎样；三是观察点转变了，从"看场面"转变为"看焦点"，看焦点学生、焦点问题。

成效：

焦点学生指观察某一学生以及与其关联的某一学习的全过程。传统的听课记录主要是完整地了解及记录教学环节，观察授课教师如何教学生学会，听课教师观察的是整节课、全体学生的学习过程，即看场面。"但我们学校的听课革命，主要是详细观察掌握某学生在某环节的学习是否真正发生。"吴婧说。"焦点问题"指的是既要从深度课堂"三要素"来观察、记录教师的教，又要针对本学科本课的焦点问题，如数学的"提问的有效性""问题的驱动型"、语文的"串联性阅读"等来撰写观察焦点课后议，更要观察某生及与其关联的学生如何学，如提问的有效性，作为听课焦点，听课教师要重点记录教师提了多少个问题，有多少个问题是有效的。

吴婧表示，判断一节课是否是深度课堂并非看课堂热闹程度、教师的演绎，而是学生是否真正把握了知识的本质与变式、亲历了探究与协同、展开了建构与反思、学会了迁移与运用。学生"学"的过程和结果便是教师"教"的情况和结果的最好评判。

变革四：寒暑假作业"超市"　检验学生学习力

变化：

U形座位、学科工作坊以及听课改革，囊括了教学所有环节的改革。对于用什么来检验改革的成效？松山湖中心小学也做了探索，并最终推出"改革作业形式和内容来检验课程改革成果"的模式——开设寒暑假生活超市，为学生的作业量体裁衣，进行"私人订制"。

成效：

什么是私人订制的作业和生活超市？吴婧介绍，是根据课程内容设计了任务式、目式、问题式、清单式的寒暑假生活超市必选及自选"商品"。在寒暑假生活超市的展示中发现学生不仅以手抄报、绘本书、PPT课件、微视频等多种形式呈现，内容编排及表现形式也异彩纷呈、彰显个性。例如，前不久的寒假生活超市，五年级学生作品：手抄报503份、绘本82本、课件66个。

宁俊玲老师还补充，"寒暑假生活超市"所呈现的不仅有学科深度的渗透，也有交往深度的运用，更有思维深度的体现。在作品制作、展示和交流的过程中，学生的深度学习能力已得以彰显。

例如，该校五（4）班的夏天逸同学在寒假去了新西兰，他发现新西兰有着世界上最漂亮的湖泊、海洋、雪山和森林。他通过自学搜索所见的几维鸟、羊驼、蓝色萤火虫及鼠海豚，自主探究美景背后的新西兰人和动物的和谐相处之道并以绘本的形式呈现，他通过与当地朋友Rodger的有效沟通，得知了新西兰人民垃圾分类的基本常识，以及为何政府花巨资将发电站建在湖底100米深处，最后得出了"较真的新西兰人"的结论。

又如，该校四年级的邱子琪同学因蚊子送给她一个"红包"，而开启了她对蚊子不放寒假的探究。她和她的邻居小伙伴一起先收集资料，花几天时间手绘图片，并用简明的文字归纳了蚊子的分类，还用高倍显微镜观察蚊子的口器。她们用了两天时间以图文的形式归纳了预防蚊子生长的过程，而邱子琪还立志要当一名科学家，利用基因技术让蚊子"改邪归正"，为人类服务！

这样的作业也深受家长的欢迎，该校学生刘昊霖的父亲刘锦清告诉记者："寒暑假作业是孩子们深度学习的抓手，形式上比传统的书面作业要好很多，传统的作业是将知识点翻抄一遍，重复一遍，不是创造性思维，而现在，孩子们从生活超市里选择自己喜欢的作业，然后自己去围绕作业收集资料，这是一个综合知识运用的过程，培养了孩子'会学'的能力。"

有段岁月在松湖

——东莞松山湖中心小学挂职散记

福建省晋江市西园街道版筑中心小学　李向阳

福建省晋江市永和镇启初小学　蔡宗杰

如果你来过松山湖中心小学，你一定还想再来；如果你没有来过松山湖中心小学，你一定要来！这是一所现代都市田园学校，京苏粤校长高研班学员帅宁华校长曾说，"来到这里，不禁让人想起经亨颐在白马湖畔创办的春晖中学"；卢中南先生来访时，曾兴之所至，挥毫赞叹松山湖中心小学是"生命的诗意栖息地"。2016年10月17日至12月31日，我们有幸来这里挂职学习。76个日日夜夜，我们徜徉在诗意的校园里，流连忘返。

问渠园，曲径通幽，小桥流水，墙面写着"孩子的天性像水，像水，就给水流动的空间；孩子的天性像树，像树，就给树生长的天地"。我们常在课间来这里和学生嬉戏，听渠悟道。

体育馆教工毽球俱乐部，高手如齐彬、植彩琼老师曾获得毽球世界冠亚军，刘庆兵副校长这样的准高手是随着"一项健身技能"课程"长"成的，我们也蓬生麻中，艺有所成。

教工之家闲慧居，据说名字是杜老师取的，出自闲暇出智慧。一杯茶或一杯咖啡，三五人或十余人品茶悟道，我们在这里与《中国教师》杜永生副主编对话，参加"讯飞的翅膀"智慧课堂研讨，参与郝京华教授《从科学探究到工程实践》报告分享会……

11月1日　课程领跑第一人

学校为我们挂职校长安排的关于"全人课程"的系列分享虽然到今天就结束了，但基于生命意蕴的"全人课程"宛如高山流水，水晕墨章，余音绕梁。松湖之约第一人赵晓天、硬笔书法金牌名师邱卫春、引发音体美1+X教学革命的于洪民、一些文雅气质课程资源主编王强、介绍扁平化管理的刘庆兵副校长，这些"全人课程"的创生者，令我汗颜；刘建平——课程领跑第一人，令我钦佩。想起自己以往面对课程只有执行、执行、再执行，想到自己未来可以在课程面前有所作为，不禁在心底默默念叨：课程领导力？课程领导力！

在晋江，刘建平校长去年就作为特邀嘉宾登上名校长讲坛，为全晋江市的校长做了题为"'全人课程'，点燃我之为我的生命亮度"的报告，我早已领略过他的风采。据不完全统计，刘校长从1991年到2014年20多年间发表论文34篇，出版教育专著3本，出版拓展型课程丛书1套，省、市级课题研究8项，获奖论文（课例）国家级10篇，省级14篇，市级25篇。获得全国优秀教师，首届全国小学十佳卓越校长等17项荣誉。一串串数字，是汗水，是脚印，更是智慧。

从刘建平编著的《教师口才》《学校课程再造》《教师发展生态学》等书中不难发现，他从关注课堂的情知互动研究，到"教育从生活开始，与生命同行"办学思想的形成。数学需要缜密的思维，办学也需要顶层设计。刘校长十多年来一直专注于课程，第一个五年"学校课程再造"解决了课程结构问题，第二个五年"教师生态发展"解决了课程师资问题，现在第三个五年"教学方式变革"开始深入探索课程教学问题。

松山湖是教育生态的涵养之源。刘校长和一群志同道合的教育人踏歌而行，他在《松湖十年散记》中写道：秉要执本济沧海，水晕墨章中国画；春风吹浪贯中西，我之为我书年华。

11月10日　闲与忙的学问

松山湖中心小学的后勤是社会化的，保安、保洁、绿化合并，通过政府招投标由物业公司管理，食堂也通过政府招投标由餐饮公司经营，学校负责监管。

我羡慕之余，想当然地为自己忙于事务无暇顾及内涵发展找到了理由，但行政会处理一次家长投诉，让我发现闲与忙有很深的学问。

行政会上，赵副校长提到家长投诉"保安雨天没有在校门口马路上疏导车辆"的回复问题。在我看来，保安这是失职，很多学校都经常这样理解。而学校行政会意见是，由校务办监管物业公司履行职责，物业公司保安的职责是维护学校的安全秩序，包括校门口内外；下雨天状况多、难度大，更要确保做好本职工作。马路上疏导车辆属于交警职责，物业公司提供协助配合。

这给我上了生动的一课。接下来，我观察了这里面对一些大事的闲与忙。

这里的行政例会每两周一次，教师例会每月一次；这里的招生权在教育局，招聘教师权在课程组。

一学期一次的奖教金评选和职称改革后高级教师评聘开始了，行政会通过了由校务办副主任何晓瑜牵头的两个评审组名单，评审组教师忙起来了，校长、行政人员闲下来了，因为他们大多不是评委。

全国青少年科学教育研讨会在这里召开。两天的会议，刘校长做了一个报告，听了5场讲座，听了4节课；会议后，刘校长邀请科学课程组长、一种探究习惯课程组长及分管主任、副校长聚集闲慧居，亲自做了"科学研讨会的启示——从科学实验迈向科学实践"分享；分享会后，"从科学实验迈向科学实践"建了QQ群，开始上研讨课。教师、校长忙的都是这些事。

11月16日　有术还要有道

不管是低年级还是高年级，每个学生都能写出一手好字，松山湖中心小学是如何办到的呢？可以说一手硬笔好字是每个学校都会重视推广的，但就是不知道为什么好多人来松山湖学习后回去实施（或者说仿照松山湖的做法），却达不到松山湖这样的效果，总想不出所以然来。作为校长的我们纠结而又抓狂，心酸而又无奈。我们来松山湖经历挂职"岁月"之后，所学到的东西回去能用得上吗？

前天，在和来访的《中国教师》杜永生副主编交谈"术"与"道"时，我渐渐地解开了这个谜。许多学校来学"一手硬笔好字"课程，只是学到了这门课程的"术"，如教材、教学、评价，松山湖中心小学的"全人课程"策略却是整合与联动，整合与联动是一种方法，更是一种思想。

如何整合与联动？首先，松山湖是这样做的。每天下午第一节是15分钟短课"一手硬笔好字"，各班语文教师为该课程第一责任人，第二节课的教师来上这一节短课，目的在于保证每位教师都参与到"一手硬笔好字"课程中。同时，如何教写字、教师板书、教师批改作业，学生作业书写、考卷书写都有一定之规。这次挂职松山湖，曾参加邱卫春老师的"行云流水"写字教学研修班，也听了邱老师的常态15分钟短课，看到松山湖中心小学众多教师都踊跃参与。教师、校长也像学生一样参加写字过级。原来，功夫在诗外，奥秘在这里。

其次，在"一手硬笔好字"课程管理上，课程组拥有绝对权威，前面所说的一定之规就是课程组创生的，主任、校长也不能随意改动。

接下来的几周时间，我将深入二年级（4）班去跟岗学习"一手硬笔好字"以及"一些文雅气质"课程，相信这"谜"一定会解得更彻底。

11月22日　生态取向的魅力

一直被这里的教师团队的快乐与自信感染着。星期一的足球和网球（教育局局长也经常参加）、星期二的篮球、星期三的毽球、星期四的健身操，每天晚上的教工俱乐部活动都是自发的，我很快融入其中，去享受其间的阳光和活力。

更让我们感慨的是，刘校长在"梦起松湖"QQ群里转发了一个关于芬兰现象教学的链接，内容是"芬兰正式废除小学和中学课程教育，成为世界上第一个摆脱学科科目的国家"的文章，有教师点赞，并提出了不同观点。我不评论这两篇文章有何偏颇，却看到了普通教师和知名校长在大庭广众下的一次对话。这让我想起前几天和陈小燕老师交谈中，小燕老师提到的"这里的孩子更像孩子"，而我想说"这里的老师更像老师"，能够说出自己想说的话，不唯教材，不畏权威。这是一种文化，松山湖中心小学生态取向下教师发展彰显出来的教师文化。让教师更像教师，我很自然地想起"独立之精神，自由之思想"，想起西南联大在短短几年的时间辉煌的学术成就！

刘校长没有因为自己推荐的文章被否定而懊恼，反而跟了一句"老师提醒得对！现象教学是真的，废除分科是假的"。

生态取向给予教师发展广阔的天地，每一位教师都可以拥有自己的生态位。于是有了于洪民开创音乐"1+X"教学新局面，有了跳绳王子邓峰的"绳"采飞扬，有了数学教师邱卫春成长为书法金牌名师，有了语文教师阳巧玲成为葫芦丝高手、毽球高手……

11月25日　新技术无处不在

今天，我们晋江市30位校长、教师来到向往已久的松山湖中心小学参观学习。晚上，如天籁之音的"翰墨华章传千载，书香校园砺十年"诵读晚会即将上演，受邀坐在嘉宾席上的我收到一个温馨提示，"诵读晚会现场直播中，欢迎您的朋友点击欣赏"，这让我远方的朋友也如亲临了这如诗如画的晚会。

或许你会说"现场直播"不稀奇，我想说教育人更新知识、更新技术很重要。现场直播让我想起"松湖之约"微信公众号，这是每推出一个主题都会吸引两三千人关注的学校公众号。在很多学校，可能只是一个教师在做，而在松山湖中心小学，所有的老师、学生、家长都参与做，就连我们两位挂职校长也参与其中。在齐华老师和国华老师的指导下，我在排版、撰文、照片压缩上传等技巧的运用中，享受着无穷的乐趣。看那一篇篇《观松山湖之美，听天籁之音，约吗？》《刘校长再次登上"教授们"的讲坛》《科学教育大咖聚松山湖中心小学》《凭啥她在演讲中能够首战告捷》等通知、美文、报道，是学校与教师成长的历程呈现，也是教师自我舞台的展示。

在学校，展示学生风采以及班级互动的班级小博客平台的运用，教学课堂上实现教学决策数据化、评价反馈即时化、交流互动立体化、资源推送智能化，创设有利于协作交流和意义建构的学习环境，通过智慧的教与学，促进全体学生实现符合个性化成长规律的智慧发展的"畅言智慧课堂"的使用；"企业微信"上学校管理方式互动、请假网上申请审批，网上邻居的资源共享，起着传递学校通知和任务的"梦起松湖"的QQ群等，无不彰显出科技的魅力和管理的创新。

12月8日　正襟危坐的课堂很少见

学校为我们安排的办公室"教师发展中心"的墙上，写着这样一句话：我的模式我的课——可否有这样的课堂，圈养的效率，散养的品质；充分的预设，灵动的生成；科学的思想，人性的光辉……诗意的课堂。在深入松山湖中心小学课堂的过程中，我们发现，这里的课堂是那么有活力。

我记得在北校区多媒体教室听了一节二年级数学课《数学广角》，这是一节关于简单的排列与组合的数学课。课堂上，教师以学生身边生活中的事例让学生用红、黄、蓝三种颜色给深圳与东莞两张地图涂上不同的颜色，让学生通过操作、实验、开展学习探究，逐渐明白了只有"有序"思考，排列与组合才能"不重复""不漏"。接着，教师让学生用"1、2、3"组成个位和十位数字都不相同的两位数以及生活中的拍照顺序，实现了课堂教学生活化、生活知识数学化、探究过程趣味化。课堂上的师生以及生生交往、互动，让学生个性得到张扬，心灵得到开放。

走进于洪民老师的音乐随堂课，课前，学生动情地吹了《月光下的凤尾竹》《映山红》两首曲子，我们一下子就沉浸在悠扬的葫芦丝声中。伴着钢琴声，于老师或引导或范唱，学生或轻哼或高歌，一曲欢快的《这里的山连山》不时地响在我们的耳边。乐曲中的"顿音""中强中弱音符"等音乐知识的渗透，以及用葫芦丝演奏了这首新的曲子，在赞叹于老师生动的课堂构建和学生扎实的葫芦丝演奏技巧的同时，学生深厚的音乐素养和教师的睿智课堂表现无遗。这是一节生成、灵动的课，学生在音乐的殿堂里遨游，为我们如何把音乐课程的"1"葫芦丝与音乐素养"X"的有机融合做出了引领。这是一节教学关系民主化，关注学生生命价值的课，当学生提出自己没能从"休止符"中体会到"妈妈的爱"时，于老师说：老师很欣慰，你能说出自己不同的感受，音乐没有标准答案，当你把这首歌唱熟了，也许你的感觉又会不一样了。如果于老师还招学生，我也要报名。

这里的课堂很灵动，课堂教学很生动，教师是那么睿智、风趣，学生是那么轻松有活力。随便走入一间课室，我们看到在教学《平行四边形》时邹传新老师因电教设备出了点小问题而改变了一种教学策略，变模式于实践之中，学生探索其乐融融；还可以看到语文老师立足文本，整合资源、优化资源、拓展资源，把古诗词教学课堂上出古韵来，师生时而吟、时而歌、时而读，学生沉浸在美文佳句中……

12月11日　再一次吹响集结号

第一次到闲慧居，就看到墙上有条"筹划第三个五年教学方式变革研讨会"的标语，经询问方知学校去冬今春召开了三次发展筹划会。每一个五年，松山湖中心小学都会抛出一个引领发展的大主题——学校课程再造、教师生态发展、教学方式变革，构成全校师生关注的重心和努力的方向。这种谋划并不是我们常见的蓝图式规划，只有方向和路径，没有指标。据悉，教学方式变革已经提出了四条路径：教师，提升设计能力；学生，改善学习方式；管理，推进文化生成；技术，加强教育融合。

一个多月的跟岗学习，我感觉松山湖中心小学教学方式变革不是纸上谈兵，这场"静悄悄的革命"已经开始了。

镜头一：音乐走班与"1+X"教学沙龙招募。

每周星期五是学校五年级的学生音乐课走班时间。这一天下午，学生纷纷走进音乐课室去学习自己喜欢的乐器。在音乐室里，分别是葫芦丝、长笛、非洲鼓等7个班7位音乐教师同时给这些来自不同班级的学生上课。看，学生是那么专注，他们乐在其中！这是一种学习方式的改变，为松山湖中心小学第三个五年计划"课程教学变革"提供了很好的实践经验。

一份招募函吹响了"教学方式变革"的集结号。这一天，赵晓天副校长又在"梦起松湖"发起以"体音美1+X教学之且行且思"为主题的"教学方式变革研讨沙龙"招募函，这是一份基于体音美"1+X"教学实践将继续向更深层次迈进，特别需要语、数、英课程教师能够站在本学科教学基础上就"1+X"教学畅所欲言的，让对教学方式变革最有发言权的第一线的教师参与分享交流、献策，集思广益的"招募函"集结号。

镜头二：一场布卢姆认知过程的头脑风暴在进行着。

12月1日，又是"闲慧居"，一场关于"全国青少年科学教育研讨会信息思考教学方式变革的目标定位"的头脑风暴在这里悄然进行着。赵副校长、王副校长、刘副校长，还有中层干部及十几位教师就布卢姆的认知过程在"课堂教学方式变革"中实施策略进行讨论，与会教师转变思维角度，畅所欲言，互相启发和激励，提出了大量新观念，畅谈着如何在语、数、英等课程的课堂教学方式上加强一些认知过程的"分析、评价、创造"，淡化些"记忆、理解、运用"，多一点高价思维方面的探讨。这也是松山湖中心小学课堂"教学方式变革"的方向和目标。这一天，注定载入学校史册！

松山湖中心小学的教学方式的变革，会更加关注教师的课程自觉、自主，更加关注培养学生的问题意识、合作意识、项目意识、研究意识。

"相逢是首歌，歌手是你和我，心儿是永远的琴弦，坚定也执着！"岁月如歌，松湖有梦！这段岁月让我们看到了教育的本真，也让我们坚定着我们的坚定，执着着我们的执着！

未来五年，幸福之旅，岭南风光，必有松湖！约吗？！